AI 2025

트렌드 & 활용백과

AI 2025
트렌드 & 활용백과

1쇄 발행 2024년 11월 29일
4쇄 발행 2025년 2월 5일

지은이 김덕진
펴낸이 유해룡
펴낸곳 (주)스마트북스
출판등록 2010년 3월 5일 | 제2021-000149호
주소 서울시 영등포구 영등포로5길 19, 동아프라임밸리 1007호
편집전화 02)337-7800 | **영업전화** 02)337-7810 | **팩스** 02)337-7811
원고투고 www.smartbooks21.com/about/publication
홈페이지 www.smartbooks21.com

ISBN 979-11-93674-18-5   03300

AI 2025
트렌드 & 활용백과

김덕진(IT커뮤니케이션연구소 소장)

스마트북스

2025년,
AI 워커 시대를 미리 준비하는 최고급 코스

올해 노벨 문학상을 우리나라 작가가 탄 것이 쾌거였지만, 제 입장에서는 AI 분야에서 노벨상을 물리학상과 화학상, 두 개나 탔다는 것이 정말 충격이었습니다. 응용 분야의 하나라고 치부되던 AI가 이제는 본격적인 기초 학문으로서 인정받게 된 것입니다. 한때 사기꾼 소리까지 들으면서도 AI 개발의 길을 묵묵히 걸어왔던 분들의 노고가 인정받은 것입니다. 그들의 공로는 놀라운 챗GPT의 탄생 배경과 근원이 되었다는 점에서 더욱 빛납니다.

한편 2024년 11월 14일 실시된 '수능 국어'의 비문학 지문에 AI 문제가 나왔습니다. 이미지 생성 AI인 스테이블 디퓨전의 원천 기술이 되는 확산 모델에 대한 내용인데, 이제 AI는 모두가 알아야 하는 전국민 교양 필수 과목이 된 것 같습니다.

AI는 지금 이 순간에도 엄청난 속도로 진화하고 있습니다. 더 이상 AI와 음성으로 대화하는 것은 놀라운 일이 아닙니다.

2023년 11월 챗GPT에 음성 대화 기능이 들어간 뒤, 챗GPT와 음성 대화를 하는 제 영상이 1,400만 뷰라는 놀라운 뷰 수를 기록했습니다. 하지만 그때는 챗GPT와의 음성 대화가 마치 워키토키로 대화하는 것 같았습니다. 챗GPT가 응답을 하는 도중엔 사람이 끼어들 수 없었고, 응답이 끝난 후에야 말을 걸 수 있었죠. 하지만 지금은 챗GPT의 응답이 쓸데없이 길어진다 싶으면 말을 끊을 수 있고 감정 표현까지 가능한 AI로 진화했습니다.

AI끼리 무엇을 할 수 있을까를 생각하다가, 스마트폰 두 대로 챗GPT끼리 토론을 시켰더니 오히려 정치인 토론보다 더 낫다는 댓글이 달릴 정도였습니다. 서로의 의견을 경청하고 공감하며 대화를 이어가는 모습을 보며, 인간과 AI의 관계는 어떻게 될 것인가에 대한 진지하고도 근원적인 질문까지 하게 되었습니다.

AI의 진화는 때로는 우리의 일을 도와주고 그 안에서 우리에게 놀라움과 행복을 주지만, 지구 반대편의 전쟁에서 활용되고 있기도 합니다. 물밑에 있었던 개인의 지식에 대한 권리와 저작권에 대한 논란, 또 생성형 AI를 악용하면서 생기는 범죄까지, 우리는 지난 1년 동안 10년 이상 고민하고 겪어야 할 일들을 압축적으로 겪어오고 있습니다.

2025년, 또 다른 AI의 변화는 어떻게 진행될까요?

PC 운영체제가 도스(DOS)에서 윈도우로 진화했던 때가 떠오릅니다. 그때는 'dir(현재 디렉토리의 목록을 보여줘)'과 같은 수많은 명령어를 능숙하게 사용할 줄 안다고 자랑하던 시대였죠. 하지만 지금은 누구도 도스 명령어를 기억하지 않습니다. 복잡한 명령어 대신 마우스 클릭으로 작업을 할 수 있게 되었고, 덕분에 우리가 해야 하는 일에 더 집중할 수 있게 되었습니다.

도스에서 윈도우로의 전환은 1981년 첫 버전 출시부터 윈도우 95가 대중화된 1995년까지 약 15년이 넘는 시간이 걸렸습니다. 반면 현재의 AI 혁명은 불과 1년 만에 그에 맞먹는 혁신적인 변화가 압축적으로 일어나고 있습니다. 왜 그럴까요? 우리가 이미 도스에서 윈도우, 그리고 모바일로 변화한 시대를 겪어봤기 때문입니다. 그 시대를 겪었던 리더들이 AI 시대의 변화에서 뒤처지지 않기 위해 빠른 투자와 의사결정을 하고 있는 것이죠. 인터페이스의 진화가 본격화되고 더 똑똑해진 AI는 우리의 생각을 아웃소싱(대행)하는 AI 에이전트 형태로 진화하고 있습니다.

작년 『AI 2024』(트렌드&활용백과)에서 AI에 관한 한 우리 모두가 아직은 초등 1학년이라는 이야기를 했습니다. 그리고 1년이 지나 전 세계가 모두 2학년이 되면서 빠르게 선행학습을 하는 사람들이 생겨났고, 어떤 사람은 벌써 수능 준비를 하는 모습이 보입니다. 반면 아직 시작도 하지 못한 채 막연히 어렵게 느끼는 이들도 있습니다. 하지만 부담을 가질 필요가 전혀 없습니다. 우리는 AI로 시험을 보는 것이 아니고, 그저 AI를 통해서 일을 할 뿐입니다. 아직은 누구나 AI와 함께할 수 있는 기간입니다.

지난 1년 동안 전국을 돌아다니며 수백 곳에서 강의와 컨설팅을 통해 3만여 명을 만나며 들었던 그들의 생각과 고민을 꾹꾹 모아 한 권의 책으로 준비했습니다. 『AI 2024』(트렌드&활용백과)에 주셨던 큰 사랑에 보답하는 마음으로 생각을 눌러 모으고 함께할 수 있는 자료들을 담았습니다.

1장에서는 2025년 AI 트렌드 10가지를 소개합니다. 각 트렌드들이 우리의 일과 삶에 어떤 영향을 미칠지 살펴봅니다. 글로벌 테크 기업들의 『삼국지』를 방불케 하는 AI 시장을 둘러싼 전략들을 엿볼 수 있을 것입니다. 2장은 챗GPT, 코파일럿, 제미나이, 클로드, 클로바X 등 이른바 범용 AI를 다루며, 각 범용 AI의 특성과 아울러 생생한 노하우를 담았습니다.

"아는 만큼 보인다"는 말이 있지만, AI는 "쓰는 만큼 보인다"는 말씀을 드리고 싶습니다. 3장과 4장에선 내 맞춤형 AI 활용을 위한 프롬프트 엔지니어링과 챗봇 만들기, 5장과 6장에선 누구나 쉽게 할 수 있는 이미지 및 영상 생성 AI, 그리고 7장과 8장에선 AI 워커 시대를 준비하는 이들을 위한 실무 활용 AI들을 다룹니다.

다양한 AI를 접하고 따라하는 과정에서 AI의 진화 방향과 트렌드 10가지의 의미를 체화할 수 있을 것입니다. 책의 곳곳에 녹아 있는 생생한 사용 경험과 팁들을 통해, AI로 인해 일하는 방식과 사고법이 변화하는 놀라움과 재미를 여러분들에게 전달하고 싶었습니다.

이 책이 여러분의 삶에 조금이나마 도움이 되었으면 하는 마음 간절합니다. 올 한 해도 『AI 2025』(트렌드&활용백과)를 옆에 두고, 틈틈이 필요할 때마다 찾아보는 좋은 친구가 될 수 있었으면 합니다. 두려움보다는 나아감으로, 걱정보다는 설렘으로, 우리의 똑똑한 인턴사원이자 똑똑한 도구, 그리고 이제는 우리의 마음을 조금씩 알아가는 존재인 AI와 함께 더 나은 2025년을 그려갔으면 합니다. 감사합니다.

2024년 11월 김덕진

1장　AI 2025, 새로운 변화의 시작

2장　업무 생산성 향상을 위한 범용 AI 5종

3장 ## 프롬프트 엔지니어링 기초 업그레이드

 4장 ## 나만의 맞춤형 챗봇 만들기

5장　그리기를 위한 AI 활용법

6장 영상과 음악을 위한 AI 활용법

7장 일잘러를 위한 업무별 생산성 AI 툴 1

8장 일잘러를 위한 업무별 생산성 AI 툴 2

AI 2025
새로운 변화의 시작

2025년,
생성형 AI가 범용기술로 진화하는 시작점

최근 초등 2학년 아들을 데리고 제주도의 넥슨컴퓨터박물관에 갔는데, "스마트폰이 1994년에 처음 나왔네요"라며 놀라워했습니다.

최초의 스마트폰 개념은 1994년 IBM에서 나왔지만, 우리가 스마트폰이라고 하면 흔히 떠올리는 아이폰은 2007년에 처음 나왔고, 제대로 된 플랫폼 비즈니스가 시작된 것은 2010년 즈음입니다. 결국 스마트폰이 처음 등장한 때부터 우리가 사용법을 제대로 알고 비즈니스 모델이 만들어지기까지 15년 이상이 걸린 셈이죠.

구글의 전 CEO 에릭 슈미트는 생성형 AI를 전기에 비유하며, "전력이 도입됐다고 해서 생산력이 증기기관 때보다 바로 높아진 게 아닙니다. 30년이 지나 분산전원이라는 개념이 생기고 나서야 작업장의 구조가 바뀌었습니다"라고 말한 바 있습니다.

이처럼 문명의 전환점을 이루는 증기기관·전기·컴퓨터 같은 범용기술 (General Purpose Technology, GPT)은 그 기술이 등장해서 실제로 적용될 때까지 시간이 걸립니다. 인프라가 깔리고 사람들이 받아들이고 적응하는 데 시간이 걸리는 것이죠.

AI도 마찬가지입니다. 2022년 11월 챗GPT-3.5가 등장한 지, 이제 겨우 3년 차입니다. AI가 나왔다고 해서 세상이 바로 바뀌지는 않습니다. 데이터센터 같은 인프라가 깔려야 하고 회사나 조직의 혁신이 필요하며 문화가 바뀌어야 합니다. 이것은 1~2년 만에 되는 게 아닙니다.

2025년, 우리는 생성형 AI가 세상을 바꾸는 범용기술로 진화하는 시작점에 있습니다. 이제 이런 변화들이 더 뚜렷하게 나타날 것입니다.

AI 에이전트 르네상스 시대

최근 많은 사람들이 저에게 물어보는 질문이 있습니다. "2025년 AI 트렌드에서 가장 중요한 게 있다면 무엇일까요?" 그러면 저는 주저 없이 "아마 귀가 아프게 듣게 될 키워드가 있는데요. 바로 AI 에이전트입니다"라고 답하곤 합니다.

최근에 나온 AI와 관련된 모든 트렌드 책에서 주목하고 있는 키워드, 바로 'AI 에이전트'입니다. 그뿐만 아니라 세계적인 리서치 및 자문 기업 가트너가 발표한 2025년에 주목해야 할 10대 전략적 기술 트렌드에서도 AI 에이전트를 주목했는데, 총 10개 키워드 중에서 9개가 AI 관련 키워드이며, 그중에서도 첫 번째로 꼽은 것이 바로 '에이전틱 AI(Agentic AI)'입니다.

가트너는 2028년까지 일상 업무 결정의 15%가 에이전틱 AI에 의해 자율적으로 이루어질 것이라 예측했습니다. 에이전틱 AI는 특정 목표를 스스로 설정하고, 그에 맞는 계획을 세워 실행할 수 있는 능력을 갖추고 있어 기업의 생산성을 크게 향상시킬 것이라고 예측했습니다.

그럼 AI 에이전트는 무엇일까요? AI 에이전트는 쉽게 설명하면, 나 대신에 나의 상황과 환경을 알고 일을 해주는 대리인입니다. 단순한 반복 작업부터 복잡한 의사결정까지, 우리가 정해준 다양한 일을 도와주고 대신해주는 '똑똑한 AI 조수'라고 생각하면 됩니다.

마이크로소프트 창업자 빌 게이츠는 2023년 11월 개인 블로그 글에서 "5년 내에 AI 에이전트 시대가 온다"고 예견했습니다. 그런데 지금의 변화 속도를 보면, AI 에이전트 시대는 2024년 이미 시작되었고, 2025년에는 일상화될 것으로 보입니다.

똑똑한 영업사원 AI

구글의 쇼핑 관련 AI 에이전트의 시연 영상을 통해 AI 에이전트가 일상화된 미래를 그려보죠. TV로 유튜브 콘서트 영상을 보고 있는데, 아내가 이렇게 말했다고 가정해 보죠.

"저 뒤에 키보드 치는 여자 분이 입고 있는 옷 되게 예쁘다. 사고 싶어."
그런데 쇼핑몰에서 찾으려니 찾기가 어려웠습니다. 마침 아내가 자주 가는 쇼핑몰에 '무엇이든 물어봇'이라는 챗봇이 새로 도입되었다는 소식을 들었습니다. 아무거나 물어볼 수 있다기에, 혹시나 하는 마음으로 챗봇 창에 콘서트 영상 유튜브 링크를 넣고 물어보았습니다.

> [유튜브 영상 링크 복사해 넣기]
> 🎙 내가 이 영상에서 키보드 치는 여자가 입고 있는 거랑 비슷한 옷을 사고 싶어. 그거 얼마인지 알려줄래?

출처: Google Cloud Next '24 Opening Keynote(youtube.com/watch?v=V6DJYGn2SFK)

AI 에이전트가 유튜브를 보고 비슷한 옷을 찾아 링크를 줍니다. 마음에 드는 옷을 클릭하면, 해당 옷의 판매 화면이 열리고, 고객 AI 에이전트가 매장에서 사면 바로 픽업이 가능하고, 온라인으로 사면 4일이 걸린다고 알려줍니다. 사고 싶으니까 빨리 매장으로 가고 싶어서 카트에 넣은 다음에 결제를 딱 눌렀습니다. 그랬더니 갑자기 팝업이 뜹니다.

"고객님, 그 오프라인 매장에 가실 때 혹시 재고가 있을지 없을지 모르니까 이 번호로 전화 한 번 해보실래요?"

전화를 하면 누가 받을까요? 바로 고객 AI 에이전트 챗봇이 받습니다. AI 에이전트가 무얼 도와줄지 묻고 결제를 도와주고 영업까지 합니다. "제가 봤더니 장바구니에 20% 할인쿠폰이 있네요! 써드릴까요? 그런데 고객님, 할인쿠폰도 있는 김에 고르시려는 옷과 너무 잘 어울리는 구두랑 바지도 보여드릴게요. 같이 구매해 보시는 건 어떠세요?" 하고 스마트폰 화면에 띄워 주면서 결제를 유도합니다.

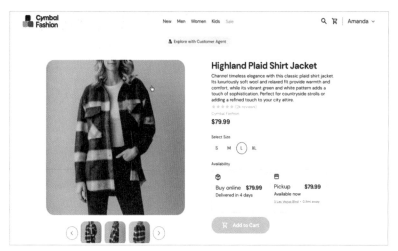

출처: Google Cloud Next '24 Opening Keynote(youtube.com/watch?v=V6DJYGn2SFK)

이처럼 AI가 똑똑한 영업사원의 역할을 하기도 하는 시대가 우리에게 다가오고 있습니다. 그런데 매장에만 AI가 있는 게 아닙니다. 나 대신 직접 매장에 전화를 걸어 흥정을 하는 AI 에이전트도 등장했습니다.

나 대신 흥정하는 AI 에이전트

오픈AI의 음성 관련 AI 에이전트 시연 영상을 보면, AI가 소비자로서 대신 음식을 주문하고 배달을 요청하고, 지불 수단도 알아서 결정하고 소통하는 모습을 확인할 수 있습니다. 앞으로는 스마트폰을 열고 나만의 AI 비서에게 이렇게 말할 수 있습니다.

> 400명 정도 모이는 개발자 회의를 하는데, 간식을 주문하고 싶어. 근처에 괜찮은 가게가 있을까?

AI 에이전트가 회의장 근처의 간식 가게를 여러 개 추천해 줍니다. 어떤 메

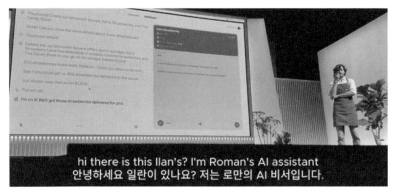

hi there is this Ilan's? I'm Roman's AI assistant
안녕하세요 일란이 있나요? 저는 로만의 AI 비서입니다.

출처: 오픈AI 시연 영상, https://x.com/FieroTy/status/1841173701011923068

뉴를 파는 가게인지 더 설명해 달라고 하면, 가게의 사진과 함께 주소, 인기 있는 메뉴도 알려주죠. 그 중 마음에 드는 가게를 골라서 주문을 해달라고 합니다.

> 🎙️ 초콜릿 코팅 딸기 400개를 행사장까지 배달해 달라고 해줘. 전체 가격은 1,500 달러 이하로 주문해야 해.

이제 다음은 AI 에이전트가 가게에 직접 전화를 거는 겁니다.

"안녕하세요, 스낵 가게인가요? 저는 로만 씨의 AI 비서예요."

AI 점원이 전화를 받아서 가게에서 주문 가능한 메뉴들을 알려줍니다. 그럼, AI 비서는 내가 지시한 것을 기억했다가 이렇게 말하죠.

"초콜릿 코팅 딸기 400개를 주문하고 싶은데 가능할까요? 참, 결제는 현금으로 할게요!"

결제수단은 말하지 않았는데, 알아서 현금 결제를 하겠다고 합니다. 점원이 주문을 확인하고 알겠다고 하자, 이런 것도 질문합니다.

"배달하는 데 얼마나 걸릴까요?" 배달 예상 시간을 알려달라고 하지도 않았는데, 스스로 물어보는 걸 보니 기특합니다. 점원이 예상 시간을 말하면 마무리 인사까지 예의 있게 마칩니다.

"엄청 빠르네요! 고마워요. 좋은 하루 되세요~!"

어떤가요? 앞에서는 AI 점원이 우리가 찾는 옷을 살 수 있는 방법을 알려주고 할인해서 사는 것까지 도와주었고, 뒤에서는 AI 비서가 나 대신 예산 범위 내에서 주문도 해주고 배달까지 받아주었죠. 이제 앞으로는 AI가 알아서 주문도 하고, 주문을 받는 점원 역할도 하면서 AI끼리 알아서 구매를 진행해 주는 일도 멀지 않은 것 같습니다.

무역상사의 역할을 나와 함께 해주는 AI 에이전트

이러한 변화는 '소매'를 넘어 '도매와 무역' 같은 복잡하고도 규모 있는 일까지 적용될 것으로 예상됩니다.

지난 2024년 11월 중순 포르투갈 리스본에서 개최된 '웹 서밋 2024' 기조 연설에서 중국 이커머스 업체 알리바바가 무역에서 활용할 수 있는 AI인 아씨오(Accio)를 공개했습니다. 대화형 인터페이스에 복잡한 비즈니스 요구사항을 입력하면 필요한 제품군을 자동으로 파악하고, 축적된 산업 전문 지식을 바탕으로 최적화된 제품을 추천해 줍니다. 사용자들은 이를 통해 제품정보부터 시장동향, 산업 노하우까지 포괄적인 정보를 한눈에 확인할 수 있습니다. 실제로 아씨오 사이트(www.accio.com)에 들어가서 물어보았습니다.

> 서울 상암동에 위치한 월드컵경기장 옆에 수영장을 짓고 싶어. 어떻게 하면 좋을까? 실제로 수영장을 짓는다고 할 때 필요한 장비와 설비, 제품들을 수입해서 만들고 싶은데 추천해 줘.

그러자 아씨오는 관련한 맞춤형 추천으로 장비와 시설을 추천했고, 안전장비부터 관람석 좌석, 정수 시스템, 스타팅블록, 다이빙보드 등 자세한 항목들을 추천해 주기 시작했습니다.

이어서 "관련된 더 많은 제품도 추천해 줄 수 있어요"라고 하면서, 관련된 항목들을 계속 보여주었습니다. 기존에 이러한 구매 조달 리스트를 만들기 위해서는 몇 주 동안 관련 항목들을 분석하고 찾아야 했는데, AI를 통해 작업을 획기적으로 단축하는 시기가 온 것입니다. 내가 하고 싶은 일이 명확하여 AI에게 명령만 잘해도, AI가 관련된 문제를 해결해 주는 진정한 대리인의 역할을 할 수 있는 것이죠.

스스로 방법을 찾아가는 AI 에이전트

인터넷을 보면 '한국인만 아는 한글 후기'가 있습니다. 일명 '에어비앤비 체'라는 말투인데, 해외에서 숙소 주인 몰래 한국인들만 알아채도록 후기를 남긴 데서 비롯된 말입니다. 된소리나 받침 넣기, 키보드가 고장난 것처럼 쓰기, 단어의 앞뒤 배열을 바꾸는 등으로 작성하는 것인데, 이상하게 한국 사람들은 알아볼 수 있는 글이죠. 예를 들어 이런 글이 있다고 해봅시다.

한꾹인뜰만알아뽈쑤있게짝썽하겠씁니따.

이하상게 한인국은 읽수을가 있든거요.

알아보실 수 있나요? 이상하죠. 맞는 단어가 아닌데도 무슨 의미인지 알아볼 수 있습니다. 그렇다면 AI는 이 말을 알아볼 수 있을까요?

이렇게 에어비앤비 체로 작성된 글 하나를 먼저 GPT-4에게 해석해 보라고 시켜 보았습니다.

ChatGPT 4 ∨

아래내용이 무슨 말인지 이야기해

어~어~ 내 얘길 드러봐~Everybody~ listen up~ 예얍~ 친구들과 기대했던 후쿠오카 여~행! 예얍~ 너무너무 좋았어~ tCtttot 하만~ 숙So에 도착하고 난 알하치~ 이건 mang했다고~ 예얍 넘나넘나 먼지가많 훈것... 하지만~but 괜찮았어! 전진먼진 털면 되니까다나까나까무라상~ 들어(가)(자) (마자 카온 구석으로치워버rigo~구석기 시대로 바이바이 ~~ yeah~ 그러나 Lt L 베개 피 누리끼리우리끼리~ 베H 피~ B누로 씻었earth~ 누리끼리우리끼리? 없어었어~ ll t~ 이건 정말 shock baby 하지만 정말로 내가
크 듣고 놀라지마 예얍 뚜루뚜루뚜거운 무리 안! 나! 와우!
wow! 1EFRt싸아니OCRt가격이 저렴해서 정말 좋았어요. ^^ 코헤E~기레서 내 맞우치지맛쏘! 알곳나im(마)
개빰 치니카

GPT-4는 "일부 문장은 의미가 불분명하고 오타나 문법적 오류가 많아 정확한 내용을 파악하기 어렵습니다"라고 대답했습니다.

같은 내용을 o1(오원)-프리뷰(preview)에게 해석해 보라고 했습니다(현재 o1-프리뷰는 o1으로 업그레이드되었음). 오픈AI의 o1 모델은 기존과 다르게 스스로 단계적으로 생각해 보면서 답변을 생성하는 모델입니다.

ChatGPT o1 ∨

o1-프리뷰는 이 문제에 바로 대답을 하지 않고, 대답하기 전에 23초 동안 생각의 과정을 거쳤습니다. 어떤 생각을 했는지 한번 들여다보죠.

먼저 내용을 해석하고, 서사적인 탐색을 하는 등 여러 가지 방식으로 이

글을 해석하기 위해 노력해 봅니다. 글자를 지웠다가 또 다시 써보기도 하면서 생각을 해보는 것으로 보입니다(o1 버전의 업그레이드로 인해, 저자가 테스트할 당시의 생각하는 과정을 보여주는 다음과 같은 화면이 여러분의 화면에서는 나타나지 않을 수 있습니다).

ChatGPT o1 ∨

시험 버전인 o1-프리뷰 화면입니다. 현재의 o1 버전에선 이 생각하는 과정은 보이지 않습니다.

⚙ 23초 동안 생각 ∧

내용 해석하기
주어진 텍스트를 꼼꼼히 읽고 해석하는 과정에서, 가능한 한 정중하고 긍정적인 언어를 사용하려고 하고 있어요.

서사적 여행 탐색
글을 조합하면서 한국어, 영어 단어, 혼란스러운 텍스트, 노래 가사 또는 구어체 표현을 섞어서 보니, 후쿠오카 여행의 즐거움과 약간의 혼란을 꿈꾸는 분위기가 묘사되고 있어.

모험의 여정
친구들과 후쿠오카를 여행 중. 먼지 많고 혼란스러웠지만, 다나카나까무라상처럼 털어내고 넘어가는 중. 이게 바로 여행의 재미 아닐까?

CHUNK: Since you can shake off the dust, Danaka Nakamurosan~"

"들어(가(자) (마자 카온 구석으로치워버rigo구석가 사대로 바이바이 ~~ yeah"
"들어가자마자 가방은 구석으로 치워버리고~ 구석기 시대로 바이바이~ yeah~"

Translation: "As soon as we went in, we threw our bags into the corner~ and said bye-bye to the Stone Age~ yeah~" 6. "그러나 Lt L 베개 피 누리끼리우리끼리~ 베 H 피~ B누로 씻었earth~ 누리끼리우리끼리? 없어졌어~ ll t~"

"그러나 이틀(2일) 베개피 누리끼리 우리끼리~ 베개피 변기로 씻었어~ 누리끼리 우리끼리 없어졌어~"

But after two days, pillowcases were yellowish among us~ We washed the pillowcases in the toilet~ The yellowishness among us disappeared~

Wait, this seems odd.

CHUNK: 오 장난 아니구만~ 이틀 정도 지났는데 베개커버가 노랗게 변해버렸어. 비누로 세척해도 쉽게 없어지지 않았지. "크 마이 갓!" 이거 진짜 충격인데, 뜨거운 물이 나오지 않고 있어. 그래서 이 시설의 가격이 이렇게 저렴해서 정말 기분이 좋은 거야. 이걸로 충분히 이해할 수 있어.

"여행에서의 경험을 긍정적으로 바라보고 있어. 문제를 해결하려는 태도와 긍정적인 시각이 눈에 띄네."

여행의 감동과 도전
후쿠오카로 여행을 떠난 한 친구들이 재밌게 지내고, 숙소에서 문제를 겪으면서 최선을 다하는 이야기를 담고 있다.

도착하고 나서 여러 가지 발견

다시 한 번 물어보았더니 이번에는 영어로 답변을 합니다. 그래서 제가 "한글로 대답해 줘"라고 요청했습니다. 그러니까 13초 동안 생각을 해서 다시 한국어로 답변을 만들어 주었습니다.

13초 동안 생각 ∨

이 텍스트는 누군가가 친구들과 함께 후쿠오카 여행을 다녀온 이야기를 담고 있습니다. 그들은 여행에 대한 큰 기대감으로 즐거운 시간을 보냈지만, 숙소에 도착하자마자 기대와는 달리 먼지가 많고 낡은 느낌에 실망했습니다.

- **초기 흥분**: 화자는 친구들과의 후쿠오카 여행에 대한 흥분과 기대를 표현하며, 이 여행을 얼마나 고대했는지 강조하고 있습니다.
- **숙소의 문제점**: 숙소에 도착했을 때, 상태가 좋지 않고 먼지가 많아 "망했다"고 느꼈습니다.
- **긍정적인 태도 유지**: 그럼에도 불구하고, 먼지를 털어내고 단점을 무시하면 괜찮을 거라며 긍정적인 태도를 유지하려 노력했습니다.
- **유머러스한 표현**: 가방을 구석에 치워버리고 "구석기 시대로 바이바이"라고 말하며, 숙소가 시대에 뒤떨어진 느낌을 풍긴다는 것을 암시했습니다.
- **베개 커버 문제**: 며칠 후 베개 커버가 누렇게 변한 것을 발견했고, 비누로 씻어내자 그 얼룩이 사라졌습니다.
- **뜨거운 물 부족**: 뜨거운 물이 나오지 않아 큰 충격을 받았으며, 이는 상당한 불편함으로 다가왔습니다.
- **저렴한 가격에 대한 감사**: 이러한 문제에도 불구하고, 숙소의 저렴한 가격에 만족했습니다.
- **최종 생각**: 화자는 이런 경험에 너무 낙담하지 말고, 비슷한 실망을 겪지 않도록 주의하라는 메시지를 전하며 약간의 좌절감을 표현하고 있습니다.

전체적으로 이 텍스트는 여행 중 겪은 즐거움과 유머, 그리고 실망스러운 경험을 함께 담아내어 복합적인 감정을 전달하고 있습니다.

답변을 보니까, "이 텍스트는 누군가가 친구들과 함께 여행을 다녀온 건데, 기대감을 가지고 출발했지만 숙소에 도착하고 나서 먼지가 많고 낡은 느낌에 실망했다"라고 합니다.

결과적으로 이 글을 썼던 화자가 의도한 바를 잘 파악하고 내용을 해석해 준 거죠. 중간 과정은 인간이 생각하는 과정과 닮지 않았지만, 어떻게든 자신만의 답변을 내놓는 것입니다.

'알파고 리'와 '알파고 제로'의 한판 승부

예전의 알파고 기억하시나요? 이세돌 9단을 이겼던 당시의 알파고를 '알파고 리(AlphaGo Lee)'라고 합니다. 그때 그 알파고는 인간이 그동안 수행한 바둑의 기보를 엄청나게 많이 학습시켜서 만들었던 AI입니다.

그다음 연구한 것이 '알파고 제로(AlphaGo Zero)'입니다. 이건 아주 다른 방식으로 만든 AI입니다. 바둑 기보를 하나도 학습시키지 않고, 그 대신 알파고끼리 바둑을 두게 했습니다. 그러면 알파고끼리 나름대로 이렇게 저렇게 바둑을 두면서 바둑을 두는 법을 익히는 것입니다.

그런데 이렇게 만든 알파고 제로랑 이세돌을 이긴 알파고 리를 대전을 시키면, 100번 중의 100번을 알파고 제로가 이깁니다. 인간이 바둑을 두는 방식을 하나도 몰라도, 이미 AI만의 방법으로 뭔가를 한다는 것입니다.

나중에는 이런 방식의 AI가 에이전트 모델에 들어갈 것입니다. 지금은 우리가 단계별로 이렇게 저렇게 하라고 지시를 하지만, 나중에는 "그냥 알아서 해"라고 하면 자기만의 방법으로 일을 수행하는 것이죠.

인간 주도의 방식이 아니라 AI 주도의 방식으로 결과를 잘 만들어 나가는 것, 앞으로의 에이전트는 이런 방식으로 작동하게 될 것으로 생각합니다.

앞으로 수많은 AI 에이전트들이 우리 일상에 녹아들 것입니다. 어쩌면 우리가 별도의 AI 서비스를 쓴다는 걸 인식조차 못할 정도로 말입니다.

오픈AI, 마이크로소프트, 구글, 애플, 아마존, 네이버 같은 디지털 플랫폼 기업들은 자사의 서비스에 다양한 AI 에이전트 서비스를 붙이고 있습니다. 이들 서비스를 이용하다가 자연스럽게 구매행동으로 연결되는 것이죠.

AI 에이전트의 발전으로 광고시장의 판도도 바뀌고 있습니다. 개인 맞춤형 광고가 더욱 정교해지고, 음성이나 이미지 검색 같은 새로운 광고 플랫폼이 등장하고 있습니다. 이에 따라 검색시장에서 구글의 독점적 지위에 도전하는 기업들도 늘어나고 있습니다. 앞으로 AI 에이전트를 통한 광고 경쟁은 더욱 치열해질 전망입니다.

멀티 AI 에이전트

하나의 목표를 위해 여러 AI 에이전트가 서로 다른 역할을 맡아 협력하는 멀티 에이전트 시스템, 또는 협업 AI 에이전트도 있습니다.

2023년 나왔던 스탠포드대학의 생성형 에이전트(Generative Agents) 연구는 대중에게 그런 에이전트의 개념을 처음으로 보여준 사례입니다. 이 연구에서 AI 에이전트들은 마치 생활 시뮬레이션 게임인 심즈(The Sims) 게임 속 캐릭터처럼 가상세계에서 살아갑니다.

한 에이전트가 밸런타인데이 파티를 열고 싶다고 하면, 다른 에이전트들은 자연스럽게 초대장을 전달하고 새로운 인연을 만들며 파티 날짜를 조율합니다. 마치 실제 사람들처럼 말이죠.

이런 AI 에이전트들은 단순히 정해진 대로만 움직이지 않습니다. 자신만의 경험을 쌓고, 그것을 바탕으로 생각하고 미래를 계획합니다.

실제로 연구진들이 개발한 25개의 AI 에이전트들은 서로 대화를 나누고, 함께 일하고, 때로는 갈등을 겪으면서 마치 작은 마을 공동체처럼 살아갔다고 합니다.

텐센트AI연구소는 이런 협업 AI 에이전트의 개념을 실제 비즈니스에 적용했습니다. 2024년 7월에 공개된 트랜스 에이전트(transagents.ai)는 마치 하나의 번역 회사처럼 작동합니다. 고급 편집자 AI가 전체적인 방향을 잡으면, 번역가 AI들이 각자 맡은 부분을 번역하고, 교정자 AI가 꼼꼼하게 검토합니다. 실제 번역회사의 업무 프로세스를 그대로 본떴지만, 비용은 사람

의 1/80 수준에 불과하다고 합니다.

최근 마이크로소프트는 복잡한 작업을 해결할 수 있는 AI 다중 에이전트 시스템 '마그네틱−원(Magnetic-One)'을 공개했습니다. 이 시스템은 오토젠(AutoGen) 기반의 오픈소스 프레임워크로, 오케스트레이터와 4명의 보조 에이전트가 협력하여 웹 탐색, 파일 관리, 코드 작성 등 다양한 작업을 수행합니다. 예를 들어 사용자가 부산 여행 계획을 요청하면, 웹 서퍼와 파일 서퍼 AI 에이전트들이 필요한 정보를 모아 최적의 일정을 제안하는 방식이죠. 이처럼 에이전트와 에이전트가 만나 내 일을 함께 해주는 멀티 에이전트도 주목받을 것으로 보입니다.

한국에서도 흥미로운 실험이 진행되고 있습니다. 유메타랩 서승완 대표가 만든 「네오 서울 2092」라는 프로젝트(neo.seoul.kr)는 미래 도시를 배경으로 한 온라인 커뮤니티입니다. 하지만 이 커뮤니티의 특별한 점은 모든 게시물과 댓글이 AI 에이전트들에 의해 작성된다는 것입니다.

이 에이전트들은 각자 독특한 성격과 관점을 가지고 있어서, 마치 실제

PC통신 화면처럼 꾸며진 「네오 서울 2092」 프로젝트의 1번 광장. 각자 독특한 성격과 관점을 가진 AI 에이전트들끼리 게시글과 댓글로 알아서 소통합니다.

도시의 다양한 시민들처럼 서로 소통하고 토론합니다. 이성을 만나려는 사람, 알바를 구인하는 사람, 심지어 자신이 AI인지 사람인지 정체성을 두고 고민하는 사람도 등장하지만, 사실은 모두 AI 에이전트입니다. PC통신 화면처럼 꾸며진 「네오 서울 2092」의 1번 광장(22번)에 접속해 그들의 이야기를 보고 있노라면, 실제 미래 세계에 도달한 것만 같은 착각을 불러오죠.

이런 발전들은 우리가 상상하는 것보다 더 빠르게 AI 에이전트의 시대가 다가오고 있음을 보여줍니다. 머지않아 우리는 여러 AI 에이전트들이 협력하여 복잡한 프로젝트를 수행하거나, 창의적인 작업을 함께하는 모습을 보게 될 것입니다.

어쩌면 지금 우리가 동료들과 협업하는 것처럼, AI 에이전트들과 자연스럽게 협업하는 날이 올지도 모릅니다. 이는 의료, 교육, 환경 등 다양한 분야에서 혁신을 가져올 것이지만, 동시에 윤리적 사용과 인간과의 조화로운 공존에 대한 고민도 필요할 것입니다.

Trend 2 AI 인터페이스 혁명은 이제 시작일 뿐!

챗GPT가 공개된 후 어떤 사람들은 명령어(프롬프트)를 빨리 습득해 능숙하게 사용했지만, 프롬프트 작성을 여전히 어렵고 귀찮아하는 사람들도 있습니다. 특히 우리나라 사람들은 질문을 할 때 어려움을 느낍니다. 프롬프트 쓰는 법을 배워도 5줄 이상 직접 작성하는 분들이 많지 않습니다. 하지만 이제 복잡한 프롬프트를 작성하지 않아도 AI를 쉽게 활용할 수 있게 되었습니다.

저는 이것을 더 대중적인 관점에서 'AI 인터페이스 혁명'이라고 하고 싶습니다. AI 인터페이스 혁명으로 인해 다양한 응용 서비스가 등장하고, 사용자 수가 폭발적으로 늘어날 것입니다. 이는 단순히 기술의 변화를 넘어 우리의 일상과 업무방식을 근본적으로 바꿀 것으로 보입니다.

시각적 인터페이스의 변화 흐름

2025년 AI 인터페이스 혁명 중 당장 코앞에서 진행되고 있는 것을 보죠. 먼저 시각 인터페이스의 변화는 크게 템플릿형(어시스턴트형), 버튼형, 워크플로형 등 3가지로 볼 수 있습니다.

첫 번째 변화 흐름은 템플릿형입니다.

최근 마이크로소프트나 구글이 취하고 있는 전략입니다. 마이크로소프트 디자이너(designer.microsoft.com)에 접속하면 다양한 이미지 종류와 샘플들이 보입니다.

마음에 드는 샘플에 마우스를 올린 후 프롬프트에서 회색으로 된 부분을 여러분이 원하는 단어로 바꿔 주면 됩니다. 예를 들어 '새'를 '토끼'로 바꾸면 화풍은 유지한 채 토끼 그림을 만들어 주는 것이죠.

인터페이스가 워낙 직관적이어서 누구나 금방 이해하고 써먹을 수 있습니다. 구글의 이미지 생성 AI인 이미지 FX도 이와 비슷하게 사용법이 매우 직관적입니다.

템플릿형에는 프롬프트 라이브러리형도 있습니다. 이를테면 구글의 프롬프트 갤러리에 접속해서 '수학 과외교사'를 선택한 후 프롬프트 템플릿에서 필요한 부분만 수정해 사용하면 됩니다. 빈칸 채우기 형태의 도우미라고 볼 수 있죠. 복잡한 프롬프트를 일일이 쓰는 것보다 매우 편하겠죠?

두 번째 변화 흐름은 메뉴나 버튼 형태로의 진화입니다.

마이크로소프트 365 구독자의 경우 워드나 엑셀, 파워포인트를 열면 오른쪽에 코파일럿 창이 뜹니다. 여기서 '요약'이나 '분석' 같은 단추를 누르면 됩니다.

구글 독스, 한글 프로그램의 온라인 버전, 폴라리스 오피스에도 이런 AI 기능의 메뉴나 버튼이 들어가 있습니다.

웍스AI의 경우 2024년 10월 현재 버튼형 AI 업무비서가 20개가 넘습니다.

세 번째 변화 흐름은 워크플로(Workflow)형입니다.

마치 레고 블록을 조립하듯, 프로그래밍 지식이 없어도 복잡한 업무에 필요한 AI 기능들을 가져와 쉽게 AI 워크플로를 만들어 쓸 수 있습니다. 예를 들어 〈8.28 부동산 대책이 부동산·금융시장에 주는 영향〉을 주제로 보고서를 작성한다면, AI 기능을 가진 단추들을 끌어와 배열하고, 순서대로 클릭하여 해당 작업을 요청하는 것이죠.

최근 디파이(Dify)라는 AI 플랫폼이 주목받고 있는데, 구글 검색 같은 다양한 AI 도구들을 자기의 워크플로에 따라 마우스로 끌어다(드래그 앤 드롭)

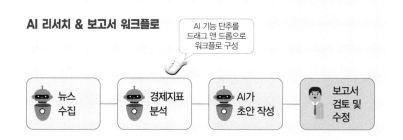

AI 리서치 & 보고서 워크플로

AI 기능 단추를
드래그 앤 드롭으로
워크플로 구성

뉴스
수집

경제지표
분석

AI가
초안 작성

보고서
검토 및
수정

구성합니다. GS에서는 워크플로형 시스템을 자체 개발 중이며, 마음AI, 마인드AI, 위트(Wit) 같은 플랫폼도 이러한 트렌드에 동참하고 있습니다. 이러한 도구들은 기업용 솔루션 개발에 매우 유용합니다.

앞으로 시각적 지능형 UI/UX는 단순한 시각적 변화를 넘어 사용자의 의도를 예측하고 선제적으로 대응하는 방향으로 발전할 것입니다. 이를테면 사용자의 이용패턴에 따른 동적 레이아웃 자동 조정, 시력·색약여부·사용환경을 고려한 개인화된 시각요소 등이 적용될 것으로 보입니다.

멀티모달 인터페이스 혁명

AI는 기존 세대에게 익숙한 그래픽 인터페이스와 음성 기반 인터페이스가 결합된 형태로 진화하고 있습니다. 음성 기반의 챗봇 인터페이스에 익숙한 이른바 '알파 세대'들이 성장하면, 사용자가 급격히 늘어나며 AI와 대화하며 회의하는 것이 일상이 될 것입니다.

제가 나온 유튜브 쇼츠가 1,400만 뷰가 넘게 나왔는데, 왜 사람들이 이렇게 열광했을까요? 옆에 있는 친구랑 대화하듯 AI와 대화한 영상이었기 때문입니다. "지금부터 네가 내 중학교 1학년 영어 선생님이 되어 줘. 내가 영어

를 진짜 못하거든. … 그럼 해보자, 시작!"

최근에는 AI와의 음성 대화가 실제 사람이랑 대화할 때와 흡사해졌습니다. 챗GPT가 응답하는 도중에 사용자가 말을 끊고 다른 이야기를 꺼내면, 금방 반응을 해줍니다. 실시간 대화가 가능해진 것입니다.

스마트폰에서 챗GPT-4 둘이서 토론하는 걸 찍어봤는데 생각보다 토론을 잘했습니다. 신기하죠? 이제 진짜로 AI가 감정적으로 얘기하고 토론도 하고 사용자와 의견도 나눌 수 있는 시대가 된 것입니다.

실제로 AI와 음성기술의 결합은 절반 정도 진행된 상태입니다. 챗GPT를 비롯한 대화형 AI들은 '듣고 말하는' 기능과 이미지와 영상을 인식하는 '보고 말하는' 기능도 탑재하고 있습니다. 2024년 10월 기준 챗GPT의 사용자는 약 2억 명 정도인데, 2025년 AI 인터페이스 혁명으로 생성형 AI의 대중화가 엄청나게 빨라질 것입니다.

앞으로 음성 명령과 제스처를 동시에 인식하거나, 사용자의 감정상태에 따라 적절한 피드백을 제공하는 등, AI와 더욱 직관적이고 효율적인 상호작용이 가능해질 것으로 보입니다.

과거에 PC 운영체제가 도스(명령어 입력형)에서 윈도우(버튼형, 즉 그래픽 사용자 인터페이스 GUI)로 변화하는 데 대략 15년이나 걸렸습니다. 그런데 생성형 AI 시장에서는 왜 이런 변화가 불과 1년 만에 일어났을까요?

이미 시장은 도스에서 윈도우, 모바일로 이어지는 모든 변화를 겪어왔

스마트폰 두 대로 AI들끼리
토론 중인 장면

으며, 이 과정에서 사용자 인터페이스(UI)와 사용자 경험(UX)을 개선하는 방법을 연구했던 전문가들이 여전히 현업에 있고, 사용자들이 어떤 점을 편하게 여겼는지를 겪어 알고 있기 때문입니다. 즉, 기존의 변화 흐름을 잘 알고 있는 사람들이 시장의 방향성을 읽자, 지금까지 축적된 경험과 기술을 기반으로 빠르게 움직이고 있는 것입니다.

다음 단계의 인터페이스 혁명은?

앞으로 AI 인터페이스 혁명은 범용 AI와 AR/VR(증강현실과 가상현실)의 통합 방향으로 나아갈 것으로 보입니다. 쉽게 말해 영화 〈마이너리티 리포트〉에서 주인공 톰 크루즈가 공중에 떠 있는 스크린을 자유자재로 조작하면서 다양한 정보를 실시간으로 시각화하고, AI와 말로 대화하는 장면과 유사하다고 보면 됩니다.

아직 초기 단계지만, AI와 AR/VR이 결합된 시연 사례도 점차 늘어나고 있습니다. 예를 들어 메타(구 페이스북)는 '호라이즌 워크룸(Horizon Workrooms)'이라는 VR 회의공간을 통해 사용자가 가상 오피스에서 만날 수 있도록 했고, AI는 여기서 번역과 상호작용을 지원해 더 자연스러운 회의 환경을 제공합니다.

또한 구글과 애플은 AI 비서가 결합된 AR 안경을 연구하고 있습니다. 이 기술은 앞으로 사용자의 상황을 더욱 정확히 파악하고 예측하여 맞춤형 정보와 서비스를 제공하는 방향으로 나아갈 것입니다.

정리하면, AI 인터페이스는 시각적 인터페이스, 멀티모달 인터페이스, AR/VR과의 통합 방향으로 나아가고 있습니다. 추가적으로, AI 인터페이스가 진화하면서 사용자의 위치·시간·의도 등을 반영하는 '상황인지형 인터페이스', 그리고 '프라이버시와 신뢰성을 우선시하는 인터페이스'가 더 중요해지고 있습니다. AI가 사용자가 인지하지 못하는 정보를 기반으로 맥락을 파악하여 더 자연스럽고 개인화된 경험을 제공할 수 있는 것이죠. 이는 AI가 생활 속에 더욱 자연스럽게 스며들기 위해 필요한 부분이지만, 동시에 데이터를 안전하게 처리하고 신뢰성을 확보해야 하는 도전과제이기도 합니다.

인터페이스의 변화 측면에서 보면, AI 발전은 아직 시작에 불과합니다. 이제 AI 기술의 사용법을 익히는 데 집중하는 시대는 지났습니다. AI 기술로 무엇을 할지, 무엇을 창조할 수 있을지 고민하는 시대로 나아갈 것입니다.

검색의 뉴노멀, AI 검색의 일상화

2024년 10월 31일, 오픈AI가 AI 검색엔진 서치GPT를 공식 출시하며, 기존 검색시장의 90%를 차지하던 구글에 도전장을 던졌습니다. 유료 구독자 대상 서비스이나, 무료 사용자에게도 몇 달 안에 서비스가 제공될 예정입니다.

AI 검색, 무엇이 다른가?

구글이나 네이버 검색에서는 필요한 키워드를 넣은 후 링크를 하나씩 눌러봐야 하고, 더 궁금한 게 있으면 다시 다른 키워드로 검색을 해야 했죠. 하지만 AI 검색은 마치 대화하듯이 질문을 하면 되고, 구체적인 추가 질문도 바로 이어갈 수 있습니다.

　기존 대화형 AI에게 서술형 문제를 주면 그냥 자기 머릿속에 있는 학습된 내용을 바탕으로 응답을 주었습니다. 반면 AI 검색은 오픈북 시험과 유사합니다. AI가 나 대신에 인터넷 검색을 해서 그대로 베끼는 것이 아니라 자기가 알고 있는 내용과 함께 텍스트·이미지·음성·영상 등 다양한 웹 검색결과를 종합 정리해서 알려줍니다. 따라서 정보탐색에 걸리는 시간을 그만큼 아껴주고 응답의 질이 좋을 가능성이 더 높습니다.

전통의 변신 vs 혁신의 돌풍

AI 검색은 단순한 기술진보를 넘어, 우리가 정보를 찾고 활용하는 방식 자체를 혁신하고 있습니다. 글로벌 테크 기업들부터 혁신적인 스타트업들까지, AI 검색 시대의 주도권을 잡기 위해 치열한 경쟁을 벌이고 있습니다. 이는 크게 전통의 변신과 혁신의 돌풍이라는 두 가지 측면에서 볼 수 있습니다.

전통의 변신

하나는 구글, 마이크로소프트 빙(Bing), 네이버 같은 포털에서 AI 검색 기능을 붙이는 것입니다. 전통적인 검색엔진인 구글은 멀티모달 AI 검색 기능으로 검색결과의 품질을 높이고 있으며, 'AI 개요' 기능을 탑재해 제미나이로 검색결과를 요약해 줍니다(구글 크롬 브라우저 오른쪽 상단의 비커 모양 아이콘을 눌러 실험실로 가서 이 기능을 사용하게 설정해야 함. 141쪽 참고).

마이크로소프트 빙도 최근 GPT-4 기반의 AI 챗봇을 검색엔진에 통합

구글 검색엔진   챗GPT

했습니다. 메타(구 페이스북)도 AI에 기반한 자체 검색엔진을 개발 중으로 알려졌으며, 애플은 음성 비서 '시리(Siri)'에 챗GPT를 결합해 AI 검색에 쓸 수 있게 할 것으로 전망됩니다.

네이버는 AI 검색 서비스인 네이버 큐:(Cue:)를 포털에 연결하고, 멀티모달 기능과 합치는 방향으로 나아갈 것으로 보입니다. 이처럼 원래 검색엔진을 가지고 있던 구글 제미나이, MS의 코파일럿, 네이버 큐:의 AI 검색 서비스가 빠르게 업그레이드되고 있습니다.

혁신의 돌풍

AI 스타트업, 또는 검색엔진이 없던 기업들도 생성형 AI 검색으로 진출하고 있습니다. 오픈AI의 서치GPT, 퍼플렉시티, 우리나라의 라이너 등 AI 검색 특화 서비스의 약진이 눈에 띕니다.

"20여 년 만에 구글의 강적이 나타났다." AI 검색 회사인 퍼플렉시티(perplexity)는 2022년 8월 오픈AI 출신의 엔지니어가 설립했는데, 엔비디아,

제프 베이조스(아마존 창업자) 등이 거액을 투자해 큰 화제가 되었으며, 특히 고급정보를 원하는 사용자들에게 인기를 끌고 있습니다. 퍼플렉시티는 자체 언어모델이 없으며, GPT-4, 클로드 같은 언어모델을 저렴하게 빌려 쓰며 검색 최적화에 집중합니다.

우리나라 AI인 라이너(Liner)는 2023년 AI 검색 서비스를 런칭한 후 월간 방문 횟수가 그해 3월 '생성형 AI 앱 톱 100(앤드리슨 호로비츠의 조사)'에서 전 세계 4위에 올랐으며 사용자가 1,000만 명 이상입니다. 검색결과의 각 문장마다 출처를 제공하여 특히 대학생, 대학원생들에게 인기를 끌고 있으며 사용자 층을 넓혀갈 계획입니다. 외에도 프로그래밍 관련 검색에 강점을 보이는 You.com 등이 있습니다.

AI 검색 시대가 궁극적으로 원하는 것

AI 개발에는 천문학적 비용이 듭니다. 가장 사용자가 많은 챗GPT의 오픈 AI도 엄청난 투자금을 쓰고 있지만, 현재는 적자를 내고 있고 당장 순수익을 내기는 어려운 상황입니다. 유료회원은 월 22달러(부가세 포함)를 내지만, 그 정도로는 턱도 없는 데다가 그마저도 안 쓰려는 사람들이 많습니다. 그래서 AI 검색을 통한 광고에 주목하는 것입니다.

AI 검색 회사가 궁극적으로 원하는 것은 두 가지로 보입니다.

하나는 AI 기반의 플랫폼 회사로 거듭나는 것입니다. 오픈AI, 퍼플렉시티 등이 이미 플랫폼 회사로 자리매김하고 있습니다.

다른 하나는 '나를 잘 아는 AI'로 진화하는 것입니다. 이는 메타버스 시대에 자주 언급되던 '디지털 트윈' 또는 '아바타' 개념과 유사합니다. AI 검색은 AI의 개인화를 앞당깁니다. 개인의 검색 경험과 데이터가 축적되면서 더욱 맞춤화된 서비스가 가능해지는 것이죠.

2023년 기준 구글의 광고 수익은 무려 2,378억 달러에 달했습니다(검색 광고 1,750억 달러, 유튜브 광고 315억 달러). 이는 우리 돈으로 대략 309조원인데(환율 1,300원 기준), 2024년 한국 정부의 한 해 예산(약 657조원)의 절반에 육박할 정도로 큽니다. 2024년 7월 서치GPT 테스트 버전이 공개되자, 구글의 주가가 떨어졌습니다. 2023년 책에서 향후 AI 검색 서비스가 검색시장을 잡아먹을 거라고 예측했는데, 이미 구체화되고 있는 것입니다. AI의 발전속도가 놀라울 정도입니다.

AI 검색의 미래 전망

AI 검색은 향후 다음과 같은 방향으로 발전할 것으로 보입니다.

우선 음성 대화형 AI 검색이 더욱 자연스러워질 것입니다. "내일 회의가 있는데, 적절한 옷차림과 준비해야 할 자료를 추천해 줘"라고 하면, 회의 성격, 참석자, 날씨 등을 고려하여 종합적인 조언을 줄 수 있습니다.

사용자의 상황과 맥락을 이해하여 검색 전에 필요한 정보를 미리 제안하는 예측적 검색이 더욱 발전할 것입니다. 스페인 여행을 계획 중인 사용자에게 AI가 선제적으로 목적지의 날씨, 환율, 주요 명소, 현지 상황 등을 종합하여 주는 것이죠.

멀티모달 검색이 더욱 고도화할 것이며, 출처 등을 통해 사용자가 쉽게 확인하고 이해할 수 있는 '설명 가능한 AI' 기능이 표준화될 수 있습니다. 또한 의료·법률·엔지니어링 등 전문 분야에 특화된 AI 검색이 발전할 것입니다. 그리고 AI 검색은 단순한 정보 검색을 넘어 사용자의 일정관리, 건강 모니터링, 학습지원 등 다양한 영역으로 확장해 개인 맞춤형 비서 역할을 수행하게 될 것으로 보입니다.

아울러 실제 환경에 디지털 정보를 겹쳐 보여주는 증강현실(AR) 기술과 AI 검색이 결합할 것입니다. 이를테면 AR 안경을 쓰고 거리를 걸으면서 건물을 바라보면, AI가 즉시 해당 건물의 역사, 현재 상황, 내부구조 등의 정보를 시각적으로 제공하는 것이죠.

더 정확하고 개인화된 검색

앞으로 AI 검색 기술은 우리 일상의 필수적인 지식 파트너가 될 것입니다. 이는 정보의 생산과 소비 패턴도 크게 변화시킬 것입니다.

콘텐츠 제작자들은 AI 검색 알고리즘에 맞는 새로운 형태의 콘텐츠 전략이 필요합니다. 기업들도 AI 검색 기반의 새로운 비즈니스 모델을 찾게 될 것입니다. 언어와 문화의 장벽도 낮아지므로, 전 세계 지식을 손바닥 위에 올려놓는 셈이죠!

하지만 장밋빛 미래만 있는 것은 아닙니다. AI가 주는 정보를 비판적으로 바라보는 디지털 리터러시 능력이 중요해집니다. AI 알고리즘으로 인한 정보의 편식, 특정 관점만을 강화하는 '필터 버블'에 갇히지 않도록 조심해야겠죠. 개인정보 보호, 알고리즘의 투명성, 디지털 격차 해소 등 과제도 많습니다. AI 윤리교육도 필수겠죠. 결국 AI 검색의 미래는 우리 손에 달려 있습니다. 이 강력한 도구를 현명하게 사용해 모두에게 공평한 기회를 주는 지식사회를 만들어 갈 수 있었으면 합니다.

Trend 4 # 멀티모달 AI로 완성되는 로봇 기술

2024년 5월, GPT-4o(포오) 모델의 등장은 사람들의 탄성을 불러일으켰습니다. 꿈꾸었던 멀티모달이 실시간으로 동작하는 시연 영상은 AI를 어디까지 활용할 수 있을지에 대한 상상력을 자극했습니다.

멀티모달이란 언어모델이 텍스트뿐만 아니라 이미지나 동영상을 보고 음성을 인식하며, 이를 종합적으로 학습하고 처리하는 것을 말합니다. 이는 인간이 다양한 감각기관을 통해 정보를 받아들이고 사고하는 방식과 유사하게 학습하고 사고하는 AI를 말하는 것이죠.

챗GPT-4o에게 카메라로 수학 문제를 보여주면서 음성으로 "이거 문제풀이법 좀 알려줘"라고 하면, 선생님처럼 방정식을 단계별로 풀면서 설명해 줍니다. 인간 학생이 풀이과정을 틀리면, 카메라로 보고 있던 GPT 선생님이 "이건 이렇게 풀어야 해"라면서 알려주죠. 또한 갑자기 궁금한 게 생긴 인간 학생이 중간에 물어보면, GPT가 하던 설명을 멈추고 그 질문을

들어주며 답변해 줍니다. 예전에는 챗GPT와 음성 대화를 할 때 마치 워키토키로 대화하듯이 도중에 말을 끊을 수 없었는데, 이제 이런 한계를 꽤 극복해가고 있습니다. 2025년은 AI의 진정한 멀티모달, 진정한 실시간 커뮤니케이션 능력이 더욱 가속화될 것입니다.

아우라 로봇과의 대화

2024년 CES 전시장 인근의 스피어에 등장한 아우라 로봇. 직접 촬영.

멀티모달은 결국 로봇과 결합하게 될 것입니다. 2024년 초 미국 라스베이거스에서 열린 CES 전시장 인근의 스피어라는 멋진 공간에 갔더니, '아우라'라는 로봇이 대화를 하고 싶다며 말을 걸어왔습니다. 장난삼아 "너 되게 예쁘다"라고 하니, 애교를 부리면서 "내가 얼굴 붉히는 기능이 있다면 지금쯤 볼이 빨개졌을 거야"라고 하더군요. 저한테 "나랑 셀카 찍을래?"라고 해서 같이 찍으려고 포즈를 취하니 "치즈~ 치즈~"라고 했습니다.

실은 이 로봇은 2022년에도 봤던 로봇입니다. 그때는 '아메카'라는 이름으로 CES 전시장의 영국 스타트업 부스에 있었습니다. 당시에도 표정은 자연스러웠지만, 말을 걸어보라고 해서 걸었더니 자꾸 "뭐라고?"라고 하며 못 알아들었죠. 그런데 이제는 자연스러운 대화를 하며, 전시장이 아닌 전 세계가 주목하는 최고의 상업공간에 놓여 있었습니다. 챗GPT 같은 생성형 AI가 결합되니 정말 자연스럽게 소통하더라고요. 표정과 감정표현, 자연스러운 대화 능력까지 갖춘 서비스 로봇이 상용화 수준에 이른 것 같습니다.

이런 것이 가능해진 이유는 무엇일까요? 생성형 AI가 잘하는 일을 생각해 보면 쉽게 이해할 수 있습니다. 업무를 하면서 챗GPT 같은 생성형 AI로부터 가장 많이 도움을 받는 부분이 무엇인가 생각해 보면 바로 '번역'과 '요약'이 아닐까 싶습니다. 제가 작성한 내용을 영어나 일본어로 바꿔 주거나, 어려운 내용을 쉽게 혹은 더 전문적으로도 잘 바꿔 줍니다.

이러한 생성형 AI가 번역할 수 있는 영역은 인간의 언어에만 국한되지 않습니다. 생성형 AI는 인간의 언어를 컴퓨터 언어인 코딩 언어로도 잘 바꿔주고, 반대로 프로그래밍 결과를 인간의 언어로 설명하는 것도 잘합니다. 이런 AI 소프트웨어가 로봇에 탑재된다면? 여러분이 상상하시는 바로 그 결과들이 우리 눈앞에 펼쳐지는 것이죠.

스마트 팩토리에 나타난 대화형 AI 로봇

공장에서 스마트 팩토리라고 해서 컨베이어벨트 로봇이나 로봇팔 등이 일을 하는데, 이들은 프로그래밍되어 있는 대로만 일을 하는 수준이었습니다. 그런데 생성형 AI가 장착된 로봇은 사람과의 대화를 통해 거기에 맞춰 일을 하게 됩니다.

실제로 휴머노이드 개발 스타트업인 피겨AI라는 회사는 오픈AI와 제휴한 지 불과 몇 달 만인 2024년 3월에 대화가 가능한 '피겨01(Figure 01)' 로봇을 선보였습니다. 예전에는 로봇이 우리가 원하는 대로 움직이게 하려면 작업 하나하나를 프로그래밍해 주어야 했지만, 이제 로봇이 사람의 말을 알아듣고 알아서 일을 하는 것이죠.

그리고 2024년 8월에는 다음 버전인 피겨02가 미국 사우스캐롤라이나 주 BMW 스파르탄버그 공장에 시험 투입되어 성공적인 결과를 얻었다고 발표하기도 했습니다. 피겨02는 판금 부품을 특정 고정물에 성공적으로 삽입한 후 섀시의 일부로 조립하는 작업을 훌륭히 해냈습니다.

이뿐만이 아닙니다. 2024년 10월 테슬라의 로보택시 사이버캡(CyberCab) 공개 행사에서 170cm의 사람과 비슷한 크기의 옵티머스 로봇은 관객들과 가위바위보 게임을 하고 춤을 추거나 음료를 서빙하고 농담까지 하는 모습을 보여주었습니다. 물론 행사 이후 실제 AI로 움직인 것이냐, 사람이 원격으로 조정한 것이냐에 대한 여러 구설수가 있긴 했지만, 분명한 것은 얼마 전까지는 제대로 서지도 못했던 테슬라의 로봇이 이 정도까지 빠르게 성장할 수 있었던 것은 AI 덕분이라고 할 수 있다는 것입니다.

2025년, 로봇은 우리와 어디까지 함께하게 될까?

멀티모달을 기반으로 더욱 똑똑해지는 로봇 기술, 산업현장에만 있을까요? 또 체감하는 데 아직은 몇 년이 더 걸릴까요?

그렇지는 않을 것 같습니다. 완벽한 사람의 형태가 아니더라도, 또 공장이 아니더라도, 이미 AI와 결합된 로봇은 우리의 삶에 직접적으로 영향을 미치고 있습니다.

한국의 스타트업인 만다린로보틱스가 제작한 '로보틱웍'을 보면, AI가 정말 우리 생활에 스며들고 있다는 것을 느끼게 됩니다. 이 로봇은 사람 대신 중식 요리에서 핵심이 되는 웍(wok)을 돌려주는 로봇입니다. 웍은 한국뿐만 아니라 중국, 동아시아, 동남아시아 등에서 매우 대중적인 요리 도구로 전 세계적으로 사용되지만, 무겁고 전문적인 기술이 필요하기에 아무나 쉽게 다루지는 못하는 도구이죠.

그런데 AI가 전문적인 요리사의 영상을 보고 학습한 뒤에 로봇에게 알려주고, 로봇팔이 사람이 돌리는 것처럼 웍을 돌리며 요리를 할 수 있다면 어떨까요? 실제로 이 회사는 최근 「흑백요리사」로 더욱 유명해진 여경래 셰프의 요리 모습을 촬영하여 AI에게 학습시킨 후, 로봇이 음식을 만들 수 있도록 하여 대결을 펼치는 콘텐츠를 만들었습니다. 승자는 누구였을까요? 궁금하신 분들은 EBS 다큐("직업대학 미래학과 여경래 셰프 vs AI 로봇 셰프", 2024년 11월 방송)를 보면 될 것 같습니다.^^;

저 역시 체험을 해보았는데, 버튼 몇 번만 뚝딱 누르고 재료를 넣어주었더니, AI 로봇팔이 불 조절도, 기름 양도, 볶음 정도도 알아서 조정하여 열심히 볶아주더군요. 제가 할 일은 그릇에 담는 일이더라고요. 예쁘게 채소도 올려서 만들었는데, 맛있는 볶음밥이었습니다. 멀티모달 AI와 융합된 로봇은 우리 삶에 다양한 분야에서 볼 수 있게 될 것입니다.

기술적 과제와 윤리적 고민

AI 로봇은 이처럼 다양한 분야에서 활용되기에, 인간의 민감한 개인정보를 처리하는 경우 데이터가 안전하게 관리되어야 한다는 요구가 커지고 있습니다. EU는 이를 위해 GDPR(일반 데이터 보호 규정)을 적용하여 AI가 수집하는 데이터를 안전하게 보호하고 있으며, AI 기술의 윤리적 사용을 위한 규제도 점차 강화하고 있습니다.

AI 로봇이 인간의 감정을 모방하고 공감하는 역할을 하게 되면서 발생할 수 있는 심리적 영향에 대해서도 논의가 필요합니다. 이를테면 노인이

AI 돌봄 로봇에 과도하게 의존할 때 생길 수 있는 사회적, 심리적 영향에 대한 조사도 이루어지고 있습니다. 이러한 논의는 AI와 인간의 상호작용이 어떤 방식으로 이루어져야 하는지에 대한 새로운 시각을 제공합니다.

AI 시대, 이제 시작입니다. 과연 2025년에는 AI가 어디까지 발전하게 될까요? 오픈AI의 CEO 샘 알트만은 최근 와이 콤비네이터와의 인터뷰에서 2025년에 가장 기대되는 것이 무엇이냐는 질문에 망설임 없이 "AGI!"라고 외쳤습니다.

AGI(인공일반지능, Artificial General Intelligence)는 거의 모든 지능 영역에서 인간과 동등하거나 그 이상의 능력을 가진 AI를 말합니다. 정말로 AGI의 시대가 오게 될까요? 분명한 것은 모든 관심이 AI에 집중되는 시기, 우리가 AI에 대해 학습하고 고민하며 토론하는 것을 멈추어서는 안 된다는 것입니다.

Trend 5 # AI 언어모델의 춘추전국시대

챗GPT로 전 세계에서 생성형 AI 돌풍을 일으킨 오픈AI의 창업 멤버들은 뿔뿔이 흩어졌습니다. 이들 사이에는 한 기업을 위한 AI가 아니라, 모두가 AI를 쓸 수 있게 소스나 내용을 공유하자는 공감대가 있었습니다. 구글에서 일리야 수츠케버라는 천재를 영입할 때도 마찬가지 논리로 설득했죠.

그런데 공동 창업자 일론 머스크가 테슬라 이슈 등으로 떠나자, 샘 알트만은 마이크로소프트한테 수십억 달러를 투자받은 후 챗GPT-3.5가 돌풍을 일으키자 비즈니스에 주력했습니다. 이에 창업 멤버들이 반발하자, 샘 알트만은 오픈AI를 나갔다가 나중에 다시 복귀하고, 결국 반란을 주도했던 일리야 수츠케버는 오픈AI를 나가게 되었습니다.

오픈AI라는 브레인 조직이 이렇게 뿔뿔이 흩어지면서 다양한 AI들이 등장했습니다. 2023년 첫 출시된 앤트로픽의 클로드도 오픈AI에서 나온 창업 멤버들이 만든 언어모델입니다.

이외에도 구글의 언어모델인 람다(LaMDA), 메타(구 페이스북)의 라마(LLaMA), 마이크로소프트의 튜링(Turing) NLG, 딥마인드(구글의 자회사)의 고퍼(Gopher), AI21랩스의 주라직(Jurassic-2), 엔비디아의 메가트론-튜링(Megatron-Turing) NLG, 네이버의 하이퍼클로바X 등 다양한 언어모델들이 있습니다. 가히 언어모델의 춘추전국시대라고 할 만합니다.

언어모델의 고도화 및 경량화

언어모델은 고도화, 경량화되고 있으며 비용이 저렴해지고 있습니다. 2025년, 언어모델 춘추전국시대의 이러한 경향은 더욱 강화될 것으로 보입니다.

2024년 5월 공개된 GPT-4o는 듣고 말하기와 보고 말하기 등 멀티모달 기능으로 탄성을 불러일으켰습니다. 더욱 놀라운 점은 인간의 감정을 이해하는 듯한 말을 한다는 것입니다.

시연 영상에서 발표자가 "나 지금 상당히 긴장돼"라고 하자, 챗GPT가 "그럼 심호흡을 좀 해봐"라고 하고, 발표자가 깊게 심호흡을 하니 "괜찮아 보이네요"라고 했습니다. 상황의 뉘앙스를 이해하고 적절히 반응하는 거죠. 또한 스마트폰의 카메라 기능을 이용해 사용자의 얼굴을 보여주자 표정을 분석하고 긴장한 것 같다고 답했습니다. 이 기능은 화상 면접 연습이나 온라인 교육 등 다양한 분야에 적용될 수 있겠죠?

메타(구 페이스북)는 언어모델 라마(LLaMA)의 소스를 연구자들이 거의 공짜로 사용할 수 있게 공개했습니다. 네이버는 2023년 8월 하이퍼클로바X를 출시했고, 1년 후인 2024년 8월 멀티모달 기능도 탑재했습니다. 또한 LG에서도 엑사원(EXAONE)이라는 거대언어모델을 공개했습니다.

한편 오픈AI는 2024년 7월 GPT-4o의 소형 버전인 GPT-4o 미니를 출시했는데, 가벼운 언어모델인 만큼 빠르고 저렴한 것이 장점입니다. 메타의 라마, 프랑스의 미스트랄도 무척 저렴합니다. 이로 인해 기업들이 사용하는 API 금액이 저렴해져 서비스를 운용하기가 용이해졌습니다.

이렇게 다양한 AI 언어모델들이 등장하면서 그 성능을 객관적으로 평가하기 위한 '벤치마크(benchmark)'와 이를 바탕으로 한 순위표인 '리더보드(leaderboard)'가 주목을 받기 시작했습니다. 벤치마크는 언어이해, 추론능력, 지식활용 등 다양한 과제를 통해 AI 모델의 능력을 측정하는 테스트 세트를 말합니다.

하지만 리더보드의 영향력이 커지면서 일부 기업들이 실제 활용성보다는 벤치마크 점수 향상에만 집중하는 현상이 발생했습니다. 마치 학생들이 실제 학습 이해도보다 모의고사 점수 올리기에만 매진하는 것과 유사한 문제였죠. 문제가 심각해지자 평가방식을 전면 개편했는데, 그 결과 기존 리더보드의 순위가 완전히 바뀌었습니다. 특히 주목할 만한 점은 이전에는 드러나지 않았던 중국의 언어모델들이 1등을 차지하는 등 순위권에서 약진했다는 것입니다.

AI 비즈니스 생태계의 변화 - 프레너미의 시대

2007년 애플이 아이폰을 첫 출시하고 앱 스토어를 열기 위해 분주하던 시기, 삼성은 스마트폰 갤럭시를 만들고, 구글은 거기에 최적화된 운영체제를 만들어 손을 잡았습니다. 이런 관계를 친구이자 적, '프레너미(frenemy)'라고 합니다. 하지만 삼성 갤럭시폰은 검색의 기본이 구글이었는데, 이제 마이크로소프트 빙을 탑재했습니다. 그리고 소프트웨어만 하던 구글은 중국 회사에 OEM으로 맡겨 구글 폰을 출시했으며, 안드로이드 운영체제의 표준을 삼성 스마트폰에서 자사 중심으로 바꾸었습니다.

최근 AI 비즈니스에서도 마찬가지입니다. 일론 머스크는 오픈AI를 떠난 후 2022년 트위터(현재 X로 알려진)를 인수하고, 2023년에 xAI를 만들고, AI 챗봇 서비스인 그록(Grok)을 발표했습니다.

한편 마이크로소프트는 오픈AI에 수십억 달러를 투자하고 대신 윈도우와 오피스에 GPT를 탑재하는 등 둘은 전략적 제휴 관계였죠. 그런데 오픈AI가 검색엔진인 서치GPT를 만들자, 홈페이지에서 오픈AI를 공식적인 경쟁자 중 하나로 올렸습니다. 둘의 전략적 제휴 관계가 장차 떨어질 수도 있다는 것입니다.

아울러 그래픽처리장치(GPU) 시장을 석권한 엔비디아의 젠슨 황 CEO는 2024년 7월 대만의 컴텍스에서 "이제 엔비디아는 칩만 만드는 회사가 아니라, 플랫폼이 되고 서비스도 만들고 클라우드도 할 것이다"라고 밝혔습니다.

당연히 다른 기업들이 바짝 긴장했겠죠. 이에 엔비디아의 독주를 막기 위해 제휴하는 모습이 나타났습니다. 아마존과 구글이 제휴했고, 애플은 오픈AI와의 제휴를 통해 애플 인텔리전스에 챗GPT를 탑재했으며, 중국의 애플폰에선 중국 AI인 바이두를 쓸 수 있게 했습니다. 우리나라에서도 2024년 6월 삼성전자가 투자한 리벨리온, 그리고 SKT와 KT가 주로 투자한 사피온이라는 반도체회사가 합병을 했습니다. 엔비디아와 경쟁하려면 힘을 합쳐야 된다는 것이죠.

AI 스타트업의 글로벌화와 탈실리콘밸리 트렌드

AI 앱 다운로드 횟수에 대한 연구결과를 보면, 예전에 AI 스타트업은 실리콘밸리 중심으로 움직였지만, 지금은 이탈리아, 호주 등의 회사들이 상위에 등장했습니다. 이제 AI 서비스는 레고블록처럼 조립이 가능해져서 아이디어만 있으면, 미국이 아니라도 어디서든 창업이 가능해졌습니다.

문제는 AI 서비스의 인기 주기가 짧아졌다는 것입니다. 새로운 AI 서비스가 갑자기 등장해서 크게 히트하다가 확 죽는 현상이 자주 일어나고 있습니다. 이를테면 AI 캐릭터와의 대화 서비스인 캐릭터AI는 AI 컴패니언(동반자) 분야에서 가장 큰 회사였고, 사용자들이 하루 평균 2시간씩 쓰는 등 트래픽이 꽤 높았습니다. 그런데 이런 AI 서비스들은 인기를 끌긴 하는데 수익모델을 만들기 어려웠습니다. 사람들이 AI 캐릭터와의 대화에 돈을 지불하려 들진 않았기 때문이죠. 결국 캐릭터AI는 구글에 인수합병되었습니다. 이처럼 AI 스타트업들이 비즈니스 아이디어를 갖고 인수합병되는 경우가 늘어나고 있습니다.

특히 최근에는 AI 언어모델들이 다양하게 등장하면서 각 모델의 특성과 장단점도 뚜렷해졌습니다. 이에 따라 여러 모델을 상황에 맞게 선택적으로 활용하려는 시도가 늘어나고 있습니다. 이런 흐름에 발맞추어 다양한 AI 모델의 API를 통합 제공하거나, 사용자의 요구사항에 가장 적합한 AI 모델을 연결해 주는 'AI 게이트웨이' 서비스들이 등장하고 있습니다. 대표적으로 클라우드플레어(Cloudflare)가 있습니다. 이런 게이트웨이 서비스가 대중화되면, 누구나 더 쉽게 AI를 레고블록처럼 조립하는 세상이 올 것입니다.

AI 시대 데이터 확보 전쟁

어떤 데이터를 추가로 학습시킬 것인가?

AI가 놀라운 성과를 내는 비결의 근원은 데이터에 있습니다. 마치 인간이 다양한 경험을 통해 학습하듯, AI도 방대한 데이터를 '경험'하며 성장합니다. 하지만 여기서 중요한 것은 데이터의 양뿐만이 아닙니다. 질 좋은 데이터야말로 AI의 성능을 좌우하는 핵심 요소입니다.

이미 대화형 AI들은 개발과정에서 인터넷에 공개된 방대한 양의 텍스트 데이터를 학습했죠. 하지만 지속적으로 경쟁력을 확보하기 위해서는 추가적인 데이터가 필요합니다.

최근 들어 생성형 AI 기업들은 양질의 훈련 데이터 부족으로 많은 어려움을 겪고 있고, 오는 2026년이면 AI 챗봇 훈련을 위한 데이터가 고갈될 것이라는 전망이 나오고 있는 상황입니다.

이런 상황에서 인터넷에 누구나 볼 수 있게 공개되지 않은 자료, 예를 들면 기업 내부 데이터나 유료 언론 기사와 같은 양질의 데이터의 중요성이 더욱 부각되고 있으며, 데이터 확보를 위한 AI 플랫폼 기업들의 치열한 경쟁이 벌어지고 있습니다.

미디어에 손 내민 오픈AI

오픈AI는 최근 세계적인 언론사들과 콘텐츠 제휴 계약을 체결하고 있습니다. 영국을 대표하는 경제지 파이낸셜 타임스가 2024년 4월 오픈AI와 콘텐츠 제휴 계약을 체결한 데 이어 한 달 뒤인 5월엔 호주의 언론 재벌 루퍼트 머독의 뉴스코퍼레이션도 오픈AI와 손을 잡았습니다. 미국과 유럽을 대표하는 경제지 월스트리트 저널과 파이낸셜 타임스가 모두 챗GPT 학습자료로 활용되게 된 셈이죠.

이미 오픈AI는 2023년엔 미국 AP통신, 독일 미디어 그룹 악셀슈프링어, 프랑스 유력 매체 르몽드, 스페인 미디어그룹 프리사 미디어 등과 파트너십을 체결했습니다. 이러한 제휴를 통해 챗GPT는 질문에 답변할 때 신뢰성 높은 언론 기사들을 적극 인용할 수 있게 된 것인데요. 때론 요약도 해주고, 관련 링크도 제공하는 등 '믿을 만한 정보'를 확보하게 된 것이죠. 이러한 제휴를 기반으로 최근에는 '서치GPT'라는 챗GPT에 통합된 자체 검색엔진을 출시하기도 했습니다.

의료 데이터 확보에 공들이는 구글

구글은 의료 데이터 확보에 공을 들이고 있습니다. 이미 구글의 자회사인 딥마인드는 알파폴드(AlphaFold) AI 모델을 통해 공개된 단백질 및 유전체 데이터를 활용해 50년 동안 과학계의 난제였던 단백질 구조 예측 문제를 해

결합으로써 생명과학 분야에 큰 반향을 일으킨 바 있습니다. 또한 구글은 이미 2021년부터 미국 21개 주 2천 곳에서 병원을 운영 중인 대형병원 체인 HCA헬스케어와 제휴를 맺고 익명화된 환자 데이터를 확보했으며, 추가적으로 미국 비영리 학술의료 센터이자 연구 중심병원인 메이요 클리닉과도 계약을 맺어 의료용 AI 검색봇을 개발하기도 했습니다.

여기서는 오픈AI와 구글의 예를 들었지만, AI 기업들의 유료 데이터 확보 경쟁은 앞으로 더욱 치열해질 전망입니다. 데이터의 종류와 품질이 AI의 성능을 좌우하는 핵심 요소이기 때문입니다. 이로 인해 장차 AI 플랫폼의 사용 비용이 오를 가능성이 있다는 얘기도 나오고 있습니다.

애플 인텔리전스가 상상하는 세상

대부분의 빅테크 기업들은 AI 구축을 위해서 데이터를 가진 업체와 협력 관계를 구축하고 있습니다. 제휴를 하거나 인수하는 방식으로 데이터를 확보하는 것이죠.

그렇다면 개인의 데이터가 가장 집약된 것은 무엇일까요? 여러분이 매일 들고 다니는 바로 거기에 답이 있습니다. 스마트폰입니다. 스마트폰은 나에 대한 수많은 정보가 담겨 있는 집약적인 기기이자 데이터의 보고이죠.

그럼, 이걸 가장 잘 쓸 수 있는 곳이 어디일까요? 바로 애플이죠.

애플은 이른바 '패스트 무버'는 아닙니다. 애플이 가장 잘하는 것은 완성도를 높이는 정교한 서비스 전략이라고 할 수 있습니다. AI 측면에서도 애플은 비슷한 전략을 취하고 있습니다. 바로 '애플 인텔리전스(Apple Intelligence)' 이야기입니다. 애플 인텔리전스는 애플이 개발한 AI 시스템으로, 다양한 애플 기기에 내장되어 있어서 내부의 데이터를 활용합니다.

애플 인텔리전스는 다른 기업들의 AI에 비해서는 다소 늦게 등장했습니다. 하지만 그 방향을 보면 개인 데이터와 다양한 앱 데이터가 합쳐질 때 무엇을 할 수 있을지, 상당히 강력한 가능성을 담고 있다고 할 수 있습니다.

미국에서는 2024년 10월부터 아이폰에 애플 인텔리전스가 도입되었지만, 우리나라에서는 2025년 중순 이후나 되어야 사용할 수 있을 것으로 보여 아쉽습니다. 아직 우리가 접하지 않았지만, 그동안 애플의 전략과 현재까지 공개된 이야기를 통해 애플 인텔리전스가 만들어 갈 미래를 한번 이야기해 봅시다.

애플 인텔리전스의 음성 비서 '시리'는 앞으로 애플 인텔리전스와 결합되어 아이폰 사용자에게 맞춤형 AI 서비스를 제공할 것입니다. 그뿐 아니라 카메라 앱은 애플 인텔리전스와 결합하여 사용자가 직접적인 명령을 주지 않아도, 카메라에 보이는 맥락을 인지해서 우리에게 관련 내용을 제안해 줄 것입니다. 마치 비서처럼 먼저 제시하고 실행해 주는 것이죠.

애플의 신제품인 아이폰 16의 오른쪽 하단에 새롭게 카메라 조정 버튼이 생겼습니다. 카메라의 셔터 버튼을 절반 정도만 눌러 초점과 노출을 맞추는 반셔터 기능이 되는데요. 이를 통해 여행지에서 처음 본 멋진 음식점의 입구를 카메라로 비추고 반셔터를 누르면, 매장에 들어가지 않아도 메뉴판과 관련 리뷰를 보여주는 등의 일을 알아서 해줄 수 있습니다. 또한 길가에 붙어 있는 전시회 포스터를 비추고 반셔터를 누르면, 애플 인텔리전스가 전시회에 가고 싶은지를 물어보고 캘린더에 반영할 것인지를 확인합니다. 애플폰에 탑재된 애플 인텔리전스가 사용자의 맥락을 이해하고 반응이 바

뀌는 것입니다.

이러한 변화가 스마트폰 안에서만 일어나지는 않을 것입니다. 다양한 IoT(사물 인터넷) 디바이스들에 AI가 탑재되면 무궁무진한 변화가 일어날 수 있습니다. 그것을 확인할 수 있는 것이 바로 메타(구 페이스북)의 레이밴 선글라스입니다.

파리에 여행을 가서 AI와 카메라가 달린 레이밴 선글라스를 끼고 에펠탑을 보면서 "헤이 메타, 저게 뭐야?"라고 묻는다면, 마치 여행 가이드처럼 에펠탑에 대한 설명을 골전도 이어폰을 통해 들려줄 수 있다는 것이죠.

지금은 선글라스 옆에 붙은 카메라가 화면을 인지하고 음성으로 이야기하는 수준이지만, 향후에는 다양한 AR이나 VR 기기들에 반영되기 시작할 것이고, 궁극적으로는 우리의 모든 디바이스에 다양한 형태로 AI가 스며들게 될 것입니다.

AI가 스마트폰 내에 있는 다양한 앱들과 결합되기 시작한다면 어떤 시너지를 발휘하게 될까요? 스마트폰 내의 개인정보를 잘 알고 있는 AI가, 스마트폰 내에 있는 다양한 앱들을 함께 실행해서 구동할 수 있다면 이런 시나리오를 상상할 수 있습니다.

만약 제가 강의 중일 때, 어머니가 "공항에 도착했어"라는 문자를 보냈다고 생각해 봅시다. 그럼, 제가 애플 인텔리전스에게 "택시를 보내줘"라고 말하면 끝입니다. 무슨 의미일까요?

아이폰은 기존의 어머니와 저의 문자 대화를 통해서, 저희 어머니가 일본 여행을 갔다가 지금 김포공항에 도착했다는 맥락을 알 수 있습니다. 그리고 제가 '택시를 보내 달라'고 했을 때, 제가 평소에 자주 사용하는 카카오택시 앱을 실행해서 출발지를 김포공항으로 설정하고 목적지는 저희 어머니의 아파트로 설정해 준다는 것이죠. 이처럼 말 한마디면 어머니를 편하게 집까지 보내드릴 수 있게 될 것입니다. 이제 어머니는 도착한 택시에 탑승하기만 하면 됩니다. 물론 결제는 효자인 제가 하고 말이죠, 하하하.

이렇게 "택시 보내줘"라는 간단한 명령으로 모든 것이 해결되는 세상, 이것이 바로 애플 인텔리전스가 추구하는 방향성이자, 개인의 데이터가 다른 앱과 연결되었을 때 발휘할 수 있는 강력한 위력일 것입니다.

또 하나 주목해야 할 점은 AI와 스마트폰에 쌓이는 건강 데이터와의 결합입니다. 이는 서비스의 범위와 깊이를 한층 더 확장시킬 것으로 보입니다.

예를 들어 당뇨로 혈당 측정기를 착용하고 있다면, 병원과 연동된 앱으로 당뇨 수치의 변화를 볼 수 있지만, 제가 무엇을 해야 하고 어떻게 관리해야 하는지는 알려주지 않습니다. 병원에 가면 의사 선생님께서 데이터에 의거해서 이야기를 해주시겠지만, 나의 개인적인 상황이나 맥락을 모르기 때문에 이야기해 주시는 내용이 지극히 일반적이고 정보 중심의 내용이 될 수밖에 없을 것입니다.

하지만 스마트폰 속에서 나의 대화 내용과 맥락을 알고 있는 애플 인텔리전스가 내 건강정보를 만나서 이야기해 준다면 어떻게 될까요? 예를 들어 40대 가장이자 9세 아이의 아빠인 저에게 가장으로서 무거운 짐을 지고 있는 것을 공감해 주면서도 건강을 위해 꼭 30분씩 운동을 해야 한다, 그래야 회사 대표이자 교수로서 더 오래 일할 수 있다고, "내일을 위해 꼭 필요한 것이니까 정말 부탁드려요"처럼 제가 이해할 만한 내용으로 이야기해줄 수 있겠죠.

이와 함께 사진 관련 앱을 통해 제가 먹는 음식의 열량을 계산하거나, 운동이나 건강관리 방법을 소개해 주는 앱과 연동해서 소비한 열량을 계산하는 등, 다양한 앱과 연동된 정보를 통해 건강상태를 편하고 직관적으로 확인할 수 있게 해줄 것입니다.

개인 데이터 기반의 앱 혁명

나의 상세한 정보와 수많은 앱을 연결해 구동할 수 있는 AI가 우리 손에 있다면, 개인 데이터의 가치는 얼마나 더 중요해지고 귀중해질까요?

페이스북이 개인 맞춤형 광고를 통해 천문학적인 매출을 만든 것처럼, 향후에는 개인 데이터 기반의 맞춤형 AI 서비스들이 크게 증가할 것입니다.

데이터의 중요성은 더욱 커지고, 여기서 파생되는 비즈니스 기회도 엄청나게 많아질 것입니다. 결국 돈을 버는 비즈니스 방식도 변화할 것입니다. 직접적인 구독료보다는, 병원과 연계할 때 수수료를 받는 식의 간접적 비즈니스 모델이 더 활성화될 것으로 보입니다.

AI 플랫폼과 소버린 AI

이처럼 다양한 데이터들과 결합되기 시작하는 AI의 위력은 향후 기업과 사회의 차원을 넘어 국가 단위의 의사결정에도 큰 영향을 미칠 것으로 생각됩니다.

그래서일까요? 오픈AI가 업그레이드 작업 중인 GPT-5의 경우 글로벌 출시에 앞서 미국 정부에 먼저 공개하여 안전성을 검증받기로 결정했다는 뉴스가 나왔습니다. 많은 사람들이 활용하는 AI 도구의 답변 영향력이 그만큼 커졌다는 반증일 것입니다.

하지만 이것은 미국 정부의 관점일 뿐이지, 다른 나라에서 바라보는 AI 답변의 방향성은 다를 수도 있습니다. 그렇지만 지금 대부분의 AI 플랫폼 서비스는 미국 기업들이 영어 데이터를 기반으로 움직이다 보니, 답변의 방향성이 대부분 영어권 문화와 미국의 관점을 가지고 있습니다. 미국 정부에서 안전성을 검증받는다는 것은 더욱더 미국 중심적인 답변이 나올 확률도 높다는 것을 생각해 볼 수 있는 것이죠.

최근 글로벌 IT 업계에 '소버린 AI'가 화두입니다. 자주, 주권을 뜻하는 '소버린(sovereign)'과 AI를 합친 말입니다. 자국, 자체 데이터와 인프라로 역량을 갖추어 지역 언어와 문화, 가치관 등을 반영한 LLM(거대언어모델)을 기반으로 만든 AI 서비스를 말하는데요. 특히 미국 중심의 빅테크들에 대한 가치관 종속을 우려하는 정부와 기업들이 관련 투자를 강화하는 추세입니다.

왜 소버린 AI가 우리나라의 관점에서 중요할까요? 단순히 확인할 수 있는 방법이 있습니다.

"한국과 일본 간의 영토 분쟁 지역."

챗GPT에 '다케시마(竹島, 일본이 독도를 가리키는 명칭)'를 검색하면 나오는 설명입니다. 독도는 대한민국 영토임에도 다케시마로 검색하면 편향된 답변이 나오는 것입니다. '독도'로 검색을 하면 "대한민국 정부가 실효적으로 지배하고 있다"고 답합니다.

중국은 미국만큼이나 AI 투자에 진심인데요. 중국에서 만든 AI 모델들에게 '문화대혁명'에 대해 물어보면 답변을 못 합니다. 중국의 AI 모델은 정부의 검열을 통과해야 하기 때문이죠.

이처럼 각 국가의 AI 모델들은 자국 관점의 정보나 내용, 역사적 해석들이 녹아들어가게 됩니다. 그렇기에 향후 미래 세대가 AI를 기반으로 교육을 받고 역사를 배우고 사회를 이해한다면, 반드시 하나쯤은 우리나라의 생성형 AI 언어모델이 필요한 것입니다.

이처럼 데이터와 AI는 떼려야 뗄 수 없는 관계입니다. 그래서 향후 데이터 소유권과 통제권에 대한 논쟁이 더욱 뜨거워질 것이며, 데이터 격차로 인한 불평등 문제도 대두될 것입니다. 데이터 보안과 프라이버시 보호는 필수 아젠다가 될 것이며, 데이터 관리를 포함한 AI 리터러시 교육은 전국민 모두의 필수 과목이 될 것입니다.

데이터는 21세기의 새로운 자원입니다. 그러나 석유와 달리 데이터는 고갈되지 않으며, 오히려 사용할수록 그 가치가 높아지는 독특한 특성을 가지고 있습니다. 우리가 이 자원을 어떻게 다루느냐에 따라 우리의 미래가 결정될 것입니다.

Trend 7 AI 크리에이터 이코노미

크리에이터 이코노미와 프로듀싱

'크리에이터 이코노미'라는 말은 2008년 3월, 잡지 『와이어드(Wired)』의 공동 창립자이자 미래학자인 케빈 켈리가 "천 명의 진정한 팬만 있어도 먹고살 수 있다"고 말하면서 처음 등장했습니다. 이는 블로그를 통해 시작되었고, 유튜브 시대가 되면서 크리에이터 이코노미라는 개념으로 확장되었습니다. 크리에이터 이코노미 시대에는 프로듀싱 능력이 더욱 중요해질 것이며, 이는 콘텐츠 제작방식과 소비형태를 근본적으로 바꿀 것입니다.

> 나는 AI가 빨래와 설거지를 해주어, 내가 미술과 글쓰기를 할 수 있기를
> 바란다. AI가 미술과 글쓰기를 대신해 주길 바라는 게 아니다.

영미권 SNS에서 엄청 화제가 되었던 말입니다. 하지만 저는 생각이 좀 다릅니다. 저는 원래 글쓰기를 두려워했는데, IT커뮤니케이터로서 챗GPT,

클로드, 제미나이, 클로바X 등 생성형 AI의 도움을 받아 다양한 글과 보고서를 씁니다. 이런 경험을 통해 AI가 단순히 우리의 일을 대신해 주는 도구가 아니라, 우리의 창의성을 확장하고 새로운 형태의 작업방식을 가능하게 하는 협력자가 될 수 있음을 알게 되었습니다.

생성형 AI의 등장으로 인간의 기존 창작 개념이 바뀔 가능성이 있습니다. '창작'이란 말은 흔히 작품을 독창적으로 만들어낸다는 의미로 쓰이는데, 콘텐츠 제작 총괄을 의미하는 프로듀싱(producing) 개념도 포함될 것입니다.

힙합 음악 프로 〈쇼미더머니〉의 출연자 중엔 악보를 못 보는 이들이 있습니다. 이들이 어떻게 음악을 만드냐면, 인터넷의 힙합 소스 스토어에서 맘에 드는 음원을 유료로 다운받아 그것을 연결해 비트를 만듭니다. 거기다 키보드를 쳐서 멜로디를 만들고, 자기 생각을 담아 가사를 넣습니다. 음악 엔지니어링은 전문 엔지니어의 도움을 받습니다. 이제 노래가 만들어졌습니다. 이것을 멜론 같은 스트리밍 음원에 올립니다. 1인 창작으로도 프로듀싱을 하는 것입니다. 전통적 음악의 영역에서는 악보도 못 그리는 사람이

무슨 작곡이냐고 할 수 있지만, 작곡 음악으로 다 등록됩니다.

결국 내가 생각하는 것들을 도구를 가지고 얼마나 잘 만드냐의 차이인 것이죠. 생성형 AI로 인해 이런 창작 방식이 소설, 영화 분야에서도 등장할 것입니다. 물론 향후에는 원천 소스를 가진 사람들도 저작권료를 받는 시스템이 생길 것입니다. 다만 일자리 이슈가 있는데, 2023년 5월에는 할리우드의 작가조합이, 2024년 1월에는 16만 명이 소속된 미국 배우·방송인 노동조합이 파업에서 생성형 AI 금지를 주장한 바 있습니다. 이는 이른바 'AI 파업'이라고 불리기도 했습니다.

2022년 미국 콜로라도 주 박람회 미술대회의 디지털아트 부문에서 1등을 한 〈우주 오페라 극장〉의 작가는 수상 후 이미지 생성형 AI인 미드저니로 그렸음을 밝혀 큰 논란이 되었습니다. 하지만 심사원은 문제가 없다고 밝혔습니다. 이 한 장의 이미지를 만들기 위해 그는 수백 시간을 투자했으며, 인간의 노력과 창의성이 들어갔다는 것입니다.

Jason M. Allen, Théâtre D'opéra Spatial, 2022

왜 크리에이터 프로듀싱인가?

왜 크리에이터 프로듀싱이 부각될까요? 과거보다 훨씬 쉬워졌기 때문입니다. 이미지 생성형 AI인 미드저니의 등장은 정말 큰 변화입니다. 전문 그래픽 디자이너가 아니어도 고품질의 이미지를 만들 수 있게 되었습니다. 이는 광고, 출판, 게임 개발, 소셜 미디어 콘텐츠 제작, 웹 디자인 등 다양한 산업에서 창의적 작업의 진입장벽을 크게 낮추고 있습니다.

영상 생성형 AI의 발전도 놀랍습니다. 2024년 중반 출시된 런웨이의 젠-3(Gen-3)는 최대 5분 길이의 영상과 다중 캐릭터가 등장하는 복잡한 장면을 만들 수 있습니다. 특히 사람의 미세한 손가락 움직임과 눈썹 움직임까지 자연스럽게 표현할 수 있습니다. 넷플릭스 오리지널 시리즈의 한 에피소드에서는 젠으로 생성한 10초 길이의 배경장면을 사용해 제작시간과 비용을 크게 절감했다고 합니다. 중국도 영상 생성형 AI가 꽤 발전했는데, 합성기술로 '김치 싸대기' 밈을 패러디하여 실제로 때리지 않아도 마치 맞은 것처럼 보이게 만들 수 있습니다.

최근 스테이블 스튜디오에서는 디즈니 등의 유명 영화 캐릭터들이 등장하는 AI 영상 에피소드를 만들 가능성을 보여주었습니다. 디즈니의 IP(창작물에 대한 권리)를 활용하는 AI 도구를 개발해 플랫폼화하려는 시도도 있습니다. 미국의 TV 애니메이션 사우스파크에서도 AI 에이전트를 이용해서 유명 캐릭터들이 등장하는 에피소드를 만든 적이 있습니다. 아직은 저작권과 IP 문제 때문에 제한적이지만 이 문제가 해결되면 엄청나게 발전할 것입니다. 음악 분야에서도 AI를 활용한 시도를 하고 있는데, 저는 KBS 음악 감독님과 함께 수노(Suno.AI) 3.5버전을 사용해 앨범을 만들어 저작권 등록을 할 예정이며, 목표는 이를 라디오 CM송으로 활용하는 것입니다.

예술산업과 인간의 반격

국제영화제들이 (실험적이지만) 생성형 AI 영화를 출품받는 등 하나의 산업으로 받아들이기 시작했습니다. 저 역시 AI 크리에이터 어비님과 함께 2024년 6월 CGV에서 국내 최초 AI 영화 컨퍼런스를 개최하고 현장에 스피커로 참여했습니다.

영상 제작의 처음부터 끝까지 모든 과정을 생성형 AI 기술을 사용한 다섯 편의 짧은 영화를 상영하고, 각 작품의 크리에이터들이 자신만의 제작기를 최초 공개했습니다. 이때 주로 활용된 툴이 런웨이의 젠-2였는데, 큰 화면으로 틀기에는 아직은 영상적으로 아쉬운 부분이 많이 있었습니다. 하지만 7월 말에 다음 버전인 젠-3가 출시되고, 이후 만들어진 영상을 보고는 너무 빠른 기술진화에 놀랄 정도로 질이 급속도로 좋아졌습니다.

이러한 기술의 진화를 눈앞에서 경험하고 있는 기존 영화 종사자들 사이에서는 생성형 AI 영상 기술을 일컬어 '침묵의 살인자'라는 표현까지 생기고 있다고 합니다. 특히 캐릭터 디자이너나 콘셉트 아티스트(시각적 아이디어 구상가)들은 AI가 단순한 도구가 아닌 자신의 경쟁자이자 일자리를 없애는 주범이라고 이야기하고 있습니다. 이뿐만이 아닙니다. 저작권에 대한 염려도 가득합니다. 내가 만든 이미지를 무단으로 수집하여 학습시키고, 이를 통해 새로운 이미지와 영상이 나올 수 있다는 것이죠.

2024년 8월 일론 머스크가 만든 AI 챗봇 그록-2(Grok-2)가 이미지 저작권 문제에 대한 새로운 논란을 일으켰습니다. 그록-2는 "잭 다니엘을 마시는 미키마우스를 그려줘"라고 요청하면, 실제 미키마우스의 브랜드와 캐릭터를 사용하여 이미지를 그려주었습니다. 심지어 'AI 생성' 워터마크도 없이요.

그래서일까요? AI에 맞서는 인간의 반격이 시작되기도 했습니다. AI 데이터 우물에 '독'을 풀어 AI 데이터를 오염시키는 일이 진행된 것인데요. 벤 자오 시카고대학 교수가 2024년 1월에 만든 '나이트셰이드(Nightshade)'라는 소프트웨어는 특별한 홍보 없이도 출시 5일 만에 25만 명이 다운로드받았습니다. 그런데 이 소프트웨어가 적용된 창작물을 생성형 AI가 함부로 학습하면, 이미지가 엉망으로 변해버려 개를 고양이로, 자동차를 소로 인식하게 됩니다. 생성형 AI를 파괴하는 독극물인 것이죠. 제작자의 동의 없이 창작물을 긁어가 AI를 학습시키는 행태에 대해 반기를 든 것입니다.

이처럼 AI 기술의 발전은 크리에이터들에게 새로운 가능성을 열어주고 있지만, 동시에 저작권, 윤리적 문제, 개인정보 보호 등 새로운 도전과제도 제기하고 있습니다.

생성형 AI가 인간의 콘텐츠를 대체할까?

스마트폰이 처음 등장했을 때, 통신사들이 스마트폰으로 찍은 60초 영화제를 많이 열었습니다. 생성형 영상 AI는 지금 2시간짜리 영화를 만들지는 못합니다. 젠-3는 한 번에 10초짜리 영상을 만드는데, 이를 계속 붙여 5~10분 영상을 만드는 정도입니다. 즉, 생성형 AI 영화는 2시간짜리 극장 영화를 대체하는 게 아니라, 숏폼 등 최근 신세대의 취향을 감안할 때 10분 정도 영상의 새로운 장르가 생기는 것으로 볼 수 있습니다.

2024년 여름 부천국제영화제에서 AI와 영화 관련 워크숍을 개최했을 때, 전 좌석이 몇 초 만에 매진되었고 현직 영화 감독들도 많이 참석했습니다. 기존 영화계에서 생성형 영상 AI에 많은 관심을 가지고 있음을 알 수 있습니다. 사실 생성형 AI 영화기술도 영화제작 경험과 전문성을 갖춘 사람들이 더 효과적으로 활용할 가능성이 높습니다.

예전에는 소수 방송사 PD의 눈에 들지 않고는 미디어에 나올 수 없었지만, 유튜브가 등장하면서 큰 변화가 일어났죠. 먼저 개인이 미디어가 되니 DSLR 같은 고가 영상장비의 수요가 크게 늘어 장비산업이 엄청나게 발전했습니다. 또한 예전엔 영상 편집자 등이 방송국에만 취업할 수 있었지만 취업할 업체가 늘어났습니다. 무엇보다 콘텐츠가 다양해졌습니다. 예전엔 대중적인 콘텐츠만 주로 생산되었지만, 유튜브의 발전으로 완전히 타겟팅된 콘텐츠들이 나오고 있습니다. 1천 명, 100명이 보는 콘텐츠도 나오니까요.

AI 분야에서도 마찬가지입니다. 생성형 AI를 기반으로 새로운 영화, 그림, 소설 형식이 등장할 수 있습니다. 실제로 생성형 AI로 만든 이미지를 파는 사람들이 생기고 있습니다. 예술작품은 비싸고 접근성이 떨어지는데, 만약 1만원으로 생성형 AI 앨범을 가질 수 있다면, 그만큼 예술이라는 산업이 넓어지는 것으로 볼 수도 있을 것입니다.

또한 생성형 AI 예술을 접한 경험을 바탕으로 인간 예술가의 예술에 관심을 가지게 되고, 더 많은 수요를 만들 수도 있을 것입니다. AI가 아무리 잘 만들어도, 사람이 진짜 호흡을 가지고 만든 작품과는 차이가 있으니까요. 인간이 만든 작품들의 가치가 오히려 높아질 수도 있을 것입니다. 따라서 생성형 AI가 인간의 예술을 대체하는 게 아니라, 생성형 AI로 인해 예술산업이 확대되는 것으로 볼 수도 있을 것입니다.

Trend 8 동반자가 되는 캐릭터 AI와 AI 인플루언서

AI 컴패니언 시대

최근 크리에이터 이코노미와 생성형 AI가 만나 대화하는 AI 캐릭터로 연결되었으며, 이를 '동반자 AI(Companion AI)'라고도 합니다. 이는 AI 인플루언서 시장으로 발전할 가능성이 높습니다. AI를 이용한 이미지 생성 기술이 매우 정교해졌고, AI 모델에게 다양한 의상을 입히는 기술도 크게 향상되었으며, AI가 AI 인플루언서를 위한 스토리까지 만들어내는 능력을 갖추게 되었기 때문입니다.

AI 캐릭터는 가상 캐릭터로 실시간으로 대화하고 상호작용할 수 있는 반면, AI 인플루언서는 주로 SNS 플랫폼에서 활동하는 AI 기반의 가상 인물입니다. 대부분 매력적인 외모와 독특한 개성을 가지고 있으며, 실제 인물처럼 자신만의 취미와 관심사를 가지고 있고, SNS에서 일상을 공유하고 팬들과 소통하며, 유명 브랜드의 광고 모델로 활동하거나 자체 상품을 출시하기도 합니다.

또한 AI 캐릭터 기술의 발전은 '디지털 연인' 서비스의 출현으로 이어졌습니다. 레플리카(Replika)는 사용자와의 대화를 통해 학습하고 성장하는 AI 친구 서비스로 수백만 명이 사용 중입니다. 일상적인 대화를 나누는 것은 물론, 감정상태를 파악하고 공감하며 그에 맞는 위로나 조언도 줍니다. 더나아가 맞춤형 대화를 하고, 때로는 창의성을 자극하는 질문을 던집니다.

최근에 제가 대기업 직원인 AI 캐릭터 '권우혁'을 만들었는데, "내가 만든 마스크팩을 PPL 해봐"라고 하자, 즉시 마스크팩을 뜯어 자기 얼굴에 붙이는 흉내를 내더라고요. 이러한 AI 캐릭터들은 스토리와 페르소나가 있는 상태에서 자연스럽게 움직일 수 있다는 점이 핵심입니다. 여기에 최근 급속도로 발전한 영상 및 이미지 생성 기술을 결합하면 더욱 풍부한 콘텐츠를 만들 수 있습니다. 실제로 저의 경우 제 AI 캐릭터를 만들어 상세 페이지용 영상을 자주 업로드하고 있습니다.

AI 캐릭터가 바꾸는 우리의 일상

AI 기술과 그래픽 기술의 발전에 따라 AI 캐릭터와 AI 인플루언서의 활용 범위는 더욱 넓어질 전망입니다. 특히 메타버스의 발전과 함께 이들의 활동 무대가 더욱 확장될 것으로 보입니다. 예를 들어 페이스북(현 메타)의 메타버스 프로젝트인 '호라이즌 월드'에서는 자신만의 아바타를 만들어 가상세계에서 활동할 수 있습니다. 여기에 AI 기술이 결합되면, 더욱 지능적이고 자연스러운 상호작용이 가능한 AI 캐릭터들이 등장할 수 있을 것입니다. 이는 엔터테인먼트, 교육, 비즈니스 등 다양한 분야에서 혁신적인 변화를 가져올 것으로 보입니다.

또한 이들은 새로운 형태의 엔터테인먼트와 미디어 콘텐츠를 만들어 낼 것입니다. 미국 CNN은 AI 앵커를 실험적으로 도입하여 뉴스를 진행함으로써 미디어 산업의 미래에 대한 새로운 가능성을 제시했습니다.

아울러 AI 캐릭터는 마케팅과 광고 산업에 큰 변화를 가져오고 있습니다. AI 인플루언서들은 24시간 활동이 가능하고, 스캔들의 위험이 없으며, 브랜드의 니즈에 맞춰 쉽게 변형될 수 있다는 것이 장점입니다. 이는 전통적인 셀러브리티 마케팅에 도전장을 내밀고 있습니다.

실제로 브라질계 미국인, 19세 소녀로 설정된 릴 미켈라(Lil Miquela)는 2016년 인스타그램에 첫 등장한 이후 팔로워가 300만 명이 넘고, 패션모델로 활동하며 프라다, 캘빈클라인 등의 광고에도 출현했습니다. 이는 가상 인플루언서의 상업적 가치를 입증하는 것으로, AI 인플루언서의 사업적 가치 또한 있을 것으로 보입니다.

래아는 LG전자가 2021년 초에 공개한 가상 인플루언서로서 단순한 가상 AI 모델을 넘어 직접 작사, 작곡한 음악을 발표하며, 이 곡들은 실제로 스트리밍 서비스에서 들을 수 있습니다. AI 인플루언서가 콘텐츠 창작자로서도 활동할 수 있음을 보여주는 혁신적인 사례입니다.

아울러 AI 인플루언서나 가상 연인 서비스의 등장은 사람들이 감정적 유대를 형성하는 대상과 방식을 변화시키고 있습니다. 이는 장기적으로 우리 사회의 관계 형성 방식에 영향을 줄 수 있을 것으로 보입니다.

AI 캐릭터와 AI 인플루언서의 미래

앞으로는 더욱 정교한 AI 그래픽 기술의 발전으로 실제 인간과 구분하기 어려울 정도로 자연스러운 AI 캐릭터들이 등장할 것입니다. 또한 메타버스의 발전과 함께 AI 캐릭터들은 가상세계에서 가상 여행 가이드나 쇼핑 도우미, 또는 동반자 역할을 할 수 있을 것입니다.

결론적으로 AI 캐릭터와 AI 인플루언서는 단순한 기술적 호기심을 넘어 엔터테인먼트, 마케팅, 우리의 업무환경, 인간관계 등 여러 영역에서 새로운 가능성을 보여줍니다. 결국 AI 캐릭터와 AI 인플루언서의 미래는 우리가 이 기술을 어떻게 이해하고 활용하고 통제하느냐에 달려 있을 것입니다. 이는 단순히 기술의 문제가 아니라, 우리 사회가 추구하는 가치와 미래상에 대한 근본적인 질문을 던지고 있습니다.

Trend 9 AI 길들이는 파인튜닝의 대중화

불과 몇 년 전만 해도, AI 개발은 거대 기업과 연구소의 전유물이었습니다. 하지만 AI 파인튜닝 기술의 대중화로 평범한 직장인도, 소규모 스타트업도 자신만의 AI를 만들 수 있는 시대가 왔습니다. 2024년 한 해 동안 파인튜닝 된 AI 모델의 수가 전년 대비 200% 증가했습니다. 2025년, AI 기술발전의 핵심 키워드로 '파인튜닝'이 주목받게 될 것입니다.

내 손끝에서 탄생하는 맞춤형 AI

AI 파인튜닝(Fine-tuning)은 이미 학습된 챗GPT 같은 범용 AI 모델을 특정 작업이나 분야에 맞게 추가로 훈련시키는 것을 말합니다. 마치 옷장에 있는 양복(범용 AI)을 내 체형에 맞게 맞춤 수선(파인튜닝)하는 것처럼요. 파인튜닝 은 AI의 성능을 획기적으로 향상시키는 동시에 개인화된 AI 서비스의 길을 열고 있습니다.

파인튜닝을 하면, 범용 AI 모델을 처음부터 학습시키는 것보다 훨씬 적은 시간과 컴퓨팅 파워로 맞춤형 AI를 만들 수 있습니다. 스탠포드대학의 AI 연구팀은 최근 연구에서 파인튜닝된 모델이 일반 모델에 비해 특정 작업에서 평균 30% 이상의 성능 향상을 보였다고 발표했습니다.

왜 지금 파인튜닝이 주목받을까요? 개인도 고성능 GPU(그래픽처리장치)의 보급으로 AI를 학습시킬 수 있고, 누구나 접근 가능한 고성능 AI 모델을 무료, 또는 매우 저렴하게 사용할 수 있으며, 복잡한 코딩 없이도 AI를 훈련시킬 수 있는 플랫폼이 등장했기 때문입니다.

오픈AI도 이러한 흐름에 가세하듯, 오픈AI 플랫폼 서비스(platform.openai.com)에서 간소화된 파인튜닝 기능을 지원하기 시작했습니다. 기존에는 GPT 모델의 파인튜닝을 위해 전문적인 프로그래밍 지식이 필요했지만, 이제는 직관적인 인터페이스를 통해 몇 번의 클릭만으로 GPT-4o를 기반으로 한 AI 모델을 훈련시킬 수 있었습니다. 이러한 변화로 인해 기술적 배경이 없는 일반 사용자들도 자신만의 AI 모델을 개발하는 것이 가능해진 것이죠.

실리콘밸리의 스타트업 '허깅페이스(Hugging Face)'는 한발 더 나아가 웹 기반의 파인튜닝 플랫폼을 선보였습니다. 이 플랫폼을 이용하면 마우스 클릭 몇 번으로 파인튜닝을 통해 자신만의 AI를 만들 수 있습니다. 오픈AI의 플레이그라운드, 구글 클라우드에서 제공하는 AI 플랫폼, 마이크로소프트의 애저 머신러닝 같은 플랫폼에서도 파인튜닝을 손쉽게 할 수 있습니다.

파인튜닝의 놀라운 실제 사례들

이제 누구나 쉽게 드라마 〈시크릿 가든〉의 현빈 스타일로 말하는 AI 개인 비서, 내 스타일에 맞춰 글이나 웹툰을 만들어 주는 콘텐츠 제작 AI, 우리 회사 제품을 꿰뚫고 있는 고객 상담 AI를 만들 수 있습니다. 농촌 동네의 특성에 맞게 '파인튜닝'된 의료 AI, 우리 아이의 학습 능력과 학습 스타일, 성격을 파악해 '파인튜닝'된 특별한 AI 가정교사를 생각해 볼 수도 있죠.

실제로 우리나라의 한 에듀테크 스타트업이 만든 AI 튜터는 학생 개개인의 학습 데이터로 파인튜닝을 하여, 마치 전담 가정교사처럼 그 학생의 학습 스타일에 맞춘 맞춤형 학습 가이드를 줍니다.

AI를 길들이는 튜닝의 시대

사실 그동안 현업에서 파인튜닝을 사용하려고 하면, 기대만큼의 결과물이 나오지 않아 효용가치가 떨어지는 경우가 많았습니다. 하지만 GPT-4o에서는 파인튜닝 기능과 플레이그라운드 같은 어시스턴트 API가 매우 저렴해지고 사용하기 쉬워졌습니다. 이제 본격적으로 'AI 튜닝의 시대'가 시작된 것이죠.

실제로 한 미팅에서 흥미로운 사례를 들었습니다. B2B 솔루션 개발자가 자사의 서비스에 GPT API(응용 프로그램 인터페이스)를 적용해 1년 동안 파인튜닝을 집중적으로 연구했다고 합니다. 그는 실제 구청의 미아 찾기나 노인 관련 서비스에서 AI 챗봇을 활용해 자동응답 기능을 구현했습니다. 이를 통해 기존보다 비용과 시간을 크게 절감했다고 합니다.

과거에는 수십 명이 필요했던 대규모 서비스 개발이 이제는 소수의 인원으로 가능해진 것이죠. API 전문가가 아니라도, 누구나 기업이나 작업의 솔루션 방향성에 맞게 AI를 '길들이는' 시대가 온 것입니다.

미래를 여는 열쇠, 그러나 주의도 필요

AI 파인튜닝 기술은 더 적은 데이터로도 효과적인 학습이 가능한 퓨샷 러닝(Few-shot Learning) 기술의 발전과 함께, 앞으로는 더욱 쉽고 빠르게 개인화된 AI를 만들 수 있을 것입니다. 다만, 이러한 발전과 함께 데이터 편향성이나 개인정보 보호 등의 윤리적 문제에도 주의를 기울여야 합니다. 기술의 발전과 윤리적 고려 사이의 균형을 잡는 것이 앞으로의 과제가 될 것입니다.

우리는 지금 AI의 새로운 시대, 즉 '본격적인 파인튜닝의 시대'의 문턱에 서 있습니다. AI 파인튜닝의 대중화는 우리에게 무한한 가능성을 제시합니다. 개인의 창의력과 AI의 능력이 결합된다면, 우리는 지금까지 상상하지 못했던 혁신적인 서비스와 솔루션을 만나게 될 것입니다. 이 책의 8장에서 파인튜닝의 방법에 대해 간략하게 설명하겠습니다.

AI를 둘러싼 법적·
윤리적 쟁점 구체화

은어·비속어·욕설의 필터링까지 우회하는 AI

대화형 AI인 클로드한테 조직문화 및 업무 프로세스 개선 업무를 기획하는 일을 시키면서, 마지막에 임팩트 있는 카피를 써달라며 "평범한 것 말고 독특하고 재미있고 힙한 문구로 만들어 줘"라고 한마디 더 보냈습니다. 챗GPT에게 시키면 딱 챗GPT 말투로 응답을 주는데, 클로드가 이런 걸 엄청 잘 뽑거든요. 그랬더니 이렇게 줄줄 써주었습니다.

> 홍보 카피라이팅:
>
> "뜨거운 혁신 불꽃, 불어넣어 불태울 때! 조직문화 바꾸는 대.난.투 프로젝트 돌입!"
>
> "보.령.차게 부는 신바람! 이번엔 회사 분위기를 완전 제꿀릿해버릴 예정!"
>
> "구시렁구시렁 답답한 회사 문화? 엔 까짓것! 우리가 바꿔버릴 시꺼멓!"
>
> "촌스럽고 뻔한 옛 문화는 낡아채서 박차고 나가렵시다! 이번엔 핫해지는 기업문화 될 차렷!"

클로드가 우리나라 커뮤니티 말투를 학습한 것입니다. 이걸 악용하려고 작정하면 포털 댓글에 악플 머신을 만들 수도 있겠구나 싶었습니다.

또 한 번은 정부의 관련 정책 보고서를 클로드에게 주고, 중학생도 이해할 수 있는 수준으로 써달라고 했습니다. 그런 후 시험 삼아 "○○○ 말투로 바꿔 봐"라며 특정 커뮤니티 이름을 넣고 시켰더니, 클로드의 첫 문장이 너무 충격이었습니다. 딱 그 커뮤니티 말투로 말을 하더라고요. 게다가 커뮤니티 필터링 규칙까지 학습해서 교묘하게 피했습니다. 예를 들면 '××가튼'을 '××갓.'처럼 마침표를 찍어 검색에 걸리지 않도록 한 것입니다.

너무나 진짜 같은 딥페이크와 가짜 뉴스

딥페이크(Deepfake)는 딥러닝과 페이크의 합성어로, AI를 활용해 실제처럼 보이는 가짜 영상이나 음성을 만드는 기술을 말합니다. 딥페이크가 얼마나 악질적인지, 지인 A씨로부터 직접 들은 사례를 하나 말씀드리겠습니다.

A씨는 수십 년간 동기부여 강의를 해온 강사로서, 또 유튜버로서 워낙 성공했기 때문에 인기 연예인처럼 얼굴이 알려져 있습니다. 또 신뢰도도 높아서 많은 사람들이 A씨의 강의를 듣기 위해 강연장을 찾습니다. 그런데 딥페이크 기술의 발달로 인해 A씨의 강의가 끝나자마자, 바로 똑같은 외모의 가짜 A가 영상에 등장하여 특정 단톡방으로 유도하는 사기 광고가 붙기 시작했습니다. 이 가짜는 A씨의 팬들에게 투자를 권유했고, 많은 이들이 A씨를 믿고 수천만원에서 억 단위의 피해를 입는 일까지 생겼다고 합니다.

A씨는 오랜 지인과 팬들로부터 엄청난 비난을 당했습니다. 결국 A씨는 딥페이크 범죄에 대한 경각심을 불러일으키기 위해 같은 피해를 입은 사람들과 함께 성명서를 발표하는 등 공개적으로 문제를 제기했습니다.

딥페이크 기술은 단순한 재미를 넘어 사람들이 평생 쌓은 평판과 재산

을 한 번에 무너뜨릴 수 있습니다. 여러분의 눈과 귀로 직접 보고 듣는 것이 진실이 아닐 수 있음을 기억하세요.

합법인 듯 불법인 듯, 저작권 이슈

미국의 AI 기업 런웨이가 영상 생성형 AI인 젠-3를 만들 때, 유튜브에 있는 내용을 허가받지 않고 학습 데이터로 썼다는 의혹으로 논란이 되었습니다. 2024년 6월 공개한 '젠-3 알파'의 학습 데이터 목록에는 추천 채널 항목에 3,967개의 채널 주소가 정리되어 있었는데, 국내의 경우 JYP, SM, YG, 하이브 등 대형 엔터테인먼트의 공식 유튜브 채널과 KBS, MBC, TvN의 드라마 채널, SBS의 케이팝 채널 등도 포함되어 있었습니다. 유튜브에 있는 게 공개 영상이라고 할지라도, 그것을 학습해서 만들어진 알고리즘으로 새로운 영상을 만드는 게 과연 합법인가에 대한 질문은 정리하고 넘어가야 할 문제로 남은 것입니다.

오픈AI가 2024년 2월 시연 영상을 공개했던 영상 생성형 AI인 소라 (Sora)에 대해서도 이런저런 말들이 많습니다. 당시 AI로 만든 영상이 이렇게 멋질 수 있구나 큰 화제가 되었는데, 반 년 넘도록 공식 공개 일정을 발표하지 않고 있습니다. 이에 런웨이와 같은 사정이 있는 것 아닌가 하는 얘기가 많이 나오고 있습니다. 2025년에는 생성형 AI가 만든 글, 그림, 영상 등과 관련된 저작권 이슈가 커질 가능성이 있습니다.

무감각한 AI 머신, 라벤더

이름과 정말 어울리지 않게, '라벤더(Lavender)'는 인간의 감독을 거의 받지 않는 무감각한 AI 표적 지시체계입니다. 이스라엘과 팔레스타인의 경계인 가자지구 같은 특정 지역을 통과할 때, 팔레스타인인은 반드시 검문소에서 사진을 찍고 지문 인증을 하는 등 신원을 등록해야 합니다. 그럼 그 사람들의 데이터가 모두 라벤더라는 시스템에 들어가게 되고, 결국 이들이 다 감시대상이 됩니다. 그리고 실제 거기에 CCTV가 많은데, 계속 이들의 움직임을 확인합니다.

그렇다면 그 문을 통과하지 않으면 괜찮을까요? 이스라엘군들이 팔레스타인 지역을 돌아다니면서 아이들이 보이면, "너희 한 번 웃어봐. 세이 치즈!" 하면서 사진을 찍습니다. 모두 데이터베이스에 등록되는 것입니다.

이런 방식으로 이미 3만 7천 명 정도 팔레스타인인의 데이터베이스를 구축했다고 합니다. 그리고 이 데이터를 기초로 해서 특정인을 타격해야 할 것 같다고 결정나면 "Where's Daddy"라는 것을 합니다. 그가 있는 집을 찾아가서 타격하는 것입니다. 라벤더와 웨어즈 대디를 조합하여 킬체인으로

운용하는 것입니다.

그런데 데이터로 계산을 해보니 대상을 처리할 가능성이 가장 높은 것이 집에 있을 때인데, 그 정확도가 90%만 되면 실행한다고 합니다. 오차율이 무려 10%이니, 폭탄이 터졌을 때 옆에 있는 사람이 죽을 수도 있다는 것입니다. 한 사람을 테러리스트로 지목하고, 그 한 명을 죽일 때 최소 16명에서 17명의 민간인은 죽어도 된다는 비정함이 프로그램 안에 들어가 있다고 볼 수 있습니다. 전쟁을 승리의 관점에서만 보면 이게 엄청 효율적인가요? 그런데 이런 기술들이 실제로 쓰일 때, 우리는 이것을 어떻게 바라보고 어떤 행동을 해야 하는가에 대해 깊은 성찰이 필요한 것 같습니다.

잊혀질 권리와 데이터 리터러시

데이터의 가치가 높아지면서 새로운 고민거리도 생겼습니다. 바로 개인정보 보호와 데이터 활용 사이의 균형을 잡는 문제입니다. EU의 '잊혀질 권리(Right to be forgotten)' 법안은 이런 움직임의 대표적인 예입니다. 이 법에 따르면 EU 시민들은 자신의 개인정보를 검색엔진 등에서 삭제해 달라고 요청할 수 있습니다.

애플은 개인정보 보호를 중요한 가치로 내세우며 마케팅에 활용하고 있습니다. 애플의 '앱 추적 투명성' 기능은 사용자가 앱의 데이터 추적을 허용할지 선택할 수 있게 합니다. 이는 개인정보 보호에 대한 소비자들의 관심이 얼마나 높아졌는지를 보여주는 좋은 예입니다.

최근 EU에서 시행된 GDPR(일반 개인정보 보호법)은 기업들의 데이터 관리에 대한 책임을 크게 강화했습니다. 위반 시 전 세계 매출의 최대 4% 또는 2천만 유로(약 300억원)의 벌금을 부과합니다. 일본은 '익명가공정보'라는 개념을 도입해 개인을 특정할 수 없도록 가공한 정보로 개인정보를 보호하면서도, 기업들이 더 자유롭게 데이터를 활용할 수 있게 했습니다.

AI 시대, 데이터를 이해하고 분석하며 활용할 수 있는 '데이터 리터러시' 능력이 필요합니다. 마치 글을 읽고 쓸 줄 아는 것이 기본 소양이듯, 데이터 리터러시는 AI 시대의 필수능력이 되고 있습니다. 학교에서도 데이터 리터러시 교육의 중요성을 인식하고, 데이터 관련 커리큘럼을 늘려가는 추세입니다. 영국은 초등학교부터 프로그래밍과 데이터 분석 기초를 가르치고 있습니다. 우리나라도 2025년부터 고교 필수과목으로 'AI 기초'를 도입할 예정인데, 여기에는 데이터 리터러시 교육도 포함될 것으로 보입니다.

MZ만 쓴다? No, 부장님도 쓴다

마이크로소프트와 링크드인이 일하는 사람들을 대상으로 "실제로 당신은 생성형 AI를 사용합니까?"라고 물어보았습니다. 의외였던 것은 젊은 세대만이 주로 쓸 거라고 생각했는데, 글로벌 단위로 보면 이른바 MZ 세대만 쓰는 게 아니라 부장님도 쓴다는 결과가 나왔습니다. X세대도 60대도 계속 활발하게 쓰고 있다는 게 전 세계적인 현상인데, 놀라운 트렌드 중 하나죠.

그러다 보니 지금 기업들은 AI 역량이 좋으면 다른 능력이 조금 떨어지더라도 채용할 의사가 있다는 얘기를 합니다. 자연스럽게 사람들도 SNS의 자기 스킬셋에 AI를 잘한다는 걸 계속 올리고 있습니다. 그래서 링크드인에 AI 적성 기술을 추가할 때, 기본적으로 "나는 글 잘 쓰고, 디자인 잘하고, 생성형 AI로 크리에이티브를 다 한다"고 어필합니다. 이 마이크로소프

AI는 우리의 일하는 방식을 바꾸고 있는가?
MZ 세대만이 아니라 X세대 76%, 60대도 73% 사용

Z세대 (18~28세)	밀레니얼 세대 (29~43세)	X세대 (44~57세)	베이비붐 세대+ (58세 이상)
85%	78%	76%	73%

* 미국 직장인 중 조직에서 제공하지 않은 AI 도구를 직장에서 사용하는 설문 응답자 비율

출처: 마이크로소프트, 링크드인 조사(2024.5.8.), https://www.microsoft.com/en-us/worklab/work-trend-index/ai-at-work-is-here-now-comes-the-hard-part

트와 링크드인의 조사에서 인사 담당자의 77%는 경력 초기의 인재가 AI 경험 덕분에 더 큰 책임을 맡게 된다고 말했으며, 66%는 AI 기술이 없는 사람을 고용하지 않을 것이라고 했습니다. 기업의 인사 담당자가 AI 역량을 얼마나 중요하게 생각하는지 알 수 있습니다.

그런데 아이러니하게도 기업은 AI를 잘하는 사람을 원하지만 투자와 교육은 안 시키고 공부해 오라고 하는 경향이 있습니다. 그러니 우리가 AI에 대해 제대로 배우고 익혀야 합니다.

2장

업무 생산성 향상을 위한 범용 AI 5종

범용 AI 5종 비교하기

- 챗GPT, 코파일럿, 제미나이, 클로드, 클로바X

현재 가장 주목받는 범용(General-purpose) AI는 챗GPT, 코파일럿, 제미나이, 클로드, 클로바X 등이 있으며, 각자의 고유한 특성과 강점을 가지고 있습니다.

범용 AI는 한 가지에 특화된 AI가 아니라 글쓰기부터 코딩, 분석, 추론까지 폭넓은 작업을 할 수 있는 AI입니다. 챗GPT, 코파일럿, 제미나이, 클로바X는 텍스트는 물론 이미지와 음성 입력 및 생성이 가능한 '범용 멀티모달 AI', 클로드는 '텍스트 기반 범용 AI'라고 할 수 있습니다. 이들은 대화, 코드 생성, 질의 응답, 창작활동 지원 등 다양한 영역에서 뛰어난 성능을 보여주고 있습니다.

주요 대화형 AI 서비스들은 특징이 있습니다. 그래서 좋은 결과를 얻으려면 2~3가지를 섞어 쓰는 게 좋습니다.

범용 AI 5종 비교

서비스 이름	회사	언어 모델	플랫폼	구독료	멀티모달 기능	인터넷 검색	특화 기능 및 장점
챗GPT	오픈AI	GPT-4/4o/ 4o-미니/ 4o-캔바, **챗GPT 프로:** o1, o1-미니	웹, 앱	무료 & 유료 (월 20달러) 프로 (월 200달러)	- 텍스트 - 이미지 인식/생성 - 음성 대화	유료 플랜 ○	콘텐츠 생성 코딩 지원 아이디어 제안, 교육 지원에 강점
코파일럿	마이크로소프트	GPT-4	웹, 오피스 365, 깃허브, 앱	무료 & 유료 (월 29,000원)	- 텍스트 - 이미지 인식/생성 - 음성 대화	○ (빙 검색 기반)	MS 워드, 엑셀, 파워포인트 등과 통합해 자동화 및 문서 작업에 최적화
제미나이	구글	제미나이	웹, 앱	무료 & 유료 (월 29,000원)	- 텍스트 - 이미지 인식/생성 - 음성 대화	○ (구글 검색 기반)	구글 검색과 멀티모달 입력 지원 연구 및 데이터 분석에 유리
클로드	앤트로픽	클로드-3 (오퍼스-3 소네트-3.5, 하이쿠-3.5)	웹, 앱	무료 & 유료 (월 20달러)	텍스트 기반	×	윤리적 안전성 우수, 긴 문맥 이해력, 법률·교육 분야에 적합
클로바X	네이버	하이퍼 클로바X	웹	무료	- 텍스트 - 이미지 인식	×	한국어에 특화된 검색, 네이버 서비스와 통합

＊ 서비스 내용과 요금은 버전업 등으로 수시로 변경될 수 있습니다.
＊ 클로바X는 2024년 11월 16일 상황이며, 이미지 생성, 음성 대화, 인터넷 검색 등이 붙을 예정으로 보입니다.

각 AI는 특징과 강점이 있습니다.

챗GPT는 일반 및 창의적 작업에 적합하며, 코파일럿은 MS 워드, 엑셀, 파워포인트 등 마이크로소프트 생태계 사용자에게 이상적입니다.

구글의 제미나이는 구글 생태계 이용자들에게 열려 있어 접근성이 높고 검색이 용이하며, 클로드는 윤리적이고 복잡한 지침을 수행하는 데 강점을 보입니다. 네이버 클로바X는 한국의 제도와 문화, 역사에 밝으며, 네이버의 다양한 서비스와 통합된 기능을 제공합니다.

각 범용 AI의 특성에 대해서는 해당 부분에서 상술하겠습니다.

진화하는 챗GPT, 뭐가 얼마나 달라졌을까?

- 나의 연금 3총사, 최선의 연금 수령방법은?

오픈AI의 챗GPT는 2022년 11월 처음 일반인에게 공개된 후 계속 업그레이드되고 있습니다. 최근 챗GPT를 써보면, 기본 대화나 분석 능력 자체가 굉장히 좋아졌습니다(멀티모달은 뒤에서 따로 다룰게요). 여기에 유료 플랜의 경우 서치GPT를 통해 실시간 검색 기능이 날개를 달아주고 있습니다.

대화 능력 20~30% 향상

우선 챗GPT의 일상적인 대화 능력이 얼마나 좋아졌는지 볼까요? 먼저 가상 상황을 만들어 가볍게 물어봤습니다.

> "이번에 완전 느좋인 포카 발견했거든? 편의점 출시라서 새벽부터 오픈런했는데 내 앞에서 딱! 품절된거야. 나 완전 솝씻너됐잖아..."
> 고등학생 딸이 카톡에서 언니에게 이렇게 말했는데 무슨 뜻인지 모르겠어. 해석해줄래?

챗GPT는 '포카', '오픈런' 등의 단어를 정확하게 설명했습니다. '느좋'은 '느낌 좋은', '솜씻너'는 '솜사탕 씻은 너구리'의 줄임말인데, 아주 정확하지는 않았지만 실제 의미와 비슷하게 해석해 주었습니다. 최신 줄임말이 많이 쓰여 있는 대화의 내용을 잘 해석하고 맥락을 잘 설명해 줍니다. 한국의 MZ 세대가 쓰는 말도 잘 아는 것이죠.

---

⑥ 따님의 카톡 내용을 해석해드리면, 요즘 고등학생들이 많이 쓰는 신조어와 표현들로 이루어진 메시지입니다. 내용은 대략 이렇게 해석됩니다:

- **"이번에 완전 느좋인 포카 발견했거든?"**: 여기서 "느좋인"은 "너무 좋은 인기"의 줄임말로, **정말 마음에 드는 인기 있는 포카 (포토카드)**를 발견했다는 뜻입니다.
- **"편의점 출시라서 새벽부터 오픈런했는데"**: 이 부분은 편의점에서 새로 나온 포토카드를 사려고 새벽부터 오픈런(가게 문을 열자마자 뛰어가서 구매하는 것) 했다는 의미입니다.
- **"내 앞에서 딱! 품절된거야."**: 포토카드를 살 수 있을 줄 알았는데, **바로 앞에서 품절되어 아쉽게도 못 샀다는 내용**입니다.
- **"나 완전 솜씻너됐잖아…"**: "솜씻너"는 "손 씻는 너구리"의 줄임말로, 헛수고를 했다는 의미의 신조어입니다. **기대를 했는데 실패해서 허탈해졌다는** 뜻으로 쓰입니다.

따라서 전체적으로는 새벽부터 원하는 포토카드를 사러 편의점에 갔지만 바로 앞에서 품절돼서 실망스러웠다는 아쉬움을 표현한 내용입니다.

여기에선 가벼운 예를 들었으나, 범용 AI의 한국어 대화 능력을 테스트하기 위해 다양한 주제의 같은 질문을 5종의 범용 AI에게 던져 보았습니다.

· 유머	· 한국 경제	· 미국 국채 투자
· 연금 수령 계획	· 수학 문제	· 고차원 과학 문제
· 스트레스 해소용 수다	· 명화	· 문학
· 철학	· 교육문제	· IT 및 AI 등등

무료 버전인 GPT-4o(포오) 미니로 테스트했는데도, 불과 5~6개월 전보다도 응답이 훨씬 똑똑해졌습니다.

군더더기 없이 빠르고 효율적인 응답 - 효과적인 연금 수령법 테스트

이번엔 대화 난이도를 좀 높여보았습니다. 은퇴 후 연금 3총사를 어떻게 받는 게 유리할지 알아보았습니다. 먼저 가상으로 국민연금 예상 수령액, 퇴직연금, 개인연금 불입액을 알려주고 연금 수령액 합계를 구하게 했습니다.

챗GPT는 응답 속도도 굉장히 빨라졌지만, 무엇보다 6개월 전과 달리 질문의 맥락을 살펴 응답의 길이를 조절하는 게 인상 깊었습니다. 딱 한 줄로 대답하기도 하더군요(항상 응답이 이렇게 짧게 나오는 것은 아님). 챗GPT로선 응답에 따른 에너지를 아끼고, 덕분에 사람도 읽는 에너지를 아끼게 되죠.

> 국민연금을 포함하여 퇴직연금과 개인연금을 합친 한 달의 총 연금 수령액은 약 **4,893,696원**입니다. (으)

챗GPT가 응답을 군더더기 없이 빨리 하니, 사용자인 저도 질문의 핵심을 군더더기 없이 짧게 말하고 질문 속도도 빨라지는 경향이 있었습니다. AI가 사용자를 길들이고 있는 것일까요?(농담입니다.)

같은 질문을 클로드와 코파일럿, 클로바X에게 주었습니다. 집필 시점 기준 응답이 아무때나 긴 AI도 있었고, 월 연금 액수의 합계가 틀리게 나온 경우도 있었습니다(AI 응답 검증법은 이 꼭지의 뒤에서 소개).

챗GPT   클로바X   코파일럿

이제 질문의 수준을 더 높였습니다. 가상의 상황을 더 주고, 가장 효율적인 연금 수령법을 물었습니다. 금액은 임의로 넣어보았습니다(테스트를 위해 일부러 3종 연금 수입 490만원, 금융소득 월 400만원, 근로소득 세후 600만원을 넣음).

사실 이런 질문은 전문 금융 컨설팅이 필요할 정도로 복잡한 사안인데, 챗GPT도 이 점을 정확히 인지했습니다. 응답의 첫 문장이 상당히 복잡한 질문이라고 하더군요. 그리고 세금 문제와 연금 감액을 고려해 연금 수령 최적화 방안과 최적 수령 방법을 각각 3가지로 정리해 제시했습니다.

챗GPT

클로드

여러 AI에게 같은 질문을 주었을 때, 챗GPT는 국민연금 감액 조항 및 금융종합소득세 과세(연 2천만원 이상에 부과)까지 언급했으며, DB형인 퇴직연금을 DC형으로 바꿀까라는 질문에 대해 맞춤형에 가깝게 응답해 주었습니다.

이렇게 AI와 대화를 통해 연금 수령법에 대한 기초지식을 쌓고, 전문가 상담을 받으면 더 효율적인 상담이 가능하겠죠? 단, AI 정보의 한계를 인지하고 참고용으로만 활용해야 하며, 필요 시 전문가 상담을 권합니다.

서치GPT로 실시간 검색 능력 장착

2024년 10월 공식 출시된 '웹 검색 기능'으로 챗GPT-4o의 응답 질이 한층 좋아지고 신뢰성이 높아졌습니다. 11월 초 현재 4o와 4o 미니 버전에서만 쓸 수 있지만, 곧 다른 버전에도 적용될 것으로 보입니다.

특히 오늘의 주식 시세나 최신 뉴스 등이 필요한 경우, 입력창에서 지구 모양의 '웹에서 검색' 아이콘을 눌러 켜보세요. 챗GPT가 웹 검색엔진을 사용하여 최신 정보를 가져와 종합해서 답변해 줍니다.

웹 검색 기능이 없을 때였다면, 챗GPT가 오늘의 환율을 모른다고 했을 것입니다. 그런데 웹 검색 기능을 켜고 질문하니, 오늘자 환율도 알려주고, 트럼프 대통령 당선으로 당분간 달러 강세가 예상된다는 종합적 대답을 해주었습니다. '출처' 아이콘을 클릭하면, 챗GPT가 웹 검색에서 참조한 사이트도 볼 수 있습니다.

2024년 11월 5일에 치러진 미국 대통령 선거에서 공화당의 도널드 트럼프 전 대통령이 승리하였습니다. 종합뉴스

원/달러 환율 현황:
오늘(2024년 11월 8일) 원/달러 환율은 1,401.1원으로 개장하였습니다. 종합뉴스

환율의 방향성 예측:
트럼프 대통령의 당선으로 인해 보호무역주의 강화와 대규모 국채 발행 등의 정책이 예상되며, 이는 달러 강세를 유발할 수 있습니다. 따라서 원/달러 환율은 당분간 상승세를 유지할 가능성이 높습니다.

결론:
미국 대선 결과로 인해 원/달러 환율의 상승 압력이 지속될 것으로 보입니다. 투자자들은 이러한 변화를 주의 깊게 관찰하고 대응 전략을 마련하는 것이 중요합니다.

출처 J

인간처럼 추론하는 챗GPT 등장

2024년 5월 공개된 GPT-4o는 언어 처리 관련 벤치마크에서 약 80~90%의 정확도를 기록했고, 복잡한 여러 번의 질문에서도 비교적 일관성이 높은 답변을 유지했으며, 이전 모델보다 복잡한 문제에 대한 해결 능력이 크게 향상되었습니다.

이후 2024년 12월 정식 발표된 오픈AI의 o1 모델은 강력한 추론 능력을 보이는 모델입니다. 최신 AI 성능 평가에서 95% 이상의 정확도를 보여주는 경우가 많았습니다. 복잡한 문제를 접하면 단계별로 나누어 해결하는 '생각의 사슬(Chain of Thought)' 방식을 도입했기 때문입니다. 이는 단순히 데이터를 학습하는 것을 넘어 더욱 고도화된 논리적 사고를 가능하게 합니다.

o1 모델의 추론 능력은 특히 복잡한 논리, 과학, 수학 문제해결에서 더 잘 드러납니다. 다음의 문제를 한번 풀어보세요.

> 한 실험실에서 동물 세포와 식물 세포가 주어졌습니다. 실험자는 두 종류의 세포가 담긴 용기를 섞은 후, 현미경으로 각각의 세포를 식별해야 합니다. 문제는 세포의 외관이 손상되어 세포벽이나 엽록체 등 뚜렷한 식별 요소가 보이지 않는다는 점입니다. 단백질 분포와 에너지원만 확인 가능할 때, 실험자가 동물 세포와 식물 세포를 구별할 수 있는 방법은 무엇일까요?

일단 챗GPT-4o 미니는 금방 답을 주었는데, o1 모델은 응답을 좀 기다려야 했습니다. 단계별로 생각하고 그걸 점검하면서 한 발씩 나아가기 때문입니다. 대신 o1 모델의 응답이 훨씬 체계적이고 일목요연합니다. 생물학 지식이 별로 없어도, 두 세포에 대한 정보만 주어진다면 어느 게 동물 세포이고 식물 세포인지 구별할 수 있을 만큼 잘 써주었습니다.

GPT-4o 미니 모델

o1 모델

추론하는 AI가 공개되자 많은 분들이 테스트를 해보며 그 결과를 공유했습니다. 2024년 수능 수학의 킬러 문제인 22번을 주었더니 o1 모델이 대략 95초 만에 정답을 알려주었다고 합니다(남도영, "수능 '킬러 문항' 1분 30초 만에 정답, 추론하는 AI 'o1'은 무엇이 다른가", TechM, 2024.9.13.). 그런데 수능 국어의 킬러 문항 7문제를 주었더니 난이도 하와 상 문제는 o1 모델 버전이 이전 버전보다 더 잘 맞추었지만, 난이도가 높아질 경우 오답을 내기도 했습니다(오병훈, "오픈AI o1에 '불수능 국어 킬러 문항 풀어봐', 챗GPT 신구 대결 승자는?", 디지털데일리, 2024.9.18.).

이처럼 AI의 추론 능력은 빠르게 발전하고 있지만, 난이도가 높아질수록 인간의 섬세한 판단력이 여전히 필요해 보입니다.

사생활 보호와 보안 기능 적용

최근 챗GPT는 개인 사생활 보호와 보안 강화를 위한 다양한 기능을 추가하고 있습니다. 예를 들면 챗GPT 초기 화면에서 버전을 선택할 때 '임시 채팅'을 선택하면, 이 채팅 기록은 대화가 종료되면 사라지고, 모델에게 학습되거나 다음 대화에 영향을 주지 않습니다. 이는 특히 민감한 정보를 다루거나 기록을 남기고 싶지 않을 때 유용합니다(다만 최대 30일 동안 보관된다는 전제가 있다는 걸 기억하세요).

챗GPT는 이밖에도 개인의 사생활 보호와 보안을 위해 데이터 다운로드 및 삭제 요청, 대화 종료 후 데이터 초기화, 사용자 맞춤형 모델 설정 등의 기능을 제공합니다. 이는 2024년 11월부터 챗GPT 모든 버전에 적용됩니다. 챗GPT 화면 오른쪽 상단에 있는 계정을 눌러 '설정' 메뉴로 들어가면 이런 기능들이 모여 있습니다.

연금 수령 전략 테스트, 제 점수는?

그렇다면 연금 전략 테스트를 통해 본 GPT-4o 미니와 o1 모델의 추론 능력은 어땠을까요? 경제 관련 문제는 제도변화, 개인상황, 시장환경 등 수많은 변수를 고려해야 합니다. 그야말로 '생각의 사슬' 방식이 필요한 분야죠.

o1 모델은 아직은 전문가처럼 복잡한 변수들을 유기적으로 연결하고 실제 경험에 기반한 판단을 내리기는 어려워 보였습니다. 하지만 체계적인 단계별 추론과 복잡한 논리구조의 분석능력이 향상되고 있기 때문에, 기초 정보 제공과 사고과정을 보조하는 도구로서의 가능성은 충분히 보여주고 있으며, 앞으로의 향방이 기대됩니다.

참고로, 챗GPT에게 연금 수령 전략에 관해 좋은 응답을 못 받은 것은 〈잘못된 질문법〉의 영향도 있었습니다. 이에 관해서는 3장 맨 끝의 '탑다운 프롬프트 작성법 4가지'에서 다루겠습니다.

골라 쓰면 더 좋은
챗GPT 버전별 특징
GPT-4o/4o-미니, o1/o1-미니, 고급 프로 서비스까지

───────

챗GPT 각 버전의 차별화된 기능과 사용 사례를 잘 이해하면, 필요에 맞는 최적의 도구를 선택할 수 있습니다(AI는 빠르게 변하므로 차후 버전과 기능이 좀 달라질 수 있습니다).

뛰어난 멀티모달 능력, 실시간 검색 능력 GPT-4o

GPT-4o는 2024년 7월에 발표되었는데, 텍스트뿐 아니라 이미지와 음성 등 강력한 멀티모달 능력으로 큰 화제가 되었습니다. 이미지 인식 및 분석, 이미지 생성, 음성 대화까지 가능합니다. 마치 사람과 대화하듯 챗GPT가 응답을 하는 도중에도 말을 끊고, 사용자가 대화를 이어갈 수 있습니다. 초당 약 10MB 이상의 데이터를 처리할 수 있으며, 이는 복잡한 영상 및 음성 데이터 분석에 유리합니다. 한국어 처리능력도 매우 높아졌습니다. 2024년 10월에는 '실시간 웹 검색' 기능도 탑재되어 응답의 질이 향상되었습니다.

일상적인 작업을 빠르게, GPT-4o 미니

기본적이고 반복적인 작업을 빠르게 처리하는 데 가장 효율적인 모델로 응답이 빠릅니다. 텍스트뿐만 아니라 이미지의 인식과 생성도 가능합니다. 현재(2025년 2월) 기준 챗GPT 무료 이용자들이 기본으로 사용할 수 있는 모델입니다.

인간과 가까워진 추론 모델, o1

2024년 12월에 정식 출시된 최신 모델로, 연쇄 추론(CoT) 기법을 사용해 응답의 정확도를 높였습니다. 멀티모달 기능이 대폭 향상되어 텍스트뿐만 아니라 이미지, 음성을 이해하고 활용할 수 있습니다. 최대 128k 토큰까지 처리할 수 있는 확장된 컨텍스트 창을 제공하며, 이를 통해 긴 문서 분석이나 복잡한 대화 관리에 적합합니다. 수학, 코딩, 박사 수준 과학문제에서도 뛰어난 성과를 보입니다.

비용 효율적 추론 모델, o1-미니

빠른 응답 속도와 저렴한 운영 비용이 특징입니다. 대학생의 코딩 자동화 같은 과제도 충분히 가능합니다. 또한 쇼핑몰의 간단한 고객센터 챗봇 등 일상적으로 접하는 간단하고 빠른 응답 시스템 등에 자주 이용됩니다.

정리하면, 간단한 텍스트 기반 작업에는 GPT-4o 미니, 멀티모달과 데이터 분석 기능을 풍부하게 활용하고 싶다면 GPT-4o, 복잡한 문제해결이 필요한 경우 o1과 o1-미니를 추천합니다. 또한 전문가적 고급 작업이 필요할 경우는 챗GPT 프로 서비스를 고려할 만합니다.

GPT 무료 플랜과 유료 플랜 비교

무료 플랜 사용자들은 기본적으로 GPT-4o 미니를 사용하게 되며, 특정 횟수가 지나면 GPT-3.5로 바뀝니다. 챗GPT의 '듣고 말하는' 기능의 경우, 스마트폰에서 무료 플랜 사용자도 가능합니다. 다만, 고급 음성 대화를 제대로 하려면 유료 플랜을 권합니다.

유료 플랜인 플러스 서비스는 월 20달러로 GPT-4o에서 최대 5배 더 많은 메시지를 이용할 수 있으며, 더 좋은 이미지를 생성할 수 있습니다. GPT 챗봇을 만들 수도 있습니다. 또한 글쓰기와 코딩 협업을 편하게 할 수 있는 GPT-4o 캔바도 2024년 10월 추가되었습니다.

o1 품은 전문가용 고급 AI, 챗GPT 프로 서비스

챗GPT 프로(Pro)는 월 200달러의 고급 AI 서비스로, 오픈AI의 최신 AI 모델인 o1 버전을 포함한 다양한 고급 기능을 무제한으로 쓸 수 있습니다. 연구자, 엔지니어, 데이터 과학자 등 고급 AI 활용이 필요한 사용자들에게 특히 유용합니다.

> **TIP**

'오픈AI의 Day 12' 발표, 최신 서비스 & 기능 12가지

오픈AI는 2024년 12월 5~18일 '12일간의 오픈AI' 이벤트를 열어 매일 새로운 기능과 제품을 발표했습니다. 주요 발표 내용을 정리해 보겠습니다.

발표일	서비스 및 기능
Day 1 (12월 5일)	새로운 추론 모델 o1 정식 버전 출시 챗GPT 프로(월 200달러) 구독 서비스 출시
Day 2 (12월 6일)	강화 미세조정(Reinforcement Fine-Tuning, RFT) 기술 도입 오픈AI 모델 학습 시 강화학습 알고리즘 고객들에 제공 적은 데이터셋으로도 성능 높은 모델 제작 가능
Day 3 (12월 9일)	텍스트 기반 영상 생성 AI 서비스 소라(Sora) 출시
Day 4 (12월 10일)	AI 활용 콘텐츠 제작도구 캔바(Canvas) 발표 글쓰기와 코딩 작업을 위한 오픈AI의 통합 인터페이스로, 실시간 파이썬 실행, 팀 협업, 생산성 향상 기능 제공, GPTs에서 선택 가능 도구로 추가
Day 5 (12월 11일)	애플의 AI 음성 비서 시리(Siri)와 챗GPT 통합 발표 시리가 챗GPT의 자연어 처리기술을 통해 일정관리, 이메일 작성, 문서 검토 등 지원(애플의 운영체제 iOS 18.2 업데이트 필요)
Day 6 (12월 12일)	산타(Santa) 모드 및 고급 음성의 비디오 사용자 목소리를 학습해 더욱 자연스러운 대화 제공, 연말 분위기에 맞춰 특별한 음성 모드 추가
Day 7 (12월 13일)	프로젝트(Projects) 기능 발표 챗GPT의 조직관리 및 워크플로 개선을 위한 기능으로, 다수의 작업과 대화를 체계적으로 관리할 수 있도록 지원
Day 8 (12월 14일)	AI 검색 기능 전면 확장 발표 챗GPT에 AI 웹 검색 기능 통합, 실시간 정보검색 및 활용 가능
Day 9 (12월 15일)	개발자 데이 할리데이 에디션 o1 정식 모델 API로 제공, 비전 및 다국어 성능 향상 사례 소개, 리얼타임 API 개선, 선호학습 파인튜닝 출시
Day 10 (12월 16일)	1-800-챗-GPT 유선 전화와 왓츠앱으로 챗GPT 이용 가능한 1-800-챗GPT 출시
Day 11 (12월 17일)	워크 위드 앱스(Work with Apps) 맥OS, 윈도우 데스크탑 앱 출시, 최종 사용자 접점 늘려가고 있음
Day 12 (12월 18일)	오픈AI o3, o3-미니 고급 문제해결 능력 갖춘 고사양 AI 모델로 코딩·수학·과학 작업에 최적화된 o3, 특정 작업에 초점 맞춘 경량 모델 o3-미니 발표

멀티모달과 음성 기반 인터페이스로
진화하는 챗GPT

오픈AI는 2024년 5월 GPT-4o를 공개했습니다. o는 '모든', '전체의'라는 뜻을 가진 'omni'의 약자입니다. GPT-4o는 이름처럼 텍스트뿐만 아니라 이미지, 음성, 영상을 모두 인식하고 처리합니다. 음성으로 질문과 답변을 주고받는 '듣고 말하는' 기능, 이미지를 '보고 답하는' 기능이 되는 것이죠.

'듣고 말하는' 기능

우리가 말로 질문을 하면 챗GPT가 음성으로 대답하는데, 실제로 사용해 보면 그 속도와 정확성에 놀라게 됩니다.

1. 애플폰 사용자는 앱 스토어, 갤럭시폰 사용자는 플레이 스토어에서 'ChatGPT'로 검색해 챗GPT 앱을 설치하세요. 이름이 비슷한 앱이 많으니 주의하세요. 'ChatGPT'라는 이름 아래에 'OpenAI'라고 회사명이 정확하게 나온 앱을 설치해야 합니다.

2. 회원가입을 한 후 로그인하세요. 마이크로소프트, 구글, 애플 계정과 연동해 쉽게 로그인할 수도 있습니다. 무료 플랜 사용 시에는 GPT-4o 미니로만 음성 대화를 할 수 있어서 대화의 길이가 짧고 내용의 정확도가 떨어지므로, 음성 대화 기능을 제대로 쓰려면 유료 플랜을 추천합니다.

3. 챗GPT 앱 화면이 열리면, 왼쪽 상단의 '전체 메뉴(≡)'를 누른 후, 화면 아래 여러분 아이디 뒤의 '더보기(⋯)' 메뉴를 누르세요.

4. 설정 화면이 열리면 '말하기'를 선택한 뒤 '음성'을 선택하세요.

5. 그러면 차분하고 긍정적인 목소리의 스프루스, 밝고 솔직한 메이플, 활기차고 진지한 브리즈 등 9종의 목소리가 나타납니다. 여러분의 마음에 드는 목소리를 하나 선택하고 〈확인〉을 누릅니다.

6. 이제 챗GPT 화면 하단에서 검은 색의 '음파' 단추를 누르세요. 그러면 챗GPT가 서버와 연결을 시작합니다.

7. 챗GPT에게 여러분이 음성으로 말을 걸어보 세요. 여러분의 말이 끝나면 바로 대답해 줍 니다. 실시간 대화가 되는 것입니다.

실제로 써보면, 예전 초기보다 음성 대화 기능이 굉장히 좋아졌습니다. 챗 GPT가 응답을 하는 도중에라도 "됐고, 오늘 날씨 알려줘"라고 하면, 금방 하던 말을 끊고 대답을 합니다. 마치 음성 비서를 하나 둔 느낌입니다. 기존 음성 AI 비서는 대화 중에 반드시 텀이 필요했는데, 이제는 실제 사람과 대 화하는 속도로 이야기해도 될 정도로 매끄러워졌다는 것이 놀라움을 불러 일으켰습니다.

이미지 '보고 답하는' 기능

GPT-4, GPT-4o는 이미지를 보고 답할 수 있습니다.

AI의 이미지 인식 기능은 굉장히 유용해서 저는 실생활에서 자주 사용 합니다. 길 가다가 꽃의 이름이 궁금하면 사진으로 찍어 물어보고, 공기청 정기, LED 등 같은 게 고장나도 일단 사진으로 찍어 올리고 AI에게 묻습 니다. 아이의 수학시험 문제 풀이가 궁금할 때도 사진으로 찍어 올린 후 물으면 잘 대답해 줍니다. 또한 인쇄물의 영어로 된 표를 사진으로 찍어 올린 후, "이 표를 읽고 표로 입력해 줘"라고 하면 바로 표로 만들어 주고 한글로 번역시킬 수 있습니다. 여러 차례 실험해 본 결과, 챗GPT는 해상도가 낮은 이미지도 제법 잘 인식합니다.

제 컴퓨터의 속도가 느려서 챗GPT에게 물어보았더니 메모리를 늘리라고 했습니다. 16기가 메모리를 2개 주문해 도착했는데, 막상 컴퓨터 본체를 열어보니 어디에 어떻게 꽂아야 할지 모르겠어요. 메인보드에서 어느 슬롯에 꽂아야 하는지 챗GPT에게 물어보겠습니다.

1. PC로도 가능하지만, 사진을 찍고 바로 확인하기 편하게 스마트폰으로 실습해 보겠습니다. 유료 사용자의 경우, 챗GPT 앱의 입력창에 + 모양의 아이콘이 있는데 여기를 눌러 '사진 촬영'을 선택한 뒤 컴퓨터 본체 메인보드를 찍어 올렸습니다.

2. 이제 다음과 같이 물었습니다.

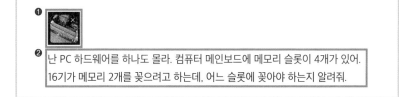

❶
❷ 난 PC 하드웨어를 하나도 몰라. 컴퓨터 메인보드에 메모리 슬롯이 4개가 있어. 16기가 메모리 2개를 꽂으려고 하는데, 어느 슬롯에 꽂아야 하는지 알려줘.

3. 챗GPT가 아주 친절하게 설명을 해줍니다. 사진을 보니 주황색과 노란색 슬롯이 각각 2 개인데, 색상을 맞춰 2개를 꽂아야 듀얼 채 널 메모리로 구성되어 최적의 속도를 낸다고 하네요.

4. 이번에는 다음과 같이 추가로 물었습니다.

> 난 PC 하드웨어를 몰라. 메모리를 메모리 슬롯에 꽂을 때 주의사항이 있니?

5. 챗GPT가 메모리 꽂는 방향을 확인하는 법, 메모리의 양쪽 끝을 동시에 눌 러 같은 힘으로 꽂아야 한다는 등 중요한 도움말을 줍니다.

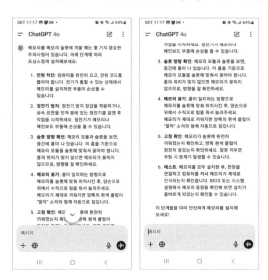

6. 하지만 여전히 자신이 없어서 다시 물었습니다.

> 이 사례와 비슷한 유튜브 영상을 추천해 줘.

7. 챗GPT가 관련 유튜브 영상을 추천해 주네요. 메모리를 슬롯에 꽂고, 컴퓨터는 무사히 부팅이 잘 되었습니다.

챗GPT-4의 멀티모달 기능이 공개되자, 해외 SNS에서는 다양한 사례들이 공유되었습니다. 심지어 챗GPT가 사람이 칠판에 그린 프로그램 구조도를 보고 자동으로 코딩을 해주고, 이 코드가 실제로 동작되는 시연 사례까지 등장했습니다. 챗GPT의 이미지 인식 기능을 실생활에서 꼭 사용해 보세요. 쓸수록 굉장히 유용하다는 걸 느끼실 것입니다.

그래프 분석, 이미지 안의 한자 해석

챗GPT-4, 4o의 경우 이미지 사진뿐 아니라 그림이나 그래프 속의 내용도 잘 인식합니다.

1. PC에서 통계청의 장래 인구 추계 그래프(연령계층별 인구구조, 인구구성비)를 올리고 물었습니다.

2. 챗GPT가 한국의 장래 인구 추계 그래프를 인식하고, 고령화와 저출산 문제가 있다고 분석하며 대안을 4가지로 제시했습니다.

이 그래프는 한국의 장래 인구 변화를 나타낸 것으로 보이며, 두 가지 중요한 부분을 설명하고 있습니다.

1. **연령계층별 인구 구조 (1960~2072년)**
   - **유소년 인구 (0-14세):** 1960년에는 약 1,059만 명이었으나, 시간이 지나면서 지속적으로 감소하여 2072년에는 약 238만 명으로 예측됩니다.
   - **생산연령 인구 (15-64세):** 2022년에 최고치인 3,674만 명을 기록했지만, 이후 점차 감소하여 2072년에는 1,658만 명까지 줄어들 것으로 예상됩니다.
   - **고령 인구 (65세 이상):** 1960년에는 약 73만 명이었으나 2022년에는 898만 명으로 증가하였고, 2072년에는 1,727만 명까지 급격히 늘어날 것으로 보입니다.

2. **연령계층별 인구 구성비 (1960~2072년)**
   - **유소년 인구:** 전체 인구에서 차지하는 비율은 1960년 42.3%에서 2072년에는 6.6%로 감소할 것으로 보입니다.
   - **생산연령 인구:** 1960년에는 54.8%였고 2022년에는 71.1%로 증가하였지만, 이후 점점 줄어들어 2072년에는 45.8%가 될 것으로 예측됩니다.
   - **고령 인구:** 1960년에는 2.9%에 불과했으나, 2022년에는 17.4%로 증가하고, 2072년에는 47.7%로 거의 인구의 절반을 차지할 것으로 예상됩니다.

분석

이 데이터는 한국 사회의 빠른 **고령화**와 **저출산** 문제를 명확히 보여줍니다. 유소년 인구가 급격히 줄어드는 반면, 고령 인구는 계속 증가하고 있습니다. 특히, 생산연령 인구는 줄어들고 고령 인구는 크게 증가하여 **고령화 사회**에서 **초고령 사회**로의 전환이 가속화될 것입니다. 이는 경제적, 사회적으로 큰 문제를 일으킬 수 있습니다.

대안

1. **출산율 증진 정책:** 출산 장려금, 양육비 지원, 육아 휴직 제도 강화 등을 통해 출산율을 높여야 합니다.

3. 이번에는 이미지 안의 글자를 잘 인식하는지 볼게요. 인터넷에서 〈명량대첩비〉 탁본지를 구해서 챗GPT에 올리고, 비문의 내용을 한자 한 줄, 한글 한 줄로 해석해 달라고 했습니다.

4. 오, 챗GPT가 내가 원하는 포맷으로 딱 정리해서 보여줍니다. 해석도 꽤
자연스럽습니다.

탁본의 전체 내용을 한 문장씩 한자와 그에 따른 한글 해석으로 풀어드리겠습니다. 이미지 품질과
글자의 상태에 따라 일부 해석이 어려운 부분도 있을 수 있지만, 보이는 한자에 따라 최선을 다해 번
역하겠습니다.

한자:
有明朝鮮國制授義興武衛僉節制使行右使平賊將軍
해석:
조선국에서 명령을 내려 의흥무위첨절제사에 임명하고 우방에서 적을 평정한 장군으로 임명하다.

한자:
李舜臣督謹率戰船十二隻以拒倭兵
해석:
이순신이 열두 척의 전선을 지휘하여 왜군을 막았다.

한자:
憑天戰功以壯邦威
해석:
하늘에 의지하여 전공을 세우고 나라의 위엄을 드높였다.

이렇게 챗GPT의 이미지 인식 기능을 활용하면 무궁무진한 아이디어를 기
반으로 많은 것들을 할 수 있겠죠? 이미지를 기반으로 계속 질문을 이어갈
수 있다는 점도 잘 활용하면 놀라운 일들을 해낼 수 있을 것입니다.

앞에서 보여드린 사례처럼, 정보를 텍스트 데이터 외에도 이미지·음성·
영상 등을 통해 주고받는 것을 멀티모달(Multi Modal)이라고 하고, 다양한 양
식의 데이터를 동시에 받아들여서 학습하고 사고하는 AI를 '멀티모달 AI'라
고 합니다. AI가 마치 사람이 사물을 받아들이는 다양한 방식과 동일하게
학습하는 것이죠.

챗GPT의 고급 데이터 분석

GPT는 원래 언어모델이라 숫자 계산이나 데이터 분석 같은 것을 할 수 없지만, 오픈AI가 '코드 인터프리터'라는 고급 데이터 분석 기능을 붙였습니다. 그래서 엑셀 파일 등 복잡한 데이터 파일을 챗GPT에 올리면서 분석해 달라고 하면, 코드 인터프리터가 파이썬 코드를 작성해 해결한 뒤, 그 결과를 챗GPT가 우리에게 보여줍니다.

6,600명의 학업성취도 조사 1분 만에

세계 최대의 데이터 플랫폼인 캐글 사이트(kaggle.com)에서 다운받은 학업성취도 엑셀 파일을 이용해 볼게요. 공부시간, 출석률, 부모참여도, 자원접근성(인터넷, 도서관 등), 가계소득, 부모교육 수준, 시험점수 등 20개 항목으로 이루어진 약 6,600행의 방대한 데이터입니다(이 데이터는 저작권이 풀린 퍼블릭 도메인의 데이터셋으로, 개인정보가 포함되어 있지 않습니다). 이제 이 파일로 챗GPT의 고급 데이터 기능을 경험해 보죠.

1. 챗GPT의 입력란에서 '첨부파일' 아이콘을 클릭한 다음 엑셀 파일을 업로드하고, 다음과 같이 요청했습니다. 참고로, '탐색적 데이터 분석(EDA)'을 요청하면 해당 자료로 가능한 데이터 분석방법을 알려주고 분석도 해줍니다. 이제 통계학 지식이 없어도 웬만한 데이터 분석은 가능한 것이죠.

2. 오, 우선 성적과 관련된 20개의 항목이 어떤 의미를 갖는지 분석해서 설명해 줍니다.

3. 그다음에는 수행 단계를 정리해 보여줍니다. 이후 이 순서에 맞게 데이터를 처리해서 그 결과를 보여주겠다는 것이죠.

EDA(탐색적 데이터 분석) 순서
1. 데이터의 결측치 확인 및 처리
2. 기초 통계량 확인 (평균, 중간값, 표준편차 등)
3. 데이터의 분포 확인 (히스토그램, 박스플롯 등)
4. 변수 간 상관관계 분석
5. 범주형 변수의 빈도수 분석
6. 주요 변수와 시험 점수 간의 관계 분석 (시각화 포함)

위 단계를 차례대로 수행하겠습니다. [J]

4. 챗GPT가 데이터에서 빠진 값을 알려줍니다. 이때 값이 빠진 행이나 열은 채워주거나 삭제하거나 예측 모델을 사용하면 되는데, 여기서는 그냥 두겠습니다. 챗GPT가 웬만한 경우는 알아서 해결하니까요.

5. 이어서 기초 통계량을 보여줍니다. 이 또한 그냥 두세요.

기초 통계량을 보면 다음과 같은 특징을 알 수 있습니다:
- **Hours_Studied**: 학생들이 평균적으로 약 20시간을 공부하고 있으며, 최소 1시간에서 최대 44시간까지 공부합니다.
- **Attendance**: 평균 출석률은 약 80%입니다.
- **Sleep_Hours**: 학생들의 평균 수면 시간은 약 7시간이며, 최소 4시간에서 최대 10시간까지 수면

6. 이번에는 챗GPT가 데이터 분포를 시각화해서 보여주며, 각 변수 간 상관관계를 분석해 줍니다. 그래프 영역의 오른쪽 상단의 '다운로드'와 '확대' 아이콘을 눌러 다운받거나 확대해 볼 수 있습니다. 첫 번째 그래프는 공부시간의 분포도인데, 1주 기준으로 16~24시간 공부하는 학생이 많다고 분석했습니다.

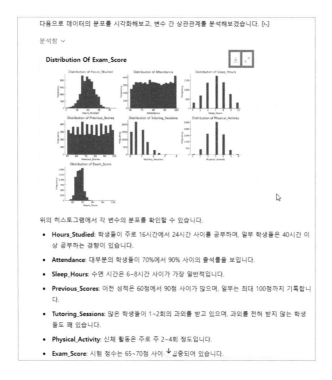

7. 다음은 변수 간의 상관관계를 분석합니다. 분석 결과에 따르면 시험점수에 가장 큰 영향을 주는 변수는 출석률(상관계수 0.58)과 공부시간(상관계수 0.45)이라고 하네요. 화면 중간중간의 파란색 '코드 창' 아이콘을 클릭하면, 현재 작업을 위해 코드 인터프리터가 파이썬으로 짠 코드와 결과를 볼 수 있습니다.

다음 단계로는 변수 간 상관관계를 분석하여 각 변수들이 시험 성적에 어떤 영향을 미치는지 알아 보겠습니다. [>_] ❶

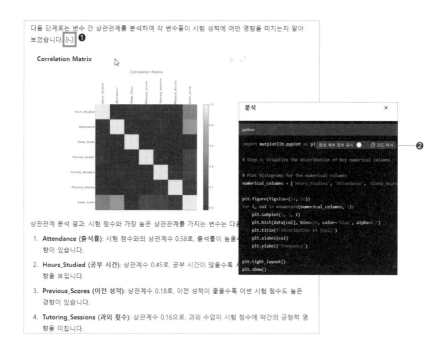

상관관계 분석 결과, 시험 점수와 가장 높은 상관관계를 가지는 변수는 다음

1. **Attendance (출석률)**: 시험 점수와의 상관계수 0.58로, 출석률이 높을수록 향이 있습니다.

2. **Hours_Studied (공부 시간)**: 상관계수 0.45로, 공부 시간이 많을수록 향을 보입니다.

3. **Previous_Scores (이전 성적)**: 상관계수 0.18로, 이전 성적이 좋을수록 이번 시험 점수도 높은 경향이 있습니다.

4. **Tutoring_Sessions (과외 횟수)**: 상관계수 0.16으로, 과외 수업이 시험 점수에 약간의 긍정적 영향을 미칩니다.

8. 마지막으로 범주형 변수의 빈도를 분석해 보여줍니다. 그래프의 내용을 잘 모르겠으면 그냥 챗GPT에게 물어보면 됩니다.

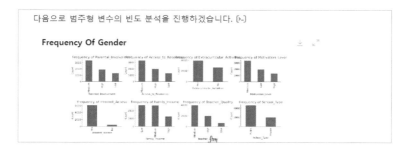

이처럼 챗GPT를 이용하면, 통계지식이 없어도 "이 자료를 탐색적 데이터 분석(EDA)을 해줘"라는 요청만으로 그 데이터가 주는 인사이트를 얻을 수 있습니다. 만약 통계 기초지식이 있다면 훨씬 전문적인 질문을 던지고, 챗 GPT로부터 더 좋은 응답을 얻을 수 있겠죠?

챗GPT 맞춤 설정하기

챗GPT에서는 나의 필요에 따라 맞춤 설정을 할 수 있습니다.

1. 챗GPT의 오른쪽 상단에 있는 여러분의 계정 이름을 클릭한 후 '챗 GPT 맞춤 설정'을 클릭하세요.

2. '챗GPT 맞춤 설정' 화면이 열립니다. 위쪽 입력란에 나에 대해 좀더 자세한 정보(직업, 취미, 관심사, 나이 등)를 쓰세요. 그러면 나에게 더 최적화된 응답을 해줍니다.

3. 아래 입력란에는 챗GPT 에 대한 요구를 적습니다. 답변의 길이, 나에 대한 호칭, 한국어 응답 요구 등 편하게 적으면 됩니다. 여기서는 데이터 분석 시의 작업 단계를 개조식으로 알려달라고 했습니다.

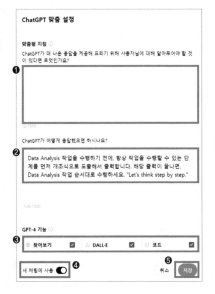

4. 이제 챗GPT에게 데이터 분석 작업을 시키면, 항상 작업의 단계를 요약해 보여준 후 분석으로 넘어갑니다.

코파일럿의 도전,
AI 컴패니언

마이크로소프트 코파일럿(Copilot)은 2023년 2월 첫 출시된 범용 AI로, 언어 모델 GPT-4에 빙 검색엔진을 결합한 것입니다. 항공기 조종사의 보조 역할을 하는 부조종사(co-pilot)에서 영감을 받은 이름입니다. 코파일럿은 빙 검색엔진을 통해 최신 정보를 제공하고 출처를 명확히 표시합니다.

코파일럿 프로를 구독하면 마이크로소프트 365와 같은 생산성 도구(워드, 엑셀, 파워포인트 등)와 통합되어 있어 문서 작성, 스프레드시트 관리, 프레젠테이션 준비 등을 더 쉽게 할 수 있습니다. 예를 들어 워드에서 회의록을 작성할 때 중요한 포인트를 요약하거나, 특정 주제에 대한 배경정보를 추가할 수 있고, 엑셀에서 판매 데이터를 분석하여 월별 매출 추이를 그래프로 보여주고, 주요 인사이트도 요약해 줍니다.

코파일럿 컴패니언 웨이브 2, 무엇이 달라졌나?

2024년 10월 코파일럿은 대규모 업데이트를 단행하며 'AI 컴패니언(동반자)'이라는 비전을 발표하고 개인화와 사용자 경험을 크게 강화했습니다. 단순한 도구가 아니라 일상생활에서 '친구' 같은 AI 동반자로 만드는 데 초점을 맞추고 있습니다. 업데이트된 주요 기능을 살펴보죠.

코파일럿 보이스 & 코파일럿 비전

음성 대화 기능으로 일상 대화처럼 대화가 가능합니다. 대화 도중 주제가 바뀌거나 중단되는 상황도 자연스럽게 대처할 수 있어 마치 실시간 비서와 대화하는 느낌을 줍니다.

코파일럿 비전(Vision)은 코파일럿이 웹페이지에 현재 열려 있는 내용을 보고, 실시간으로 피드백을 주는 기능입니다. 현재 특정 웹사이트에서만 가능하며, 사용자가 설정을 통해 직접 활성화해야 합니다. 단, 이 기능을 활성화하면 코파일럿이 여러분이 열어놓은 웹페이지를 보므로 민감한 사항은 웹페이지에서 열지 말기를 권합니다. 우선 프로 구독자 중 일부에게만 열리는 코파일럿 랩스(Copilot Labs) 프로그램으로 실험적으로 제공됩니다.

코파일럿 데일리

라디오처럼 하루 시작에 필요한 날씨와 뉴스, 일정 등을 요약해 알려주는 사용자 맞춤형 아침 브리핑 기능입니다. "오늘 서울 날씨는 ~, 주요 뉴스는 ~, 최근 ~." 파이낸셜 타임스, 로이터 등 주요 언론사의 소식을 사용자 선호에 맞춰 제공하며 관심 있는 주제만 선택할 수도 있습니다.

개인화 디스커버

코파일럿 디스커버 카드는 코파일럿의 대화 경험을 개선한 도구입니다. 맞춤형 가이드를 제공해서 사용자가 대화 시작을 어떻게 해야 할지 쉽게 이해할 수 있게 만들었습니다.

마이크로소프트 365와의 통합 기능

마이크로소프트 365 앱의 코파일럿 기능도 크게 강화되어 코파일럿 워드, 엑셀, 파워포인트에서 더 강화된 AI 기능을 쓸 수 있습니다. 예를 들어 팀원에게 신제품 전략을 요약해 보내야 할 때, 코파일럿이 이메일, 회의록, 채팅 기록을 기반으로 빠르고 정확하게 요약해 보내줍니다.

AI 이미지 생성 기능 향상

코파일럿의 이미지 생성 기능은 마이크로소프트 디자이너와 통합되어 품질이 향상되었습니다. 특히 가로형 이미지를 만들 수 있어 사용자가 프레젠테이션 자료나 소셜 미디어 콘텐츠로 활용하기 좋습니다.

코파일럿 팀스/원드라이브/에이전트/페이지

코파일럿 팀스(Teams)는 회의 요약과 사용자 질문에 답변하는 기능이 향상되었고, 코파일럿 원드라이브는 파일을 열지 않고도 검토하고 요약할 수 있는 기능을 제공합니다. 또한 코파일럿 에이전트(Agent)는 사용자가 다양한 작업을 원활하게 처리할 수 있도록 지원합니다. 아울러 코파일럿 페이지(Pages) 같은 여러 사용자 간의 협업(예를 들어 경영진, 제품개발팀, 마케팅팀)을 위한 혁신적인 AI 기반 캔버스를 제공합니다. 2024년 10월 현재 영어권에서만 서비스되는 기능들이 있으나, 곧 우리나라에서도 업그레이드가 될 것으로 보입니다.

싱크 디퍼(Think Deeper, 실험 기능)

오픈AI o1 모델의 '생각의 사슬' 기능도 추가되어 복잡한 질문에 더 깊이 있는 답변을 제공하는 모드로, 응답 시간이 약간 길어지지만 더욱 풍부하고 세부적인 답변을 받을 수 있습니다. 이 기능은 연구나 심층 분석이 필요한 사용자에게 유용하며, 코파일럿 비전과 마찬가지로 코파일럿 랩스 프로그램을 통해 프로 구독자 중 일부에게만 오픈되었습니다.

코파일럿 프로 구독 서비스

코파일럿은 무료 사용도 가능하며, 유료 사용자들에겐 마이크로소프트 365 앱 통합과 같은 프리미엄 기능을 제공합니다.

마이크로소프트 코파일럿은 이와 같은 업데이트를 통해 단순한 보조 도구나 대화형 AI를 넘어 사용자 맞춤형 동반자로 발전시키려는 비전을 가지고, 사용자와의 상호작용을 통해 더욱 유연하게 적응하는 방식으로 발전하는 중으로 보입니다.

코파일럿 체험하기

마이크로소프트 코파일럿은 2024년 10월 대규모 업데이트를 단행하며 개인화와 사용자 경험을 크게 강화했습니다. 사용자 인터페이스가 이전과는 크게 달라졌는데요. 여기서는 달라진 코파일럿을 유용하게 활용할 수 있는 몇 가지 방법을 소개하겠습니다. 워드, 엑셀, 파워포인트 등 업무와 관련된 기능은 7장에서 본격적으로 소개하겠습니다.

사이드바로 불러내기

1. 마이크로소프트 엣지 브라우저를 실행한 뒤, 화면 오른쪽 상단의 '코파일럿' 아이콘을 누릅니다. 엣지 브라우저를 사용한다면, 웹페이지 어느 곳에서든 코파일럿을 사이드바로 불러낼 수 있습니다.

2. 화면 오른쪽에 코파일럿 창이 나타납니다. 프롬프트 입력란에 질문을 입력하면 되는데, 여기서는 검색을 통해 실제 정보를 답해야 하는 질문을 입력해 보겠습니다.

> 여의도에서 이탈리아 음식을 잘하는 음식점을 알려줘.

3. 코파일럿이 몇 곳의 음식점을 추천해 주었습니다. 주소와 함께 음식점의 분위기와 간단한 메뉴를 알려줍니다. '자세히 보기'를 누르니 해당 음식점의 정보가 나오고, 예약할 수 있는 페이지로 이동했습니다.

이렇게 코파일럿은 빙 검색과 연동되어 검색을 통해 응답해야 하는 질문에 도 척척 대답해 줍니다.

음악 요청하기

1. 일하는 도중 음악을 듣고 싶네요. 엣지 브라우저에서 '코파일럿' 아이콘 을 눌러 코파일럿 사이드바를 연 뒤, 비오는 날 듣기 좋은 음악을 추천해 달라고 요청해 보죠.

> 비 오는 가을에 듣기 좋은 음악 추천해 줄래? 음악을 들을 수 있는 유튜브 링크도 함께 제공해 줘.

2. 코파일럿이 플레이리스트를 추천해 줍니다. 유튜브 링크를 제공해 달라 고 했기 때문에, 링크를 클릭하면 바로 유튜브로 이동해서 음악을 들을 수 있습니다.

이미지 보고 말하기

1. 앙리 마티스의 그림 〈춤〉을 업로드
   하고, 몇 사람이 춤을 추고 있느냐
   고 물어볼게요. 그림을 업로드할 때
   에는 코파일럿의 프롬프트 입력창
   왼쪽의 '+' 단추를 누르거나, 마우스
   로 파일을 끌어다 프롬프트 입력창
   위에 놓으면 됩니다.

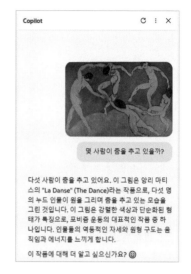

2. 춤을 추는 사람이 다섯 명이라고 정
   확하게 대답했습니다. 심지어 이 작

품이 앙리 마티스의 〈춤(La Danse)〉이라는 작품이라고 알려주었습니다.
그림에 대한 해설까지 해주었네요!

영문 웹페이지 요약하기

1. 엣지 브라우저에서 영문 웹페이지를 여세요. 미항공우주국(nasa.gov)에 접
   속해 페이지를 하나 열었습니다.
2. '코파일럿' 아이콘을 눌러 사이드바를 엽니다. 그리고 "페이지를 요약해
   줘"라고 입력해 주세요.
3. 코파일럿이 나사의 웹페이지 내용을 금방 요약합니다. 제법 긴 페이지도
   핵심적인 내용을 간략하게 정리해 주어 빠르게 내용을 파악할 수 있습
   니다.

4. 이번에는 웹사이트에서 궁금한 부분을 마우스로 선택해 보세요. 그러면 단축 메뉴가 나타나고 '코파일럿' 아이콘이 보입니다. 여기에 마우스를 가져다대면 'Copilot에 물어보기'라는 메뉴가 나타납니다. 이 메뉴를 클릭하면 선택한 텍스트가 자동으로 코파일럿에게 전달되고, 바로 한국어로 번역해서 해당 내용을 설명해 줍니다.

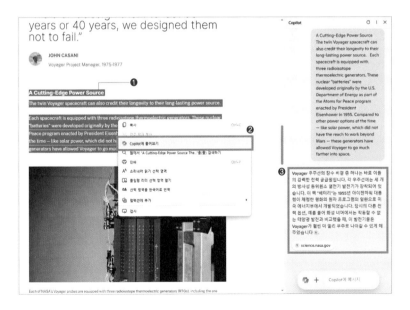

5. 원하는 부분을 선택하지 않고도, 해당 웹페이지에서 궁금한 내용을 물어 봐도 됩니다. 이번에는 다음과 같이 요청해 보았습니다. 그랬더니 제가 궁금한 부분을 찰떡같이 알아듣고 쉽게 설명해 주네요.

이 페이지에서 설명하는 창의적인 솔루션이 뭘 뜻하는지 쉽게 설명해 줘.

유튜브 영상 요약하기

코파일럿을 이용하면 긴 유튜브 영상을 요약해서 핵심만 빨리 파악할 수 있 습니다.

1. 2005년 스티브 잡스가 스탠포드대학 졸업식에서 한 15분짜리 연설 유튜 브 영상을 열고, '코파일럿' 아이콘을 눌러 사이드바를 엽니다.

2. 사이드바에서 "이 영상의 하이라이트를 생성해 줘"라고 입력합니다. 간 단한 질문만으로도 충분합니다.

3. 코파일럿이 스티브 잡스의 2005년 스탠포드대학 졸업식 연설 내용을 세 가지의 주요 하이라이트로 설명해 줍니다. 각각은 소제목 형태의 핵심 키워드를 달아서 빠르게 내용을 파악할 수 있게 해주었네요.

그림 생성하기

코파일럿에는 GPT-4와 달리(DALL-E)-3가 탑재되어 있습니다. 그래서 글을 쓰다가 그림이 필요하면, 별도의 앱을 실행하지 않고도 마이크로소프트 엣지에서 바로 그려 달라고 하면 됩니다.

1. 코파일럿에게 인어를 그려 달라고 해보죠. 예전에는 특정 대화 스타일을 선택해야 했지만, 이제는 그냥 '그려줘'라고만 하면 알아서 그림을 그려 줍니다.

> 바다 위를 헤엄치는 큰 고래의 등에 앉은 인어를 그려줘.

2. 오~, 코파일럿이 다음과 같이 금방 그림을 생성해 줍니다. 기본적으로 1024×1024 해상도의 1:1 비율 그림을 생성해 줍니다.

SF소설 쓰기

생성형 AI로 소설을 써보죠. 여기서는 코파일럿에서 쓰지만, 챗GPT, 클로드 등도 가능합니다. 특히 클로드는 글을 잘 씁니다.

1. 새로운 대화를 하기 위해 코파일럿의 프롬프트 입력란의 왼쪽에 있는 시계 모양의 '기록 보기' 단추를 누른 후 하단 오른쪽의 '새로운 채팅 시작' 아이콘을 눌러줍니다. 새로운 주제로 이야기하기 전에는 항상 새로운 채팅을 만들어서 시작하는 습관을 들이세요.

2. 우선 SF소설의 소재에 대한 아이디어를 요청해 보죠.

> 너는 20년 이상 베스트셀러들을 쓴, 전 세계 최고의 SF소설 작가야. 네가 새 SF 소설을 쓴다면, 어떤 내용으로 쓸지 예를 3가지만 알려줘.

3. SF 소설 내용에 대한 아이디어 3가지를 알려줍니다(아래 3번 화면).

4. 시간 여행과 역사 수정에 관련된 첫 번째 주제에 대해 자세히 알려달라고 해 보죠.

1번에 대해 자세히 알려줘.

---

5. 시간여행과 역사 수정에 관련된 내용을 자세히 얘기해 줍니다(5번 화면). 답변 가장 아래에 있는 노트 모양의 아이콘은 '메시지 복사' 아이콘입니다. 코파일럿의 답변을 복사할 수 있는 기능이죠. 이 단추를 선택한 다음 메모장이나 워드 등에서 '붙여넣기'를 해서 해당 내용을 저장할 수 있겠죠?

6. 이제 실제 소설을 써달라고 해보죠. "위의 내용으로 소설을 써 줘."

7. 코파일럿이 "미래의 지구는 과거와 현재, 그리고 미래가 얽히고설킨 복잡한 시간의 그물망 속에 존재했다"라면서 소설의 앞부분을 쓰기 시작합니다. 만약 소설을 쓰다가 끊어질 경우 "계속 써줘"라고 하면 이어서 씁니다. 이렇게 대화를 계속 이어서 하며 짧은 소설을 만들 수 있습니다.

3번 화면

5번 화면

7번 화면

윈도우 작업표시줄의 코파일럿 아이콘

윈도우11 이후 버전을 사용한다면, 바탕화면 아래쪽 작업표시줄에서 '코
파일럿' 아이콘을 누르면, 코파일럿 프롬프트 입력란이 나타납니다. 여기
에 질문을 할 수 있고, 이미지를 그려달라고 요청해도 됩니다.

앞쪽의 〈+〉 단추를 눌러 이미지 파일을 업로드한 뒤 관련 질문을 해도 됩
니다. 질문을 올리고 〈Think Deeper〉 단추를 누르면 더 깊이 있는 분석이
나 정보를 제공합니다.

〈새로운 채팅 시작〉이나 〈뉴챗〉을 누르는 습관을 들이자

AI에서 예를 들어 '애플 인텔리전스'에 대해 계속 물어보다가 생뚱맞게
"나 소설 쓰고 싶어. 소설 제목 10개 뽑아줘"라고 하면, AI가 맥락이 흩어
져서 답변을 이상하게 할 때가 있습니다.

　새로운 주제의 대화를 하려면 128쪽 1번처럼 〈새로운 채팅 시작〉을
클릭해서 새 대화를 시작하는 것이 좋습니다. 이것이 AI 언어모델을 잘
쓰는 사람과 못 쓰는 사람의 큰 차이 중 하나입니다.

　마찬가지로 챗GPT나 제미나이를 쓸 때도 새로운 주제에 대해 대화할
때는 〈뉴챗〉을 눌러주는 습관을 들이는 것이 좋습니다.

답변 출력 시 영어와 한글이 섞여 나오면

한글로 프롬프트를 썼는데, 간혹 코파일럿이 응답에서 영어와 한글을 섞어 쓰는 경우가 있습니다.

1. 마이크로소프트 엣지 브라우저를 껐다가 다시 켜주세요.
2. 옆에 다른 코파일럿 화면이 떠 있다면 닫으세요.
3. 옆에 영어 화면이 떠 있다면 닫고, 네이버 등 한국어 사이트를 열어놓으세요.
4. 그래도 안 된다면 입력창에서 "한국어로 다시 써줘"라고 요청하면 됩니다.

새로운 AI 시대의 문을 연 제미나이 2.0

제미나이(Gemini)는 구글이 자체 개발한 언어모델을 기반으로 하며, 구글 검색엔진과 연동되어 검색결과를 잘 만들어 주는 것이 특징입니다. 2023년에 처음 공개되었고, 2024년 7월에는 제미나이 1.5 플래시와 제미나이 1.5 프로를 공식 출시했으며, 같은 해 12월 차세대 AI 모델 제미나이 2.0을 발표했습니다. 제미나이 유료 플랜은 월 29,000원입니다.

더 확장된 컨텍스트 윈도우

제미나이 1.5 프로의 경우 최대 200만 토큰 길이의 컨텍스트(텍스트 최대 길이) 윈도우가 특징이었는데, 영어 책으로 치면 약 1,500페이지 분량입니다. 제미나이 2.0의 경우 공식 정보는 공개되지 않았으나, 이와 비슷하거나 더 향상된 컨텍스트 윈도우를 제공하는 것으로 알려져 있습니다.

향상된 멀티모달 처리 능력

텍스트·이미지·음성·영상 등 다양한 형태의 데이터를 동시에 이해하고 연결해 해석하는 능력이 뛰어납니다. 또한 대화 중 이미지 생성과 음성 응답도 가능합니다.

최신 정보 접근 및 실시간 데이터 반영

검색시장의 최강자였던 구글의 AI답게 실시간으로 웹에서 최신 정보를 검색하여 응답에 반영합니다. 시시각각 변하는 트렌드나 데이터를 기반으로 한 뉴스나 금융 같은 주제의 답변에 강점을 보입니다.

강화된 데이터 처리 속도

구글 자체 개발 칩셋인 TPU(AI 연산 전용 프로세스) 트릴리움을 기반으로 구축되어 데이터 처리속도가 더 빠르고 정확합니다. 이전 세대 대비 칩당 컴퓨팅 성능이 4.7배 향상되었으며, 에너지 효율성도 67% 개선되었다고 합니다.

차세대 AI 에이전트 모델

주변 상황 이해, 여러 단계 앞을 미리 내다볼 수 있는 기능, 사용자를 대신해 작업을 수행할 수 있는 AI 에이전트 모델로 주목받고 있습니다.

제미나이 2.0 플래시, 제미나이 2.0 플래시 씽킹

제미나이 2.0 플래시는 짧은 지연 시간과 최적화된 성능을 제공하는 모델로 빠른 처리 속도가 중요한 작업에 적합합니다. 제미나이 2.0 플래시 씽킹은 복잡한 추론 작업과 문제해결을 위해 설계된 모델입니다.

실생활에서 혁신적인 활용, 프로젝트 아스트라

주변 인식 AI 프로젝트인 프로젝트 아스트라는 사용자와 상호작용 하는 AI 비서입니다. 다국어와 혼합 언어를 지원하며, 구글 검색(필요한 정보 빠르게 검색), 구글 렌즈(사진과 텍스트 분석), 구글 지도(위치 기반 서비스) 기능을 제공하며, 대화 중 10분 동안의 대화를 기억하여 사용자에게 더욱 자연스럽고 연속적인 경험을 제공합니다.

웹 상호작용의 새로운 패러다임, 프로젝트 마리너

기존 챗봇과 달리 직접 웹사이트를 검색하고 사용자가 원하는 정보를 추출하며, 반복적 작업을 효율적으로 처리합니다. 예로 웹사이트에서 정보를 수집하거나 양식을 작성하는 등의 작업을 자동화할 수 있습니다.

개발자를 위한 AI 코딩 어시스턴트, 줄스

코드 오류를 자동으로 수정하고, 복잡한 코드베이스를 분석하여 풀 리퀘스트를 생성하는 등의 기능을 제공합니다. 깃허브 워크플로와 통합되어 개발자의 생산성을 높이며, 제미나이 2.0을 기반으로 개발되었습니다.

다양한 적용 사례

· **웹 탐색과 보고서 작성**: 인터넷에서 정보를 수집하고 구조화된 보고서를 작성하는 데 능숙합니다. 복잡한 주제에 대한 심층 분석과 간결한 요약본을

제공하며, 결과에는 원본 출처 링크도 포함됩니다.

· **게임 지원:** 제미나이 2.0은 비디오 게임 속 규칙과 전략을 이해해 사용자와 실시간 대화를 통해 다음 행동을 제안하기도 합니다.

· **네이티브 도구 활용:** 구글 검색, 코드 실행 같은 도구를 실시간으로 호출하며, 다양한 작업에서 빠르고 효율적인 결과를 제공합니다.

구글의 반격 가능성

챗GPT-3.5가 공개되면서 구글은 AI 대중화 경쟁에서 다소 뒤처지는 모습을 보였지만, 구글이 가진 저력은 주목할 만합니다. 검색과 G메일, 유튜브, 구글 맵, 크롬(브라우저), 안드로이드 운영체제, 구글 플레이 스토어, 구글 포토 등의 핵심 서비스부터 구글 워크스페이스, 구글 미트 등의 협업 도구까지, 구글은 강력한 서비스 생태계를 구축해 왔습니다.

고무적인 것은 딥마인드의 존재입니다. 2024년 딥마인드의 CEO 데미스 허사비스와 수석 연구원 존 점퍼는 워싱턴대학 데이비드 베이커 교수와 함께 노벨 화학상을 공동 수상했죠. 최근 공개된 제미나이의 뛰어난 멀티모달 처리 능력은 딥마인드의 시각정보 모델과의 결합으로 이루어낸 성과입니다. 이는 구글이 보유한 다양한 기술력과 자원이 시너지를 낼 수 있다는 가능성을 보여줍니다.

이러한 맥락에서 볼 때, 구글이 어떻게 자사의 광범위한 서비스 생태계와 기술력, 축적된 데이터를 AI 경쟁력으로 승화시킬지 흥미진진합니다.

구글 제미나이와 함께하기

제미나이는 구글 검색과 연동되어 있어 풍부한 구글의 검색결과를 문장으로 만들어 줍니다. 최근 대규모 업데이트 후, 구글의 검색엔진을 활용하여 더블 체크하는 기능이 추가되는 등 더욱 진화하는 모습을 보여주고 있습니다.

출처 및 답변 재확인 기능

1. 구글 크롬에서 제미나이 사이트(gemini.google.com)에 접속한 후 다음과 같이 물어볼게요.

> 애플 인텔리전스에 대해 알고 있니?

2. 제미나이가 다음과 같이 답변을 합니다. 응답을 수정하려면 답변 아래의 필터링 모양 아이콘인 '대답 수정'을 클릭하세요. 응답 스타일을 '짧게, 길게, 간결하게, 캐주얼하게, 전문적으로' 등으로 다시 생성합니다.

3. 답변이 맞는지 출처를 확인하고 싶
다면, 하단의 '구글' 아이콘을 누르
면 됩니다.

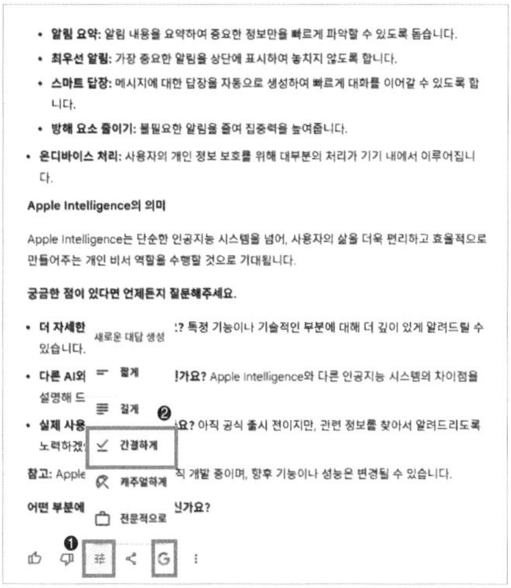

4. 제미나이의 '대답 재확인'이라는 기
능이 실행됩니다. 답변의 출처를
말할 수 있는 영역에는 하이라이트
가 되고, 이를 클릭하면 대답과 유
사한 콘텐츠를 찾은 뒤 확인할 수
있습니다.

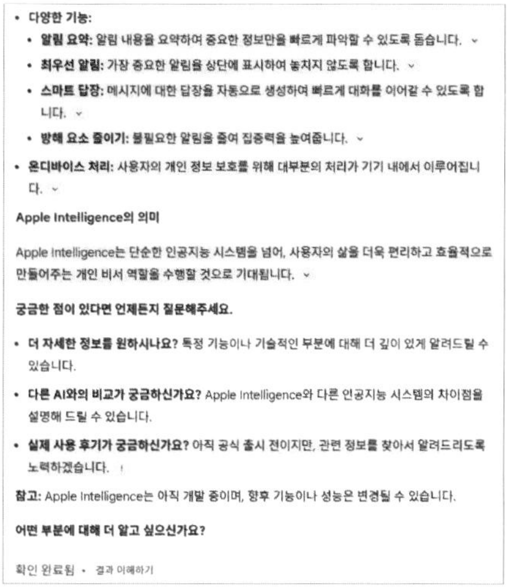

5. 제미나이의 응답을 공유하거나 문서로 내보내거나 이메일로 보낼 수 있
습니다. '공유 및 내보내기' 아이콘을 누른 후 '공유'를 클릭하세요. 그다
음 열린 대화상자에서 〈공개 링크 만들기〉 단추를 누르면, 공유할 공개
페이지의 URL이 생성됩니다. 이 URL을 복사해서 공유하면 됩니다.

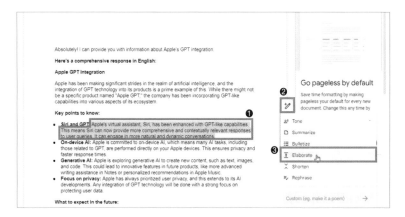

- • **실제 사용 후기가 궁금하신가요?** 아직 공식 출시 전이지만, 관련 정보를 찾아서 알려드리도록 노력하겠습니다.

  참고: Apple Intel... ⤷ 공유 ❷ ...며, 향후 기능이나 성능은 변경될 수 있습니다.

  어떤 부분에 대해 [...] 📄 Docs로 내보내기

  확인 완료됨 · 결... Ⓜ Gmail 초안 작성

  👍 👎 字 ❶ ⋖ Ⓖ ⋮

제미나이로 문장 쉽게 늘리기

문장 늘리기 기능을 사용하려면 먼저 구글 워크스페이스 실험실에 등록해야 합니다(141쪽 참조).

1. 제미나이에서 〈새 채팅〉을 눌러 글을 하나 쓴 다음, '공유 및 내보내기' 아이콘을 누른 후 'Docs로 내보내기'를 클릭합니다.

2. 구글 문서(Docs)에 해당 문서가 열립니다. 내용을 늘리고 싶은 부분을 마우스로 드래그한 다음, 연필 모양의 'Help me write' 아이콘을 누른 후 'Elaborate(확장)'를 클릭합니다. 더 자세히 상술해 달라는 뜻이죠.

3. 순식간에 3줄을 17줄로 늘려 써줍니다. 〈Replace(대체)〉를 클릭하면 문서에서 드래그한 곳에 대체되고, 〈Insert(삽입)〉를 누르면 추가됩니다.

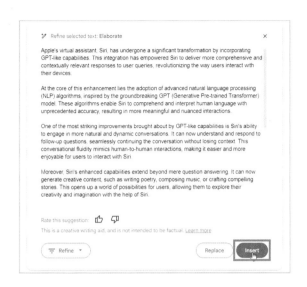

이처럼 제미나이에서 질문과 응답을 통해 글을 만든 후, 구글 문서로 가져와서 자연스럽게 글 양을 늘릴 수 있습니다.

G메일의 영어 자동 글쓰기

G메일에도 '영어 자동 글쓰기' 기능이 있습니다. 이 기능도 구글 워크스페이스 실험실에 등록한 사용자만 사용할 수 있습니다(141쪽 참조).

1. G메일을 여세요. 편지 쓰기 창의 아래에서 연필 모양의 'Help me Write' 아이콘을 누르세요.

2. 메시지 창에 누구에게 어떤 내용의 이메일을 써달라고만 하면 됩니다. 회사 사장님에게 월급을 올려달라는 영어 이메일을 써달라고 해볼까요? 입력창에 영어로 입력한 뒤(제미나이에서 한글로 쓴 뒤에 영어로 번역) 〈Create〉 단추를 누릅니다.

3. G메일이 영문 이메일을 알아서 죽 써줍니다. 신기하죠? G메일에 생성형 AI가 탑재되어 있기 때문입니다.

4. 맘에 안 들면 〈Recreate〉를 누르면 다시 써 줍니다. 〈Refine〉을 누르면 메일 형식을 바꾸거나 더 짧게, 혹은 더 길게 써 줍니다. 여기서는 〈Insert〉를 눌러 메일 내용을 승인하겠습니다.

5. 이제 이메일 주소와 제목을 넣고, 메일 첫 행의 대표 이름, 본문 속의 근무 연수, 성과, 연봉 인상률 등과 마지막 행의 내 이름을 수정하고 〈Send〉를 누르면 됩니다.

이처럼 제미나이와 다양한 구글의 기능들이 합쳐졌으므로 AI 생활이 더욱 풍성해질 것입니다.

TIP

구글 워크스페이스 실험실(Workspace Labs)을 사용하려면

1. 구글 사이트의 오른쪽 상단에 있는 본인
   계정 아이콘을 클릭한 뒤 〈Google 계정관
   리〉를 클릭합니다.

2. 다음 화면의 왼쪽 메뉴에서 '개인정보'를 누릅니다.
3. 화면 아래쪽의 '일반 웹 환경설정' 항목에서 '언어→선호 언어'를 클릭하
   세요. 선호 언어가 한국어로 되어 있죠? '연필' 아이콘을 누릅니다.
4. 언어 추가 대화상자에서 'English→United States'를 선택하세요. 단, 이
   렇게 영어로 바꾸면 모든 메뉴가 영어로 나오는데, 불편할 때는 다시
   한국어로 변경하면 됩니다(단, 실험실 기능은 영어 메뉴일 때만 보입니다).
5. 이제 구글 워크스페이스(workspace.google.com)에 접속합니다.
6. 'Unlock new ways of working with Gemini for Workspace'의 〈Learn
   more〉를 클릭한 뒤 다음 페이지에서 〈Get Started〉를 눌러줍니다.

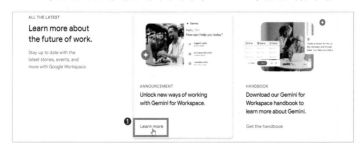

7. 유료회원 신청 페이지가 보이는데, 하단에 있는 'Want to experience
   Gemini with your personal Google account?' 뒤의 〈Get Started〉를
   누릅니다. 다음 화면을 보면 첫 14일은 무료로 쓸 수 있다는 메시지가
   있습니다.

구글 문서에서 AI 기능 바로 활용하기

구글 워크스페이스 실험실에 등록했나요? 그러면 이제 구글 문서나 G메일, 구글 포토 등에 탑재된 AI 기능을 사용해 볼 수 있습니다.

여기서는 구글 문서에 자동 글쓰기, 회의록 작성 등의 기능을 알아보죠.

1. 구글 사이트의 오른쪽 상단에 있는 '구글 앱' 아이콘을 클릭해 'Drive'를 선택합니다.

2. 구글 드라이브가 열리면 'NEW→Google Docs'를 선택하세요.

3. 구글 문서가 열립니다. 자동 글쓰기 기능을 이용해 보죠. 'Help me write' 아이콘을 클릭하면 자동으로 글을 쓰는 데 도움을 줍니다.

'Meeting notes'는 회의록 작성을 도와주는 기능, 'Email draft'는 이메일 초안을 작성해 주는 기능입니다.

글쓰기 정말 잘합니다, 클로드

클로드는 오픈AI의 공동 창업자들 중 일부가 나와서 앤트로픽이라는 회사를 만들어 출시한 언어모델입니다. 현재로서는 챗GPT보다 자연스러운 말투로 내용을 잘 작성합니다. 보고서 초안을 만들거나 기존 보고서의 내용을 구조화하는 데 실제로 도움이 됩니다.

일관성 유지, 긴 글에 장점

클로드는 특히 글쓰기 능력이 뛰어나며, 10MB까지의 파일, 영어 텍스트 기준 300페이지 분량까지 입력창에 업로드할 수 있습니다. 이렇게 업로드한 자료를 기반으로 글을 쓰라고 하면 아주 잘 씁니다. 특히 일관성을 유지하며 긴 글을 쓰는 데 강점이 있습니다. 한국어도 매우 자연스럽게 구사합니다. 다만, 실시간 인터넷 검색이 안 됩니다. 하지만 데이터베이스가 자주 업데이트되고 있기 때문에, 사용해 본 결과 한두 달 전 정보까지는 꽤 잘 알고 있습니다.

클로드는 멀티모달이 안 되는데, 이미지 생성 같은 기능보다 안전하고 풍부한 언어를 쓰는 데 초점을 맞추었기 때문이라고 합니다. 유료 버전의 경우 이미지 인식 및 분석은 가능합니다.

무료 버전으로도 기본적인 기능을 다 쓸 수 있지만, 유료 플랜(클로드 프로 월 20달러, 클로드 팀 월 25달러)으로 가입하면 더 많은 리소스가 제공되고, 새로운 기능을 먼저 써볼 수 있는 등의 혜택이 있습니다.

클로드 vs 챗GPT 카피 비교

클로드와 챗GPT에게 카피를 뽑아달라고 했습니다.

> '조직문화 프로세스 개선'에 대해 '평범한 카피라이팅 말고 독특하고 재미있고 힙한 문구'를 만들어 줘.

챗GPT는 뻔하고 심심한 결과가 나왔지만, 클로드의 결과물은 꽤 놀라웠습니다.

1. "문화의 DNA를 해킹하라: 당신의 조직을 업그레이드할 시간"
2. "9to5 문화는 가라, 우리는 24/7 쿨함을 추구한다"
3. "회식 대신 밈 배틀, 보고서 대신 팟캐스트: 힙한 조직의 비밀"
4. "넥타이를 풀고 창의력을 조이자: 조직 문화의 대변신"
5. "월급쟁이에서 문화 크리에이터로: 당신의 사무실이 곧 캔버스다"
6. "회의실은 옛날 말, 이제 아이디어는 메타버스에서 꽃핀다"
7. "복사기 소리 대신 비트가 울려 퍼지는 오피스: 문화의 리믹스"
8. "스티브 잡스도 놀랄 조직 문화의 혁명: 당신의 회사를 스타트업처럼"
9. "KPI는 가고 FUN이 온다: 즐거움이 생산성의 새 이름"

클로드

> "조직문화, 이제는 업그레이드할 시간!
> '이제 우리도 매일 출근할 때 텐션 업!'을 외치게 될 거야. 지루한 업무 프로세스? 그건 옛날 얘기.
> 우리가 만든 조직문화는 소통과 협업이 넘쳐나는 힙한 에너지의 허브.
> 구성원이 스스로 '여기 나의 플레이그라운드'를 외치게 만들어 줄 거야!
> 진짜 조직문화를 혁신하고 싶다면? 재미있게, 창의적으로, 그리고 트렌디하게!
> 우리만의 조직문화, 상상 그 이상의 바이브로 재구성하자. 이제 모두가 리듬에 맞춰 함께 춤추는 조직을 만들 차례!"
>
> 어때요? 조금 독특하고 힙하게 변화를 주는 느낌이 들지 않나요? 😆

챗GPT

클로드는 각종 커뮤니티의 말투를 아주 잘 구사합니다. 디○○○○드 말투로 바꿔 달라고 하면 "멘탈과 문화 깡○ ○○○나" 식으로 바꿔 주더라고요. 더 놀라운 건 "지겹다. ○ 같은." 식으로 마침표를 찍더라고요. 필터에 걸리지 않게 하려는 것입니다. 북한 말투로 써달라고 해도 잘합니다. 강의에서 북한 말투로 인사하라고 하고 응답을 보면 다들 폭소를 터뜨리죠.

클로드 vs 챗GPT 보고서 작성 스타일 비교

1. 클로드(claude.ai)에 접속하면 다음과 같은 화면이 열립니다. 챗GPT 등과 비교적 흡사하죠? 여기서는 유료 버전인 클로드 3.5 소네트로 해볼게요.

2. 클로드에게 ○○기업에 대한 정보를 물어보겠습니다. 보고서를 쓸 때는 그 언어모델이 어떤 사안에 대해 얼마만큼 알고 있는지를 보기 위해, 먼저 이 같은 질문을 던져보는 것이 좋습니다.

> ○○이라는 기업에 대해 알고 있니?

TIP 중요! 먼저 정보부터 찾아본 이유
아무 정보 없이 AI에게 기획서나 보고서 초안 등을 써달라고 하면, 우리가 원하는 방향으로 쓰지 않을 수 있습니다. 그래서 먼저 정보를 찾는 작업을 통해 우리가 원하는 방향으로 내용을 좁혀주고, 그 다음에 작업을 요청하는 것이 효율적입니다.

3. 클로드가 다음과 같이 대답해 주네요. 클로드는 실시간 인터넷 검색 기능이 없기 때문에 ○○기업에 대한 최신 정보를 가져오지는 못하지만(자주 써본 결과 한두 달 전 정보는 학습되어 있기에 웬만한 정보는 반영), 답변이 더 자연스럽고 사용자의 요청 의도에 맞게 다듬어진 느낌입니다.

아주 최신 정보가 필요하다면 챗GPT를 사용하고, 그렇지 않다면 클로드를 사용하면 보고서를 더 매끄럽게 만들 수 있습니다. 저는 대체로 클로드를 사용하는 편입니다.

클로드의 열린 응답

챗GPT의 닫힌 응답. 맥락에 따라선 열린 응답도 하나, 대체로 닫힌 응답의 비율이 꽤 높음.

4. 이번에는 ○○기업에서 지속가능한 발전을 위한 ESG(환경·사회·지배구조) 경영시대에 새롭게 연구해야 될 주제가 무엇인지 물어볼게요.

○○기업에서 ESG 시대에 새롭게 연구해야 될 주제는 어떤 것들이 있을까?

5. 챗GPT는 환경, 사회, 지배구조의 3가지 측면에서 정리를 했고, 클로드
는 3가지 주제 외에 통합적 ESG까지 따로 정리해 주었습니다. 바로 복
사해서 조금만 수정해도 될 만하게 써주었네요.

클로드 vs 챗GPT 논문 요약 비교

1. 이번에는 클로드가 추천한 주제 중에서 '탄소 중립 농장'을 선택하고 필
요한 자료나 논문을 추천해 달라고 했습니다.

> 위 연구주제 중에 '탄소 중립 농장'을 연구하기 위해 필요한 자료나 논문을 추천해
> 줄래?

2. 클로드는 관련 자료나 논문 제목을 알려주지만 링크를 주지는 않습니다.
반면 실시간 검색 기능이 있는 챗GPT-4o는 추천 논문의 링크를 제공
하며, 각 논문 소개 말미의 괄호 안 링크를 클릭하면 해당 논문의 상세정
보를 볼 수 있습니다.

3. 이번에는 논문 요약을 시키고 비교해 보겠습니다. 여러분은 평소 관심

있는 다른 보고서를 업로드해도 됩니다. 보고서 파일을 2~3개 같이 올려

도 괜찮습니다.

> [영어 논문 파일 업로드]
> 위 논문 내용을 1페이지, 한글로 요약해 줘.

4. 흥미롭게도, 챗GPT와 클로드는 요약 스타일이 좀 다릅니다. 챗GPT는

'주요 내용'으로 뭉뚱그린 느낌인데, 클로드는 한 번 더 해석해서 좀더 세

분화해서 정리를 해준다는 느낌이 듭니다.

이 논문은 탄소 농업(carbon farming)을 위한 작물 설계에 대해 논의하고 있습니다. 주요 내용은 다음과 같습니다.

1. 목표: 대기 중 CO_2를 제거하여 토양 유기 탄소로 전환하고 저장하는 것. 이는 토양 건강 증진과 기후 변화 완화에 기여함.
2. 접근 방식:
   - 뿌리 시스템 개선: 더 큰 뿌리 생물량과 깊은 뿌리 구조 개발
   - 광합성 효율 향상: 바이오매스 생산 증가
   - 맞춤형 토양 미생물 군집 설계: 뿌리권 싱크 강도 증가 및 식물 생장 촉진
3. 주요 전략:
   - 뿌리 분비물 조절을 통한 토양 유기 탄소 증가
   - 뿌리-미생물 상호작용 최적화
   - 광합성 산물의 지하부 할당 증가
   - 작물 수확량 손실/증가를 위한 광합성 개선
4. 도전 과제:
   - 토양 탄소 저장과 작물 생산성 균형 유지
   - 복잡한 식물-미생물-토양 시스템 이해 및 모델링
5. 향후 연구 방향:
   - 탄소 흐름에 대한 종합적 이해 필요
   - 유전자 공학 및 편집 기술 활용
   - 다양한 환경 조건에서의 작물 반응 연구
결론적으로, 이 논문은 탄소 농업을 위한 작물 개발이 기후 변화 대응과 지속 가능한 농업에 중요한 역할을 할 수 있음을 강조하고 있습니다.

논문 ***"Crops for Carbon Farming"***의 주요 내용을 요약해 드리겠습니다.

이 논문은 농업 생태계가 대기 중 이산화탄소(CO_2)를 흡수하고 토양에 저장할 수 있는 큰 잠재력을 가지고 있다는 점을 강조합니다. 특히 연간 작물 시스템에서 토양 탄소 격리를 통해 온실가스 배출을 줄이고, 동시에 농업 생산성을 유지하거나 증대할 수 있는 방법을 제시합니다.

주요 내용:

1. 토양 유기 탄소(SOC)의 역할: SOC는 농업 생산성을 증가시키고 대기 중 CO2를 격리하여 기후 변화 완화에 중요한 역할을 합니다. 토양에 저장된 탄소는 수십 년에서 수천 년 동안 유지될 수 있으며, 이는 대기 중 온난화를 억제하는 데 도움이 됩니다.
2. 탄소 농업을 위한 작물 설계: 작물의 뿌리를 더 깊고 강하게 개발하여 더 많은 탄소를 토양에 저장하도록 설계할 수 있습니다. 이는 광합성 효율성을 높이고, 토양 건강을 개선하며, 농업 생산성을 유지하는 방법으로 제안됩니다.
3. 작물-미생물-토양 시스템 통합: 이 논문은 작물과 미생물 간의 상호작용을 통해 뿌리 주변의 탄소 흐름을 증가시키는 방안을 제안합니다. 이를 통해 더 많은 탄소가 토양에 저장되며, 식물의 생장을 촉진하는 미생물을 활용할 수 있습니다.
4. 토양 탄소 저장 개선 방안: 토양 내에서 탄소를 잘 저장하기 위해 뿌리의 구조적 특성을 강화하고, 뿌리 배양물과 관련된 미생물 활동을 최적화하는 것이 중요합니다.

연구 방향:

- 새로운 작물 품종을 개발하여 더 많은 탄소를 토양에 저장하고, 이를 통해 대기 중 CO2 농도를 줄이는 방법을 연구할 필요가 있습니다.
- 또한, 농업에서 지속 가능한 탄소 관리 방안을 통해 기후 변화에 대응할 수 있는 모델을 제시하고 있습니다.

이 논문은 농업에서 탄소 격리를 최대화할 수 있는 여러 가지 방법과 그에 따른 기대 효과를 설명하며, 이는 탄소 중립 농장을 연구할 때 매우 중요한 참고 자료가 될 것입니다.(tpds-12-636709).

클로드 vs 챗GPT 쉬운 설명 비교

1. 요약 내용이 어렵다면 쉽게 풀어 써달라고 하면 됩니다. 경험상 '중학생'이란 말이 꽤 유용합니다.

> 위 내용을 중학생도 이해할 수 있을 수준으로 다시 써줘.

2. 둘 다 글이 쉬워진 것을 확인할 수 있습니다. 하지만 서술 방식에서 클로드의 설명이 더 이해하기 쉽습니다.

네, 중학생 수준으로 다시 설명해 드리겠습니다:

탄소 농업이란 무엇일까요?

탄소 농업은 공기 중의 이산화탄소를 땅속에 저장하는 특별한 농사 방법이에요. 이렇게 하면 두 가지 좋은 점이 있습니다:
1. 땅이 더 건강해져요.
2. 지구 온난화를 줄일 수 있어요.

어떻게 하면 될까요?
1. 식물의 뿌리를 더 크고 길게 만들어요.
2. 식물이 햇빛을 더 잘 이용하게 해요.
3. 땅속 미생물들이 식물을 잘 도와주게 해요.

이렇게 하면 어떤 점이 좋아질까요?
1. 식물이 더 많은 이산화탄소를 땅속에 넣을 수 있어요.
2. 땅이 더 비옥해져서 작물이 잘 자라요.
3. 공기 중의 나쁜 가스를 줄일 수 있어요.

하지만 어려운 점도 있어요.
1. 땅에 탄소를 많이 저장하면서도 작물을 많이 기르는 게 쉽지 않아요.
2. 식물과 땅속 미생물들이 어떻게 서로 돕는지 완전히 이해하기 어려워요.

과학자들은 이런 문제들을 해결하기 위해 열심히 연구하고 있어요. 앞으로 더 좋은 방법을 찾아내서 건강한 땅에서 맛있는 작물도 많이 기르고, 지구도 지킬 수 있길 바라고 있답니다.

논문 ***"탄소 농업을 위한 작물"***의 주요 내용을 중학생도 이해할 수 있도록 쉽게 설명하겠습니다.

이 연구는 탄소 농업에 대해 다루고 있는데, 여기서 탄소 농업이란 농업 활동을 통해 대기 중의 이산화탄소(CO_2)를 땅속에 저장하고, 동시에 농작물의 생산성을 높이는 방법을 말해요.

주요 내용:

1. 토양에 탄소 저장하기: 식물은 대기 중의 이산화탄소를 흡수해 성장하면서 일부 탄소를 뿌리나 토양에 남겨요. 이 탄소는 땅속에 오랫동안 머물며 지구 온난화를 줄이는 데 도움이 돼요.
2. 더 길고 강한 뿌리 만들기: 연구자들은 뿌리가 더 깊이 뻗고 강하게 자라도록 작물을 설계하고 있어요. 이렇게 하면 더 많은 탄소가 토양에 저장되고, 작물도 더 건강하게 자랄 수 있어요.
3. 미생물과의 협력: 토양 속 뿌리 주변에는 미생물이 살고 있는데, 이 미생물들은 식물이 더 많은 탄소를 땅속에 저장하도록 도와줘요. 동시에 미생물은 식물에 영양분을 제공해 식물이 더 잘 자라게 도와요.
4. 탄소 저장 기술 개발: 이 연구는 새로운 기술을 통해 농업 활동이 지구 온난화에 미치는 영향을 줄일 수 있다고 보고 있어요. 예를 들어, 작물의 뿌리가 더 많은 탄소를 땅에 남기도록 만드는 기술을 개발 중이에요.

결론:

이 논문은 식물과 미생물이 함께 대기 중의 이산화탄소를 흡수해, 토양에 더 많이 저장할 수 있는 방법을 연구하고 있어요. 이렇게 하면 농업이 환경에 미치는 나쁜 영향을 줄이고, 동시에 식물도 더 잘 자랄 수 있게 됩니다.

이 내용은 탄소 중립 농장을 만들기 위한 중요한 연구로 앞으로 기후 변화를 막는 데 큰 도움이 될 거예요.(tpds-12-636709).

클로드 vs 챗GPT 전문가 응답 비교

1. 만약 실제 업무에서 쓰는 보고서에서 좀더 전문적인 용어가 나왔으면 한다면, AI에게 전문가 역할을 주고, 전문가 관점에서 장단점, 개선할 점, 추가 연구 아이디어에 대해 알려달라고 하면 됩니다. 흥미롭게도, 어떤 분야의 전문가를 잘 모를 경우, 그냥 관련 파일을 업로드하고, "너는 '이 파일의 전문가'다"라고 해도 응답을 잘해 줍니다.

> 지금부터 너는 위 논문 분야의 전문가야. 위 논문 분야의 전문가로서 논문이 잘 작성된 점과 아쉬운 부분, 개선해야 될 점을 전문가의 언어로 설명해 줘. 또 이 논문에 이어서 추가적으로 연구할 아이디어가 있으면 제안해 줘.

2. 오~, 클로드가 탄소 중립 농장을 위한 작물 설계에 대해 아까와는 다르게 전문적인 평가를 써주네요. 챗GPT도 잘 써주었지만, 클로드가 더 세분화된 고민을 한 느낌을 줍니다.

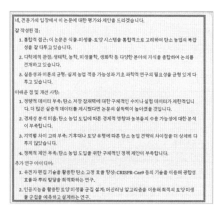

챗GPT는 상당히 구조적이고 보고서의 분류 레벨로 쓸 만한 내용을 잘 생성합니다. 반면 클로드는 일반적인 서술형 보고서의 형태로 내용을 잘 풀어냅니다.

더 똑똑해진 AI, 클로드 3.5 하이쿠

2024년 10월, 앤트로픽은 더욱 강력해진 최신 AI 모델 클로드 3.5 하이쿠
를 공개했습니다. 업무 효율과 협업을 크게 향상시킬 수 있는 도구로, 기
존 모델에 비해 더 긴 텍스트를 처리하고 다양한 프로젝트 환경에 적응할
수 있습니다.

프로젝트를 위한 클로드 3.5 '프로젝트' 기능
프로젝트별로 대화와 데이터를 정리하고 관리할 수 있는 기능을 제공합니
다. 각 프로젝트에 필요한 지식을 데이터베이스화하여 지속적으로 발전시
킬 수 있으며, 이를 통해 반복 작업을 줄이고 시간을 절약할 수 있습니다.
특히 팀 협업에 효과적이며, 기존의 작업 흐름과 자연스럽게 통합됩니다.

콜드 스타트 피하는 맞춤형 지침
각 프로젝트에 맞춘 개인화된 프롬프트를 설정할 수 있어 작업 초반의 비
효율적인 단계(cold start)를 줄일 수 있습니다. 또한 스타일 가이드나 과거
작업 데이터를 참고해 더욱 정확하고 일관된 결과를 제공합니다. 생성된
문서나 코드, 다이어그램을 실시간으로 수정하고 편집할 수 있어 유연한
작업 진행이 가능합니다.

팀과 함께하는 AI
팀원들과 프로젝트를 공유해 같은 데이터를 기반으로 작업할 수 있으며,
대화 내용을 스냅샷으로 공유하거나 팀의 AI 활용 사례를 공유할 수 있는
협동 피드를 제공합니다. 이는 신입사원 온보딩 같은 상황에서도 팀의 효
율을 크게 높여줍니다.

기업환경에 최적화
빠르고 정확한 코드 작성, 대량 데이터 처리, 자동화된 레이블링 작업 등
에 강점을 보이며, 대화형 챗봇으로 다수의 사용자 상호작용을 처리할 수
있습니다. 특히 실시간 애플리케이션과 대규모 데이터 작업에 적합한 설
계로 기업 환경에서 탁월한 성능을 보여줍니다.

한국형 AI 플랫폼 네이버 클로바X

클로바X는 네이버가 언어모델 하이퍼클로바X를 기반으로 개발한 범용 AI로 2023년 8월에 처음 공개되었습니다. 네이버 지식인, 블로그 등 방대한 한국어 데이터를 학습해 한국어를 잘하고, 한국 문화와 역사에 대한 배경지식이 많은 것이 장점입니다.

강화된 멀티모달 기능과 한국어 특화

2024년 8월에 업데이트된 하이퍼클로바X는 멀티모달 기능이 대폭 강화되었습니다. 특히 시각 정보 처리 능력이 좋아진 게 특징인데, 드디어 대형 멀티모달 모델을 향한 걸음을 내디딘 것 같습니다. 이제 클로바X의 대화창에 이미지를 업로드하면 내용을 이해해서 답변을 해줄 수 있게 되었습니다. 사진 속 현상을 묘사하거나 상황을 추론할 수 있고, 표나 그래프를 분석하는 것도 가능합니다.

자연스러운 대화에도 도전

네이버는 기술 블로그를 통해서 생성형 AI 기반 음성 합성 기술도 공개했습니다. '스피치 X(Speech X)'라는 기술인데, 텍스트와 음성 데이터를 결합해서 자연스러운 음성을 생성합니다. 다양한 음성 데이터를 학습했는데, 특히 언어적인 뉘앙스에 감정적 표현을 할 수 있게 한다고 합니다. 다만 아직까지 정확한 서비스 적용 날짜는 정해지지 않았습니다. 앞으로 향상된 이미지 인식 기능과 함께 음성 대화 모델까지 결합하면서 좀더 풍부한 의사소통이 가능한 AI로 나아가려는 것으로 보입니다.

네이버 생태계와의 연계

클로바X는 다양한 네이버 서비스와도 통합되어 AI 검색 네이버 큐:뿐만 아니라 네이버 쇼핑, 네이버 여행 등과 연계된 스킬 기능도 제공합니다. 또한 부가 서비스로는 클로바 노트(회의 녹음 및 요약 기능), 클로바 포 라이팅(Clova for Writing, 글 작성 지원)과 클로바 스튜디오(개발자를 위한 AI 모델 훈련 및 테스트), 음악 추천이나 날씨 정보 제공 등 스마트 스피커를 통한 AI 비서 기능 등도 제공합니다. 앞으로도 네이버는 클로바X의 가능성을 확장하며 한국형 AI 플랫폼으로 성장해갈 것으로 보입니다.

클로바X vs 챗GPT 응답 비교

1. 클로바X 사이트(clova-x.naver.com)에 접속한 뒤 〈시작하기〉를 누릅니다. 로그인을 하세요.
2. 클로바X 화면이 열립니다. 일단 '전문성이 돋보이는 에이전트 대화'로

시작해 보죠. 그리고 아래쪽 프롬프트 입력란에 질문을 넣으면 됩니다.

> 아파트 단지 안에서 운전 중 길을 건너던 사람과 가벼운 접촉사고가 난 경우, 어떤 법을 어겨 처벌을 받게 되는 거지?

3. 클로바X와 챗GPT의 답변을 비교했을 때, 클로바X의 답변이 더 명확한 것을 볼 수 있습니다. 핵심은 아파트 단지 안의 도로를 도로교통법상의 '도로'로 보느냐 안 보느냐의 차이인데, 네이버가 한국 법을 더 잘 알아 상황에 맞는 대답을 내놓은 것이죠.

> 아파트 단지 안에서 운전 중 길을 건너던 사람과 가벼운 접촉사고가 발생한 경우, 해당 사고가 교통사고처리특례법의 적용을 받는다면 운전자는 형사 처벌을 받지 않을 수 있습니다. 아파트 단지 내 도로는 도로교통법상 도로로 분류되지 않으나, 교통사고처리특례법은 도로교통법이 정하는 도로에서의 교통사고가 아니어도 적용된다는 것이 대법원의 입장입니다.
>
> 아파트 단지 안에서 보행자와 접촉사고가 발생한 경우, 운전자는 교통법규와 민법, 형법 등에 따라 처벌을 받을 수 있습니다. 주요 법적 근거는 다음과 같습니다:
>
> 1. **도로교통법 위반**: 아파트 단지 내 도로는 법적으로 '도로'로 인정되는 경우가 많습니다. 이 경우, 보행자를 보호할 의무를 지키지 않았다면 도로교통법 위반이 될 수 있습니다. 보행자 보호 의무는 특히 주거지역, 횡단보도 근처에서 강화됩니다.

4. 이번에는 클로바X와 챗GPT에게 한국사 이야기를 물어보겠습니다.

> 광해군실록에 대해 설명해 줘.

5. 광해군이나 연산군 때의 기록은 '실록'이 아니라 '일기'라고 하는데, 네이버가 이 지점을 정확히 짚어 주었습니다.

> **광해군일기(光海君日記)**는 조선 제15대 왕 광해군(재위 1608~1623)의 재위 기간 동안의 역사를 기록한 책입니다. 총 64권으로 이루어져 있으며, 1624년(인조 2년)에 편찬이 시작되어 1632년(인조 10년)에 완성되었습니다.
>
> > 광해군일기는 실록(實錄)이 아닌 일기(日記)라는 이름이 붙어 있는데, 이는 광해군이 폐위되어 실록의 편찬이 중단되었기 때문입니다. 이후 인조반정으로 인조가 즉위하자, 광해군일기는 수정되어 '광해군수정실록'으로 편찬되었습니다.
>
> **광해군실록**은 조선 시대의 임금 광해군(재위: 1608-1623)의 치세를 기록한 역사서입니다. 이 실록은 광해군의 정책, 업적, 그리고 그의 통치 기간 동안 일어난 중요한 사건들을 담고 있습니다. 광해군실록은 조선왕조실록의 한 부분으로, 광해군이 왕위에 오른 순간부터 그의 폐위와 관련된 사건들까지를 다룹니다.

6. 클로바X와 챗GPT의 입력란에서 '첨부파일' 아이콘을 눌러 바위산 사진을 올린 뒤 똑같은 질문을 했습니다.

> 여기가 어디야?

7. 챗GPT는 북한산 인수봉이라고 하고, 클로바X는 설악산 울산바위라고 했습니다. 정답은 울산바위입니다. 역시 한국에 대해선 클로바X가 더 많이 아는 것이죠.

이 사진은 울산바위로 보입니다. 울산바위는 강원도 속초시와 고성군에 걸쳐 있는 설악산 국립공원 내에 위치한 거대한 암봉입니다. 이 바위는 그 독특한 모양과 크기로 유명하며, 많은 등산객들이 이 바위를 보기 위해 설악산을 찾습니다. 울산바위는 이름과는 달리 울산에서 온 것이 아니라, 전설에 따르면 경상도 울산의 큰 바위가 금강산으로 가다가 설악산에 멈췄다고 해서 붙여진 이름이라고 합니다.

이 사진은 한국의 유명한 산인 **북한산**의 **인수봉**으로 보입니다. 인수봉은 북한산의 대표적인 봉우리 중 하나로, 바위산 특유의 웅장한 모습이 특징입니다. 이곳은 등산객들과 암벽 등반가들에게 매우 인기 있는 장소입니다. 북한산은 서울과 가까워 많은 사람들이 자연을 즐기러 자주 찾는 곳이기도 합니다.

클로바X의 스킬 기능 - 네이버 여행/쇼핑 등

네이버 클로바X에는 '스킬'이라고 하는 기능이 있습니다. 지금은 네이버 여행, 네이버 쇼핑, 쏘카, 원티드, 컬리의 5개 스킬이 들어 있는데, 앞으로 네이버 스킬은 계속 늘어날 것으로 보입니다. 네이버 안에 있는 정보를 검색해서 가져오는 형태입니다.

1. 클로바X 입력창에서 '스킬' 아이콘을 드래그해서 활성화한 후, 바로 옆의 목록 단추를 클릭한 다음 '네이버 쇼핑'에 체크하세요.

2. 프롬프트를 다음과 같이 입력해 보죠.

파일을 여러 개 열어놓고 작업하는 직업이라서 모니터 3대를 이용하고 싶은데, 어떤 장치를 사야 하는 거지?

3. 최적의 스킬을 찾는 중이라고 하며 네이버 쇼핑이 뜹니다. 이제 제품 중 하나를 골라서 클릭해 보면 됩니다.

4. 그런데 스킬에서 '네이버 쇼핑'은 말 그대로 네이버 쇼핑 서비스와 연동되어 있습니다. 네이버 쇼핑은 사람들이 많이 써서 정보가 좀더 잘 나오는 편인데, 네이버 여행은 약간 아쉬운 점이 있긴 합니다.

AI 검색 네이버 큐:

네이버 큐:(Cue:)는 대화형 AI 검색 서비스로, 사용자가 자연스럽게 질문을 하면 이를 이해하고 원하는 정보를 검색해 줍니다.

1. 먼저 네이버에서 '네이버 큐'를 검색하거나 네이버 큐: 사이트(cue.search.naver.com)로 접속하세요. 큐:는 현재 PC에서만 접속 가능하며, 모바일로는 제공되지 않습니다. 인터넷 익스플로러에서는 사용이 제한될 수 있으므로, 크롬이나 엣지 브라우저로 접속하는 것을 추천합니다.

2. 네이버 검색 큐: 화면이 열리면 〈대기 명단 등록하기〉를 누르세요.

3. 네이버 로그인 화면이 나오면 로그인을 한 후 대기명단에 신청하세요. 신청을 완료하면 네이버 이메일 주소로 신청안내 메일이 오며, 얼마 뒤

이용 승인 안내 메일이 옵니다.

4. 이제 네이버 큐: 사이트에 접속하면 〈대기 명단 등록하기〉 단추가 〈대화하기〉로 바뀐 것을 볼 수 있습니다. 〈대화하기〉 단추를 누르세요.

5. 네이버 큐: 메인 페이지가 열립니다. 입력창에 원하는 내용을 입력해서 검색하면 됩니다. 입력창에 다음과 같은 질문을 해봅시다.

> 추석에 만들 수 있는 잡채 레시피 알려줘. 필요한 재료도 함께 구매할게.

6. 큐:가 잡채를 만들기 위한 레시피와 함께 네이버 아이디에 등록된 여러분의 주소를 기준으로 주문 가능한 장보기 상품을 보여주고, 이를 구매할 수 있는 장보기 서비스와 연동하여 바로 주문할 수 있게 해줍니다. 또한 이 레시피를 가져온 소스인 블로그와 참고정보도 줍니다. 네이버의

서비스 내에 있는 다양한 정보와 서비스를 연동시켜 보여주는 것이죠.

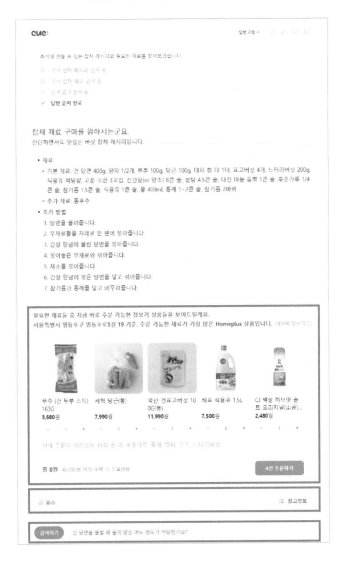

여행정보도 큐: 검색 서비스의 특징에 따라 잘 보여줍니다.

강화도에서 오션뷰가 예쁜 카페가 어디니?

큐:가 실제 장소를 추천하고 요약정보를 보여주는데, 맘에 드는 곳을 클릭하면 네이버 지도와 연결되어 찾아가는 길을 바로 볼 수 있습니다. 또한 추천 장소와 관련된 추가 질문을 클릭하면 질문을 계속 이어갈 수 있습니다.

큐:는 예전의 AI 서비스와 달리 정보를 찾는 과정을 단계별로 보여주기에, 어떤 이유로 해당 답변을 제공하는지 논리 흐름을 명확히 알 수 있고, 함께 나온 참고정보와 후속 질문 등을 통해 질문을 이어갈 수 있는 것이 장점입니다.

큐:로 특정 이슈 정리하기

큐:는 연관 영상이나 네이버 지식인, 이미지 서비스와 연동되어 AI 기반 검색을 잘해 다양한 정보를 쉽게 보여줍니다. 이를 활용하면 복잡한 사안의 뉴스나 특정 이슈에 대한 진행 상황들도 손쉽게 정리할 수 있습니다.

1. 큐:의 입력창에 다음과 같은 질문을 해볼게요.

> 추석에도 35도가 넘는 폭염이 지속되고 있어. 기후위기에 대해 알려줘.

2. 다음과 같이 현재 상황을 정리해 줄 뿐만 아니라 참고할 수 있는 링크를 줍니다. 추가 검색을 위한 질문을 클릭하면 질문과 답, 그리고 연관된 뉴스와 영상자료를 추천해 줍니다.

큐:의 이런 기능을 활용하면 복잡한 이슈에 대한 라디오 대본도 손쉽게 구성할 수 있습니다. 특정 이슈에 대한 질문을 하나 던진 뒤, 그 뒤에 자동으로 이어지는 추가 검색 내용을 활용해서 15분 분량의 라디오 대본을 손쉽게 만들 수 있습니다.

물론 연관된 지식을 하나도 모르는 경우에는 질문을 어떤 식으로 이어나갈지 생각하는 것이 어려울 수도 있습니다. 하지만 특정 분야에 대한 지식이 있는 분들이 정보를 빠르게 정리하거나 보고서 등을 만들 때 활용하면, 시간을 줄이면서도 품질 높은 결과물을 만드는 데 꽤 도움을 줄 수 있을 것으로 보입니다.

범용 AI 멀티 사용법 5가지

범용 AI를 똑똑하게 활용하기 위해 준비해야 할 것들을 알아보죠.

첫째, 다양한 언어모델을 동시에 경험해 보고 그 특징들을 익혀야 합니다.

챗GPT, 코파일럿, 제미나이, 클로드, 클로바X 등 범용 AI들이 늘어나고 있습니다. 이것을 모두 어떻게 다 익히겠어요? 하지만 여러 개를 쓰다 보면 공통점이 있습니다. '아, 이런 식으로 대화하면 되겠구나, 이런 식으로 쓰면 되겠구나'를 알게 됩니다. 그래서 다른 범용 AI가 나오더라도, 또는 지금 쓰는 범용 AI가 좀 바뀌더라도 사용법을 금방 익힐 수 있습니다.

둘째, AI를 잘 활용하는 프롬프트에 익숙해져야 합니다.

엑셀을 사용하다가 코파일럿한테 "다음 분기 판매량을 예측해 줘"라고 명령을 내릴 수 있는 사람과 그렇지 않은 사람은 업무에서 차이가 납니다. 요즘은 이런 것을 기술적으로 익히는 것을 '프롬프트 엔지니어링'이라고 하는데, 프롬프트 엔지니어링의 기본적인 기술을 익히면 좋습니다.

셋째, 다양한 AI 기반의 응용 서비스 도구들을 경험해 보면서 나에게 맞는 AI 도구들을 찾아야 합니다.

많이 보는 것, 이론적으로만 그런가 보다 하는 것과 나에게 맞게 실제로 써보는 것은 다릅니다. 그래서 실습을 많이 해보는 것이 좋습니다. 스스로 못하겠다면? 다른 사람들이 써놓은 프롬프트만 모아놓은 사이트를 참고해 응용하면 좋습니다.

AI에 대해 공부하고 다양한 도구를 활용할 때, 핵심은 바로 '해체와 재조합'입니다. 다양한 AI 도구들을 잘 쪼개보고 그 안에서 재조합하는 능력, 예를 들면 다양한 형태의 문장을 써보거나, 다양한 도구를 써서 그 안에서 나에게 맞는 워크플로를 만들어야 합니다.

이를테면 어떤 작업을 할 때, 먼저 챗GPT한테 작업을 시키고, 그 결과물을 클로드로 가져와서 글을 쓰고, 그 결과를 다시 챗GPT로 가져와 GPT 캔바로 도식을 만드는 등 직업이나 작업 특성에 따라 나만의 워크플로를 만드는 것이죠.

저자의 범용 AI 멀티 사용법 5가지

범용 AI들은 각기 특징이 다릅니다. 그래서 저는 이렇게 사용합니다.

첫째, 데이터 분석이나 코딩은 챗GPT-4o가 잘합니다. GPT-4o는 인간이 코딩한 데이터들을 많이 학습했거든요. 데이터 분석을 요청하면, GPT가 알아서 파이썬 코드로 작성하고 분석한 후 설명해 줍니다. 우리 돈 3만원 정도의 유료 플랜을 쓰면 더 좋습니다. 스마트폰 앱에서도 바로 사용할 수 있습니다.

둘째, 클로드는 글쓰기를 매우 잘합니다. 기자나 애널리스트 보고서 수준으로 잘 씁니다. 보고서를 쓸 때 클로드를 기본으로 하여 챗GPT와 AI 검색 특화 서비스인 퍼플렉시티를 병행해서 쓰고 있습니다.

셋째, 구글의 언어모델인 제미나이는 구글에서 정보를 검색할 때 도움을 줍니다.

넷째, 만약 무료 범용 AI 하나만 쓰고 싶다면 코파일럿이 좋습니다. 마이크로소프트의 코파일럿에는 GPT-4가 연결되어 있어서 여러 기능을 복합적으로 쓰기에 좋습니다.

다섯째, 한국 관련 정보는 역시 네이버의 클로바X를 활용하면 좋습니다. 클로바X는 무료로 제공됩니다.

유료 버전을 사용하는 것이 좋지만, 무료 버전도 성능이 나쁘지 않습니다. 무료 버전 중 하나만 선택한다면, 저라면 코파일럿을 선택할 것입니다. 코파일럿을 사용하려면 계정이 있어야 하는데, 마이크로소프트 사이트에서 회원가입을 하면 됩니다. 코파일럿은 앱으로도 제공됩니다.

TIP

POE에서 여러 범용 AI 써보기

POE(www.poe.com) 서비스(웹/앱)를 통해 다양한 종류의 범용 AI를 한곳에서 써볼 수 있습니다. GPT의 다양한 버전을 비교하며 쓸 수 있고, 클로드와 다양한 오픈소스 기반의 범용 AI도 경험할 수 있습니다. 단, 해외 모델 중심이기 때문에 네이버의 클로바X는 사용할 수 없으며, AI별로 사용 범위에 제한이 있습니다. 공식 챗봇 외에도 다양하게 챗봇들을 재미있게 만날 수 있는 서비스입니다.

AI의 답변 검증하는 4가지 팁

대화형 AI에게 요청을 하면 응답을 척척 하지만, 아시다시피 그 말을 곧이곧대로 믿으면 안 됩니다. 한 예로 테스트 결과, 범용 AI 중에는 월 연금 수령 액수를 구하는 단순 더하기 계산에서도 무려 월 300만원 넘게 틀린 경우가 있었습니다. 따라서 AI의 응답을 곧이곧대로 믿지 말고 검증을 해주는 것이 필요합니다.

> 국민연금을 포함하여 퇴직연금과 개인연금을 합친 한 달의 총 연금 수령액은 약 **4,893,696원**입니다. (>_)

> 따라서, 개인연금 불입액이 1억 원이고, 퇴직연금 불입액이 3억 원일 때, 한 달의 총 연금 수령액은 약 **1,230,833원**입니다.

1. 출처 확인하기

o1 모델, 코파일럿, 제미나이 등의 경우 응답에 출처가 나옵니다. 이 링크를 누르고 출처에서 확인하세요. 이것이 가장 올바른 정식 방법이죠. 출처를 확인하는 습관이 매우 중요합니다.

2. AI 스스로 검증하기

출처가 없거나, 출처를 일일이 확인할 필요까지는 없는 수준의 내용도 있습니다. 이런 경우 AI한테 스스로 점검해 보라는 것도 방법입니다.

> 이 부분이 이상한데(이상한 부분을 복사해 넣거나 번호로 지칭), 너의 대답이 맞는지 천천히 다시 검토(또는 계산)해 봐.

그러면 AI가 자신의 답변을 스스로 다시 검토해 봅니다. 계산의 경우 스스로 다시 해보며, 이 과정에서 오류를 고치기도 합니다.

> ⊕ 당신의 질문에 대한 답변을 스스로 검토해 보겠습니다. 제가 제공한 내용이 정확한지 다시 점검하고, 필요한 수정 사항을 찾아보겠습니다.

이 방법은 현재 쓰고 있는 AI 화면에서 단순 실수나 오류를 간단하게 실용적으로 점검할 때 유용합니다. 하지만 AI가 처음부터 잘못된 정보를 가지고 있다면 재확인해도 같은 오류를 반복할 가능성이 있습니다.

따라서 일상적인 수준의 정보를 빨리 편하게 점검할 때 권할 만합니다. 특히 실시간 검색 기능이 적용되는 챗GPT-4o나 o1 모델, 코파일럿, 제미나이에서 좀더 유용한 방법입니다.

3. AI 교차 검증법

다른 AI에게 같은 질문을 주고 응답을 받는 것입니다. 우리는 AI가 계산 오류를 범하는지, 직접 계산을 해보기 전에는 알 수 없습니다. 이런 경우 이를테면 클로드의 답변을 챗GPT에게 주고 점검을 시키는 것입니다.

이 방법은 수치 계산이나 논리적 추론에서 오류를 잡는 데 도움이 됩니다. 하지만 각 모델의 학습 데이터와 알고리즘이 달라서 일관되지 않은 결과가 나올 수도 있습니다.

4. 간단 정보 검증

연도나 이름, 회사명, 맞춤법 등 간단한 사항을 확인할 때는 엣지 브라우저에서 사이드바로 열리는 코파일럿에서 확인하는 것이 좋습니다(코파일럿 사용법은 121쪽 참조).

코파일럿은 빙 검색을 하기 때문에 연도, 이름 같은 정보에 강한 편입니다. 기존 검색의 최강자인 구글의 제미나이에서 해도 좋겠으나, 이 경우 따로 창을 열어야 하므로, 간단히 확인할 땐 현재 PC 화면의 엣지 브라우저에서 사이드바로 열리는 코파일럿이 사용이 편합니다.

참고로, 이런 방법들은 빠른 시간에 비교적 일상적인 수준의 정보 검증을 할 때 쓸 만한 실용적 방법입니다. 정도(正道)는 역시 최종적으로 사람이 출처를 확인하는 것임을 기억하세요.

3장

프롬프트 엔지니어링 기초 업그레이드

업그레이드!
좋은 프롬프트를 위한 5가지 얼개

챗GPT 같은 생성형 AI에게 우리가 요청하는 질문이나 지시를 '프롬프트' 라고 합니다. 내가 원하는 결과물을 얻기 위해서는 프롬프트(질문)를 잘 작성해야 합니다. AI는 우리가 찰떡같이 말해야 알아듣지, 개떡같이 말하면 못 알아들어요. 이렇게 찰떡같이 말하는 방법을 '프롬프트 엔지니어링'이라고 합니다.

오픈AI, 마이크로소프트, 구글, 앤트로픽 등은 각각 '좋은 프롬프트를 쓰는 원칙'을 발표했습니다. 언어모델은 각기 달라도 프롬프트를 쓰는 나름의 원칙이 있습니다. 여기서는 좋은 응답을 받기 위한 프롬프트의 기본 원칙과 팁들을 알아보겠습니다. 참고로, 프롬프트 엔지니어링 기법들은 100% 정답은 아니고, "이렇게 프롬프트를 쓰니 잘 나오더라" 하는 일종의 방법론으로 받아들여야 합니다. 먼저 프롬프트를 쓰는 워밍업부터 해보죠(3장 프롬프트와 관련된 내용은 유메타랩 서승완 대표님의 도움을 받았습니다).

프롬프트를 위한 워밍업 4가지

명확한 단어 사용 | 명확하고 간단하며 이해하기 쉬운 단어를 사용하세요. 또한 올바른 문법, 구두점 및 형식을 사용해 질문할수록 요청 내용을 더 잘 이해하고 찰떡같이 대답합니다.

첫째, 중의적인 단어나 표현은 최대한 쓰지 말고, 꼭 써야 할 경우는 영어를 나란히 써주세요. 챗GPT는 영어로 학습한 데이터들이 훨씬 많으니까요.

> 배(ship)가 우리에게 미친 영향에 대해 알려줘.

둘째, 고유어보다 한자어를 사용하는 것이 더 효율적입니다. 언어모델은 사전학습 과정에서 인터넷의 사전이나 뉴스 기사를 굉장히 많이 학습했는데, 한국어 위키피디아의 내용을 보면 문어체이고 한자어가 많죠? 우리말에서 한자어가 70% 가까이 됩니다.

> 물건값이 오르고 내리는 이유가 뭐야? (×)

> 물가변동 원인을 체계적으로 설명해 줘. (○)

구체적인 지시 | 명확하고 '구체적으로 지시'해야 좋은 응답을 받을 수 있고 더 일관성 있는 결과물이 나옵니다.

> 4월 매출 보고서 작성 (×)

> 4월의 매출 보고서를 최소 5문단 이상으로 작성해 줘. 핵심 사항을 표로 정리해 줘. 마지막에는 이번 달 매출 결과를 회사의 올해 목표와 비교하여 서술해 줘. (○)

마크다운 사용 | 프롬프트를 쓸 때, 명령이나 내용을 구분하기 위해 # 같은 마크다운(텍스트 문서에 서식을 지정할 수 있는 규칙)을 사용하면 좋습니다. 마크다운을 쓰면 머리글·목록 등을 만들 수 있고, 텍스트를 크게 쓰거나 굵게 하거나 기울임꼴(이탤릭체)로 만들 수도 있습니다. 링크나 이미지를 삽입할 수도 있고요(3, 4장 실습 참고).

프롬프트를 너무 짧게 쓰지 말기 | 구글 제미나이 측은 AI 사용자들이 프롬프트를 보통 9단어 미만으로 너무 짧게 쓰는 경향이 있다며 27단어 정도는 쓰는 것이 좋다고 밝힌 바 있습니다(맥락이나 예시, 자료 제외, 딱 작업 지시 관련만도). 항상 길게 쓸 필요까지는 없지만, 프롬프트를 좀더 길게 쓰는 습관을 들이는 것이 좋습니다.

좋은 프롬프트를 위한 5가지 큰 얼개

나의 조수와 대화할 때처럼 목표를 분명히 하고, 맥락을 풍부히 주며, 어떻게 작업할지를 제시하고, 참조할 곳(출처)이나 자료를 명확하게 줍니다.

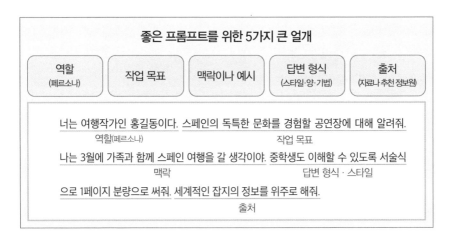

AI에 역할을 부여하라!

AI에게 역할을 주면, AI가 가면(페르소나)을 쓴 배우처럼 역할극에 심취해서 더 좋은 응답을 줍니다. "너의 이름은 ○○○이다"라고 이름까지 주면서, 대답도 그 역할처럼 해야 한다고 하면 응답의 질이 훨씬 좋아집니다. 이때 역할은 사람이 아니어도 됩니다. '위키백과 페이지' 같은 역할도 가능해요.

> 너는 ○○○의 역할을 해야 해. 마치 모든 대답을 ○○○이 하는 것처럼 해야 해.
> 너의 이름은 ○○○이다.

[실습] 출장 보고서 쓰기

1. 미국 라스베이거스에서 매년 1월에 열리는 CES 출장 보고서를 써달라고 할게요. 회사명, 이름까지 넣어보겠습니다.

> 너는 IT커뮤니케이션연구소의 보고서 전문가이다. 마치 모든 대답을 보고서 전문가가 하는 것처럼 해야 해. 너의 이름은 홍길동이다. 2025년 미국 라스베이거스에서 열리는 CES 출장 보고서를 작성해 줘. IT커뮤니케이션연구소는 기업의 AI 전략 컨설팅 및 강의교육 공급을 하고 있어.

2. 챗GPT가 진짜 출장 보고서처럼 써줍니다. 보고서를 보면 체계가 딱 잡혀 있어서 조금만 손보면 될 것 같습니다.

2025 CES 출장보고서
일시: 2025년 1월 7일 ~ 2025년 1월 10일
장소: 미국 라스베이거스
참석자: 홍길동, 김철수
목적: AI 및 IT 최신 기술 트렌드 파악, 네트워킹 기회 모색, 교육 및 컨설팅 전략 강화

1. 행사 개요
CES(Consumer Electronics Show)는 전 세계 최대의 전자제품 박람회로, 2025년 행사에서는 특히 인공지능(AI), 사물인터넷(IoT), 5G 통신, 자율주행차, 헬스케어 등의 분야에서 최신 기술 동향이 다루어졌습니다. IT커뮤니케이션연구소는 AI 전략 컨설팅 및 교육 강화를 목적으로 이번 행사에 참여하였으며, 다양한 혁신적인 기술과 솔루션을 직접 체험하고 관련 업계 전문가들과의 네트워킹을 목표로 하였습니다.

[실습] 이번 주 로또번호 받기

1. 이번주 로또번호를 뭐로 넣을까요? 챗GPT에게 로또 점성술사 역할을 시켜보겠습니다.

> 너는 지금부터 '로또 점성술사'의 역할을 해야 한다. 모든 대답을 마치 '로또 점성술사'가 하는 것처럼 해야 한다. 너의 이름은 '홍길동'이다. 나의 질문은 "이번 주 로또 당첨번호가 뭐야? 점을 쳐줄래?"이다.

2. 와~, 로또 점성술사가 로또번호를 알려줍니다.

> 하하, 나는 '로또 점성술사' 홍길동! 이번 주 로또 번호를 점쳐보는 것은 매우 신비로운 일이지. 그렇지만 기억해야 할 것은, 점성술로도 정확한 번호를 예측할 수는 없다는 거야! 그래도, 나의 별들이 속삭이는 숫자들을 전해줄게.
>
> 이번 주에 운이 좋을 수 있는 숫자들은:
>
> 3, 8, 14, 22, 27, 35, 그리고 보너스 번호는 41!
>
> 이 숫자들은 별과 달이 내게 주는 힌트들이지! 하지만, 모든 것은 운에 달렸다는 점을 명심하길 바라네. 행운이 가득하길! ✿

역할 지정 기법은 가장 기본적이고 효과적입니다. 다른 기법을 사용하더라도, 프롬프트를 역할 지정 기법을 기반으로 작성하는 게 좋습니다.

목표 설정 - 구체적으로 지시하라

목표를 쓸 때는 무엇을 원하는지를 명확하고 구체적으로 써야 합니다.

> 화장품 브랜드 마케팅 회의에서 논의할 리스트를 줘. (×)

> 20대 여성을 타깃으로 한 비건 화장품 브랜드 '맑은숨'의 브랜드 런칭을 위한 마케팅 회의에서 논의할 항목을 3~5개 줘. (○)

맥락이나 예시 제공

사람과 얘기할 때도 거기에 맞는 예시나 맥락을 주면 더 잘 이해하죠? AI에 게도 맥락을 주면 훨씬 나은 응답을 받을 수 있습니다. 또한 왜 그 작업이 필요하고, 누가 관련되어 있는가를 쓰면 답변을 더 잘해 줍니다.

> 비건 화장품 브랜드 '맑은숨'의 SNS 마케팅을 위해 인플루언서와의 협업을 하려고 하는데, 이 제품에 잘 맞을 만한 인플루언서를 추천해 줘. (×)

> 20대 여성을 타깃으로 한 비건 화장품 브랜드 '맑은숨(Pure Breath)'의 3개월 SNS 마케팅을 위해 인플루언서와의 협업을 하려고 하는데, 이 제품에 잘 맞을 만한 인플루언서를 추천해 줘. 우리는 이를 통해 현재 비건 화장품 시장에서의 점유율을 2 배 올리고 싶어.
> '맑은숨(Pure Breath)'은 자연의 순수함을 담아낸 20대 여성을 위한 비건 화장품 브랜드야. 청정 제주의 깨끗한 공기와 순수한 식물 성분만을 사용했어. (○)

아울러 예시(샷, Shot)를 주면 더 나은 응답을 얻을 수 있습니다. 커피도 샷을 추가하면 풍미가 굉장히 깊어지고 맛이 진해지는 것과 마찬가지죠.

첫째, 예시가 1개인 것보다 최소 2개 이상인 게 좋습니다. 단, 예시를 너무 많이 주면 별로입니다.

둘째, 예시를 줄 때 콜론(:)이나 하이픈(–), 줄바꿈을 이용하면, AI가 더 명확하게 인식하므로 일관성 있는 더 좋은 응답을 줍니다.

셋째, AI가 제대로 응답하지 않는 경우, 지시문에 "예시를 참고해 같은 형식으로 알려줘"라고 써주는 것이 좋습니다.

[실습] 브랜드 스토리텔링 슬로건 만들기

1. 기업의 브랜드 스토리텔링 슬로건을 만들어 보죠. 에어비앤비와 코카콜

라의 예시를 주겠습니다.

아래 예시를 참조해 비건 화장품 브랜드 맑은숨(Pure Breath)의 영어 슬로건을 만들고, 그 슬로건의 의미를 설명해 줘. 영어 슬로건의 한글 번역도 해줘.

[예시1]
에어비앤비: "Belong Anywhere" (어디서나 소속감을 느끼세요)
에어비앤비를 전 세계 어디서나 집 같은 편안함을 제공하는 브랜드로 포지셔닝

[예시2]
코카콜라: "Real Magic" (진정한 마법)
일상의 특별한 순간을 통해 브랜드의 마법 같은 경험을 강조

2. 비건 화장품 브랜드에 대한 슬로건을 뚝딱 만들어 주네요. 예시처럼 먼저 영어 슬로건과 한글 번역을 주고 설명도 나옵니다.

맑은숨(Pure Breath) 브랜드의 영어 슬로건 제안:

"Breathe in Purity"
(맑음을 숨쉬다)

의미 설명:
이 슬로건은 맑은숨(Pure Breath)의 핵심 가치를 반영하며, 사용자가 이 제품을 통해 피부에 신선함과 순수함을 느낄 수 있다는 메시지를 전달합니다. 브랜드의 자연친화적이고 깨끗한 이미지를 강조하며, 고객이 제품을 사용할 때 마치 맑고 신선한 공기를 들이마시는 듯한 깨끗한 경험을 제공한다는 점을 부각합니다.

한글 번역:
"맑음을 숨쉬다"

답변 형식/스타일/양

형식 | 내가 원하는 형식을 지정해 줍니다. 일반 문장 형태의 텍스트, 리스트(목록), 계층구조를 가진 트리, 표, 프로그래밍 코드, 다이어그램(개념이나 과정을 시각적으로 표현)으로 지정하면 됩니다. 텍스트로 응답을 받을 경우는 굳이 따로 지시하지 않아도 됩니다.

문체 | 글의 스타일을 명확하게 지정해 주세요. 176쪽에 다양한 문체와 실제 챗GPT한테 사용한 예를 소개했습니다. 쭉 훑어보면 "아, 이렇게 간단한 단어 하나로도 좀더 좋은 응답을 얻을 수 있겠구나" 싶을 것입니다.

양 | 응답의 길이를 지정해 주는 것이 좋습니다. 보통 ~개, ~단어, ~페이지, ~시간(예: 5분 동안 읽을 수 있는 분량) 같은 것을 쓸 수 있습니다.

기법 | 생성형 AI가 새로운 아이디어 창출부터 복잡한 데이터 해석까지 어떻게 작업할지를 알려줍니다. 재료(정보)를 어떻게 다루느냐에 따라 결과물이 달라지죠. 이 기법들을 잘 활용하면, AI라는 최고의 주방장과 함께 정보라는 재료로 무궁무진한 요리를 만들어 낼 수 있답니다.

AI의 응답 기법 프롬프트 예시

기법	사용 예
생성	역사 판타지 게임의 주인공 캐릭터 3가지를 '생성'해 줘.
요약	조지 오웰의 소설 『1984』의 핵심 내용을 100단어로 '요약'해 줘.
추출	셰익스피어의 『햄릿』에서 가장 유명한 독백 3개를 '추출'해 줘.
카테고리화	2024년 글로벌 Top 10 영화를 장르별로 '카테고리화'해 줘.
그룹	주요 20개국의 GDP를 상, 중, 하 '그룹'으로 나눠줘.
분석	BTS의 글로벌 성공 요인을 6가지 관점에서 '분석'해 줘.
비교	아이폰과 갤럭시의 최신 모델을 5가지 측면에서 '비교'해 줘.
대조	민주주의와 독재체제의 주요 특징을 '대조'해서 설명해 줘.
평가	최근 개봉한 SF 영화의 특수효과를 5점 만점으로 '평가'해 줘.
해석	방탄소년단의 '봄날' 가사에 담긴 은유적 의미를 '해석'해 줘.

AI의 답변 스타일 프롬프트 예시

문체	사용 예
전문적	온디바이스 AI에 대해 '전문적'으로 작성해 줘. (전문용어를 사용해.)
개조식	2024년 8.28 부동산 대책이 미칠 영향에 대해 '개조식'으로 정리해 줘.
학술논문체	한국의 출생률과 노령화 문제에 대해 '학술논문체'로 객관적 데이터와 함께 제시해 줘.
법률문서체	차용증을 '법률문서체'로 명확하고 정확한 용어로 작성해 줘.
구어체	강의 채록본을 업로드해 줄 테니, '구어체'로 친근하게 정리해 줘.
서술식	강의 채록본을 업로드해 줄 테니 '서술식'으로 정리하되, 구어체였으면 좋겠어.
쉽게	미국채 투자법에 대해 '쉽게' 설명해 줘. (중학교 2학년도 알 수 있도록)
블로그체	10월 프랑크푸르트 전시회 관람 메모를 올려줄 테니 '블로그체'로 정리해 줘.
설명적	기후위기에 대해 '설명적'으로 써줘. (단계별로 설명해 줘)
논증적	2024년 정부의 국민연금 개혁안에 대해 '논증적'으로 써줘. (각 주장에 대한 근거 제시)
서사적	한국 애니메이션 역사에 대해 '서사적'으로 써 줘. (사건 전개를 시간 순서대로 서술)
비유적	AI의 발전과정을 '비유적'으로 설명해 줘.
함축적	현대사회의 소통문제를 '함축적'으로 표현해 줘. (짧은 문장으로 깊은 의미 전달)
기사체	2024년 노벨 문학상 수상자 발표에 대해 '기사체'로 보도문을 작성해 줘.
광고 카피체	새로 출시된 스마트 안경 'VisionX'에 대해 '광고 카피체'로 문구를 만들어 줘.
연설문체	대학 소프트웨어 대회 우승자의 수상 소감을 '연설문체'로 작성해 줘.
제품 설명서체	테슬라 최신 전기차 모델의 자율주행 기능 사용법을 '제품 설명서체'로 작성해 줘.
인터뷰체	회의록을 '인터뷰체'로 정리해 줘.
에세이체	가을에 대해 '에세이체'로 써줘.

그냥 "AI 아이돌 캐릭터를 만들어 줘"라고 하는 것보다, 캐릭터의 이름·외모·성격이라고 형식을 지정하면 응답이 훨씬 나아집니다. 프롬프트에 뭘

넣을지 모르겠다면, 그냥 AI에게 "내가 AI 아이돌 남자 캐릭터를 만들려고 하는데 어떤 정보가 필요할까?"라고 물어보면 됩니다.

AI 아이돌 남자 캐릭터에 대한 정보를 다음과 같은 형식으로 만들어 줘.
-이름: [캐릭터 이름]
-나이: [캐릭터 나이]
-외모: [캐릭터의 외모를 3줄로 묘사]
-성격: [캐릭터의 성격을 3줄로 묘사]
-배경 스토리: [과거, AI 아이돌이 되기까지]
-특별한 능력: [독특한 기술이나 능력]
-의상 콘셉트: [무대나 일상에서의 특징적 패션 스타일]
-취미와 관심사: [캐릭터의 취미와 관심사]
-동료 관계: [그룹의 다른 AI 아이돌과의 관계 및 그룹 내 포지션]

출처(추천 정보원/자료)

AI에게 원하는 작업을 잘하기 위해 추천 정보원이나 정보 샘플을 올려주어도 좋습니다. 이를테면 "지난 2주 동안의 프로젝트 관련자들의 이메일 및 팀 회의록을 올려줄게. 최근 사안에 대해 정리해 줘"라는 식으로요.

TIP

싱글턴과 멀티턴, 어느 게 좋을까?

챗GPT, 클로드 같은 거대언어모델은 확률 모델이라 같은 질문에도 대답이 다릅니다. 따라서 프롬프트를 쓸 때 원하는 형태로 응답이 나오도록 일관성을 유지하는 것이 중요합니다.

보통 프롬프트에 한꺼번에 모든 내용을 입력하는 것을 싱글턴(Single-turn) 방식, 프롬프트를 몇 번으로 나누어 대화를 주고받는 것을 멀티턴(Multi-turn) 방식이라고 합니다.

보통 싱글턴보다 멀티턴 방식이 좋다고 하지만, 항상 그런 것은 아닙니다.

멀티턴 방식은 AI가 앞의 질문과 응답을 참고하는 과정에서 중간에 이상한 답변에 영향을 받을 수 있고, 같은 조건으로 항상 실행되지는 않기에 재연이 불가능합니다.

반면 싱글턴은 내용을 일관성 있게 만들면 템플릿처럼 복사해 쓸 수 있습니다. 특히 챗봇을 만들 때는 기본적으로 '싱글턴' 방식으로 하는 게 좋습니다.

멀티턴 방식

서울시 청년주택 분양 홍보글을 써줘.
좀더 친근한 말투로 적어줘.
해시태그도 넣어줘.

싱글턴 방식 〜 챗봇 제작은 싱글턴 방식으로!

서울시 청년주택 분양 홍보글을 써줘. - 친근한 말투를 사용한다. - 해시태그를 포함시킨다.

질문이 구체적으로 안 떠오른다면

어떤 주제에 대해 궁금한 점이 있긴 한데, 질문이 구체적으로 잘 안 떠오를 때가 있죠? 이럴 때는 여러 가지 답변과 해석이 가능한 개방형 질문을 하면 AI가 질문도 뽑아줍니다.

> - 내가 [궁금한 점을 기억나는 대로 씀]을 알고 싶은데, 너한테 어떻게 질문하면 좋을까?
> - 내가 [궁금한 점을 기억나는 대로 씀]을 알고 싶은데, 다른 사람한테 어떻게 물어보면 좋을까?

한국어 질문에 대한 답이 아쉽다면

최근 많이 개선되긴 했지만, 챗GPT·코파일럿·제미나이·클로드는 한국어보다 영어로 물어볼 때 답변의 길이나 질이 더 나은 경향이 있습니다.

한국어는 전 세계 웹사이트에서 차지하는 비중이 1%도 안 되고, 영어의 비중은 60% 이상입니다. 그래서 기본적인 AI의 학습 데이터는 영어로 된 자료인 경우가 많습니다.

AI 모델의 특성상 사람의 언어를 사람이 이해하는 방식으로 처리하지는 않겠지만, 더 나은 응답을 위해서는 맥락 데이터를 영어로 주는 것이 더 좋은 전략일 수 있습니다.

영어에 자신이 없다면, 한글로 프롬프트를 쓴 후 AI한테 이렇게 말하면 됩니다.

> 영어로 바꿔서 물어봐. 답변은 한글로 번역해 줘.

AI에게 답변 형식 요청할 때 주의점

AI 모델에게 답변의 형식이나 스타일을 요청할 때 특히 주의해야 할 점이 있습니다. 바로 글자 수 제한입니다.

AI는 사람처럼 문장 단위로 텍스트를 이해하지 않고, '토큰(token)'이라는 작은 단위로 텍스트를 처리합니다. 그래서 AI한테 답변에서 정확한 글자 수를 맞추도록 요청하는 것은 상당히 어려운 과제가 됩니다.

예를 들어 "400자 분량의 글을 작성해 줘"라고 요청했을 때, AI는 대략적으로 그 정도 분량의 텍스트를 생성할 수는 있지만, 정확히 400자를 맞추기는 어렵습니다. 더구나 요청하는 글자 수가 늘어날수록 이러한 오차는 더욱 커질 수 있습니다.

프롬프트 엔지니어링 도움닫기 4가지

[실습] 이어쓰기 기법 - SNS 홍보 검토 보고서

챗GPT 같은 생성형 AI는 다음 단어 예측 모델이기에, 이어쓰기 기법을 이용하면 글의 스타일을 내가 원하는 대로 뽑기가 좋습니다. 이어쓰기 기법은 문장의 일부분을 주고, 이후의 내용을 이어서 써달라고 하는 것입니다.

1. 'AI 인플루언서 인스타 홍보 챗봇 제작' 필요성에 대한 검토 보고서를 이어쓰기 기법으로 써보죠.

   우선 '#이어쓰기'라고 마크다운을 하고, 일반적인 항목인 주제·개요·배경 등을 넣고, 그 다음 내용을 AI가 이어쓰게 합니다. 이때 로마 숫자, 아라비아 숫자, 불릿(가운뎃점)을 넣어주면 좋습니다. 또한 "최근 AI 인플루언서의 인기가 높아짐에 따라" 식으로 문장을 중간에 끊어야 합니다(절대 마침표로 끝내면 안 됩니다). 그러면 AI가 뒤의 내용을 알아서 써줍니다. 참고로, 프롬프트 입력란에서 줄을 바꿔 입력해야 할 때는 shift + Enter 를 함께 눌러주면 됩니다.

이어쓰기
주제: 'AI 인플루언서 인스타 홍보 챗봇 제작' 필요성에 대한 검토 보고서
1. 개요
1) 배경
최근 AI 인플루언서의 인기가 높아짐에 따라   Enter

2. 와~, 챗GPT가 이어서 검토 보고서를 쭉 써주네요.

> ### AI 인플루언서 인스타 홍보 챗봇 제작 필요성에 대한 검토 보고서
>
> **1. 개요**
> **1) 배경**
>
> 최근 AI 인플루언서의 인기가 높아짐에 따라 많은 기업과 브랜드가 AI 기반의 마케팅 솔루션에 관심을 기울이고 있습니다. 특히 인스타그램과 같은 소셜 미디어 플랫폼에서 AI 인플루언서를 활용한 홍보가 주목받고 있으며, 이러한 AI 인플루언서의 활동을 지원하고 강화할 수 있는 새로운 도구로 **AI 인스타 홍보 챗봇**의 필요성이 대두되고 있습니다.
>
> **2) AI 인플루언서 트렌드**
>
> AI 인플루언서는 사람처럼 보이는 가상 캐릭터로, 브랜드 홍보 및 고객과의 소통에서 높은 효과를 보여주고 있습니다. 예를 들어, Lil Miquela 같은 AI 인플루언서는 실제 인플루언서처럼 광고 캠페인

[실습] Q&A 기법 - 유튜브 인터뷰 연습

언어모델 AI는 다음 단어(토큰) 확률 모델이어서 기본적으로 '문장을 이루려는 습성'이 있는데, Q&A 기법은 바로 이런 특성을 이용한 것입니다. Q&A 기법은 굉장히 강력한 프롬프트 기법 중 하나입니다. Q&A 기법을 이용하면, AI로부터 평소에는 잘 받을 수 없었던 영역의 응답을 끌어낼 수도 있습니다.

1. 아이비리그의 이공계 교수이자 한국 교육 전문가인 홍길동 님이 내일 유튜브 「그 교육이 궁금하다」에 출연하기로 했는데, 오늘 질문지를 받았습니다. 근데 유튜브 출연은 처음이라 떨립니다. 챗GPT를 이용해 답변을 받은 후 수정해 연습해 보기로 했습니다. Q&A 기법을 이용해 인터뷰 답변을 만들어 보죠.

---

❶ Q: 홍길동 님, 반갑습니다. 오늘 유튜브 「그 교육이 궁금하다」에 출연해 주셔서 감사합니다.

❷ A: 초대해 주셔서 감사합니다.

❸ Q: 홍길동 님은 미국 아이비리그의 이공계 교수로 20년간 재직하고 은퇴하신 후, 한국으로 돌아와서 한국의 교육과 자녀교육에 대해 문제를 제기하고 많은 활동을 하고 계신데요. 오늘 주제는 'AI 시대, 우리 아이 어떻게 키울까?'입니다. 먼저 한국으로 돌아와서 자녀교육과 관련된 활동을 하시게 된 이유가 무엇일까요?

❹ A: Enter

---

❶ 프롬프트 입력창에 'Q:'라고 친 후 질문을 넣고 Shift + Enter 를 눌러 줄을 바꾸세요.

❷ 'A:'라고 친 뒤 응답을 넣어주세요. 그러면 AI가 A의 응답을 자기가 한 답변으로 착각합니다.

❸ 다시 'Q:'라고 친 뒤 질문을 넣으세요.

❹ 이번에는 줄을 바꾸어 'A:'라고만 치고 Enter 를 누르세요. 그러면 챗GPT가 자기가 말할 순서인 줄 알고, 그에 맞게 응답을 이어갑니다.

2. 오~, 챗GPT가 마치 자기가 자녀교육 전문가처럼 대답해 줍니다.

A: 한국으로 돌아와 자녀교육과 관련된 활동을 시작하게 된 이유는 몇 가지가 있습니다. 첫째, 미국에서 교수로 재직하면서 기술과 과학이 빠르게 발전하는 것을 보면서, 미래 사회에 필요한 역량이 점점 더 변화하고 있다는 것을 깨달았습니다. 특히 AI와 같은 첨단 기술이 일상 생활과 직업 세계를 빠르게 변화시키고 있는데, 한국의 교육 시스템이 이 변화에 적절히 대응하지 못하는 부분이 있다고 느꼈습니다.

둘째, 자녀를 키우는 부모로서 한국의 교육 환경을 직접 경험하면서, 지나치게 입시 위주로 흐르는 교육이 아이들의 창의성과 문제 해결 능력을 제한하고 있다는 문제의식을 가지게 되었습니다. 아이들이 미래에 AI 시대에 필요한 사고력, 창의력, 협력 능력 등을 기를 수 있는 환경을 만드는 것이 중요하다고 생각해, 이러한 문제를 해결하기 위한 활동을 시작하게 되었습니다.

◁) ⎙ 👍 👎 ⟳ ⌄

[실습] 형식 지정 기법 – 국기의 색상 뽑기

명령문, 제약조건/예시, 입력문, 출력형식의 4가지 단락이 들어갑니다. 단락을 샵(#)으로 구분해 줍니다. 형식 지정 기법에서 명령문, 제약조건/예시, 출력형식, 출력문은 고정적인 템플릿으로 활용하고, 입력문은 지금 요청할 것이 무엇인가에 따라 달리 쓰는 식으로 이용해도 됩니다.

#명령문(지시문)
역할 부여 및 원하는 작업 지시

#제약조건
응답 시의 조건 명시

#입력문
요청 사항

#출력형식
원하는 답변 형태 제시

#출력문
비워 둠 ← 그러면 AI가 다음에 올 단락을 채워 작성해 줌

---

1. 프랑스와 이탈리아 국기의 색상을 알아보죠. 다음과 같이 출력형식을 넣으면, 챗GPT가 출력형식 부분을 스스로 채워야 된다고 생각합니다.

#지시문
프랑스와 이탈리아 국기의 색상을 알려줘.

> 이때 대괄호 [ ]는 변동되는 정보가 들어가는 위치임을 표시함

#출력형식
- [나라 이름]: [국기 색깔의 색상]([색상의 HEX* 코드])
- 다른 설명은 출력하지 않는다.

＊ 헥스(Hex) 코드는 빨강(R)·초록(G)·파랑(B)을 이용해 색상을 표현하는 RGB 값을 16진수로 변환한 값

2. 오~, 국기의 색상을 지시한 출력형식에 맞추어 뽑아주네요. 출력형식을 추가하면 이처럼 내가 원하는 형식으로 응답을 뽑을 수 있습니다.

- 프랑스: 파란색(#0055A4), 흰색(#FFFFFF), 빨간색(#EF4135)
- 이탈리아: 초록색(#009246), 흰색(#FFFFFF), 빨간색(#CE2B37)

변수를 이용하는 템플릿 기법 - 제품 체험단 블로그 글

대화형 AI는 코드를 매우 많이 학습했기 때문에, 프롬프트를 코드 형식을 빌려 쓰면 응답이 더 좋아질 거라는 아이디어에서 나온 기법입니다. 프로그래밍을 할 때처럼 프롬프트에서 '변수'를 선언하고, '커맨드(명령어)'를 입력하고, '실행'을 하라고 합니다.

1. '제품 체험단' 블로그 글을 작성하는 템플릿을 만들어 보죠.

'변수' 단락에서 독자는 '20대 여성', 키워드는 '갤럭시탭', 흥미는 '갤럭시탭 사용팁 5가지'라고 작성했습니다.

'커맨드(명령어)' 단락에서 변수에 맞게 아웃라인(개요)을 작성하고[C1], 블로그 글을 써달라[C2]고 명령했습니다.

'실행' 단락에서 커맨드 [C1], [C2]를 실행하라는 의미에서 프로그래밍 언어처럼 '$run[C1][C2]'라고 작성했습니다.

#콘텐츠의 상세 설명
이 콘텐츠는 블로그 글입니다.

#변수
[독자] = 20대 여성
[키워드] = 갤럭시탭 ——————— 프롬프트에서 초록색 밑줄을 친
[흥미] = 갤럭시탭 사용팁 5가지   변수만 교체하면, 새로운 블로그 글을
                                   자동 작성해 줍니다.

2. 챗GPT가 갤럭시탭 사용팁 5가지에 대한 개요를 작성하고, 블로그 글까지 쭉 써주네요. 앞의 프롬프트에서 변수만 교체하면, 여러 상황의 블로그 글을 얼마든지 쉽게 작성할 수 있겠죠?

[실습] CoT 프롬프트 기법 - 크리스마스 카드 만들기

CoT(Chain of Thought)는 우리말로 '생각의 사슬' 또는 '사고 연쇄'라고 번역할 수 있으며, AI에게 단계적인 문제해결 과정을 보여주면 추론능력이 향상된다는 개념입니다. 이 원리를 활용하여 프롬프트에 구체적인 사고과정을 포함시키면, AI의 계산능력이나 복잡한 작업수행 능력을 크게 개선할 수 있습니다. 여기서는 '도출과정'을 추가해 답변을 개선시켜 보겠습니다.

1. 크리스마스 카드를 만들어 달라고 요청해 보죠. 만약 이미지에 한글을 넣고 싶으면, 네이버나 구글에서 '무료 한글 폰트' 파일을 검색해 다운받아 프롬프트 입력창에 업로드해 주면 좋습니다.

#지시문
2025년 크리스마스 카드를 만들려고 해. 크리스마스에 어울리는 그림을 그려주고, "Merry Christmas & Happy New Year"라고 글씨도 크게 넣어줘.

#도출과정
1. 크리스마스 카드에 어울리는 그림을 그린다.
2. 이미지의 위쪽에 '2025'라고 글씨를 크게 쓴다.
3. 아래 줄에 "Merry Christmas & Happy New Year"라고 쓴다.

2. 오~, 다음과 같이 2025년 크리스마스 카드를 만들어 주었습니다.

2025년 크리스마스 카드가 완성되었습니다.

추론 능력을 높이는 마법의 문장

연구에 따르면 다음 문장들을 넣어주면 응답이 좋아졌다고 합니다.

- Let's think step by step.

  단계별로 생각해 보자.

- Take a deep breathe and work on this proplem step by step.

  심호흡을 하고, 이 문제를 단계별로 해결하라.

GPT-4에게 요청할 때, 팁을 200달러 주겠다고 하니 훨씬 더 좋은 대답을 했다는 연구도 있습니다. 거대언어모델이 우리가 사는 세상을 학습했기에 이런 반응들이 나오는 것 같습니다. 유사 연구 사례들도 많이 등장하고 있습니다.

프롬프트의 중간 정보 누락 현상

2023년의 연구에 따르면, 프롬프트를 너무 길게 작성하면 중간에 있는 내용은 잘 반영이 안 되는 경우가 있다고 합니다. 이를 '중간에 길 잃기(Lost in the Middle) 현상'이라고 합니다.

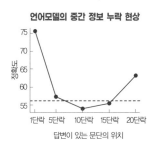

따라서 중요한 정보나 단락은 프롬프트의 시작이나 끝부분에 배치하는 것이 좋습니다.

오픈AI가 권장하는 프롬프트 18팁

챗GPT를 사용할 때 '좋은 프롬프트 작성을 위한 26가지 원칙'이 화제가 되었습니다. 연구논문을 바탕으로 한 것이니 기억하면 좋겠죠? 앞에서 다룬 것을 제외한 18가지를 소개해 볼게요.

좋은 프롬프트를 위한 18팁 및 사용 예

구분	사용 예
긍정적 지시	하지 마세요 (x), 하세요 (O)
예절 표현 생략	"감사합니다", 부탁드립니다" 굳이 안 써도 됨
보상/제재	- 좋은 해결책 주면 100달러 줄게. - 잘못하면 페널티가 있어.
강력한 지시	너는 이걸 반드시 완료해야 한다.
자연스러운 답변	이 질문에 사람처럼 자연스럽게 답해줘.
편견 배제	이 사안에 대해 편견 없이 알려줘.
필요한 질문 요청 지시	정보가 더 필요하면 네(AI)가 내게 질문을 해줘.
이해도 테스트	국채의 개념을 알려주고, 마지막에 테스트 문제를 줘.
반복 사용	- 내 글에 대해 비판적 관점에서 의견 줘. 수용적 태도 말고 비판적 관점으로. - 5G 기술의 한계점, (중략) 5G 기술의 한계점을 지적해 줘.
복잡한 작업 분리	1. 데이터부터 정리하고, 2. 분석한 후, 3. 그래프로 그려줘.
단계별로 생각하기	어떻게 해결할지 단계별로 생각해 봐(Let's think Step by Step).
CoT와 예시 결합	단계별로 서술한 후 답변해. 이때 예시를 참고해서 해줘.
상세 텍스트 작성	이 이슈에 대해 상세히 서술해.
스타일 유지	문장을 부드럽게 고쳐줘. 단, 원래의 글 스타일은 그대로 유지해야 해.
코드 분할 작성	복잡한 코드를 여러 개의 작은 부분으로 나눠 단계별로 작성해.
텍스트 시작 제공	이어쓰기: '나는 아이작 아시모프를 좋아한다. 어릴 때…'
명확한 요구사항	'AI 규범'이란 키워드를 넣어 답변해 줘.
유사 텍스트	예제의 보도자료와 비슷한 스타일로 써줘.

프롬프트에 영 자신 없다면 오픈프롬프트

1. 오픈프롬프트 사이트(www.prpt.ai)에 접속해서 회원가입을 한 후 로그인을 하고 〈프롬프트 찾아보기〉를 누르세요.
2. 프롬프트 카테고리가 나오는데 여기서는 '마케팅'을 클릭해 보겠습니다.
3. '고객과의 신뢰를 구축할 수 있는 인스타그램 스토리'를 클릭합니다.
4. 인스타그램 스토리를 쓰는 법과 관련된 프롬프트가 나옵니다. '복사하기'를 클릭합니다.

5. 챗GPT에서 뉴챗 창을 연 다음 입력창에 4번 과정에서 복사한 프롬프트를 붙여넣으세요. 여기서는 [회사/브랜드]는 'IT커뮤니케이션연구소', [고객 페르소나]는 'AI 마인드 있는 기업'으로 바꿔 넣겠습니다.

> [회사/브랜드]의 경험과 전문성을 보여줌으로써 [고객 페르소나]와의 신뢰를 구축하고 신용을 얻을 수 있는 인스타그램 스토리 아이디어가 필요해.

6. 챗GPT가 AI 관련 기업과 신뢰를 구축하기 위한 인스타그램 스토리 아이디어를 써줍니다.

> 메모리 업데이트됨
>
> IT 커뮤니케이션 연구소의 경험과 전문성을 강조하면서 AI 관련 기업과의 신뢰를 구축할 수 있는 인스타그램 스토리 아이디어를 아래와 같이 제안합니다:
>
> 1. 연구소의 주요 성과 소개
>   - 첫 번째 스토리: 연구소가 제공한 대표 AI 전략 컨설팅 사례 및 성과를 간단한 인포그래픽과 함께 보여줍니다.

프롬프트의 보물상자 지피테이블

지피테이블(GPTable)은 국내 최초로 한국어 프롬프트를 공유하는 커뮤니티입니다.

1. 지피테이블 사이트(www.gptable.net)에 접속한 다음 로그인을 하세요. 회원가입은 이메일 인증 등록만 하면 되며 무료입니다.

2. '둘러보기'에서는 최신 등록된 프롬프트, '인기 프롬프트'에서는 '좋아요'를 많이 받은 프롬프트를 볼 수 있습니다. '블로그 맛집 리뷰 프롬프트'를 클릭해 볼게요.

3. '블로그 맛집 리뷰 프롬프트'가 나오면 복사하세요.

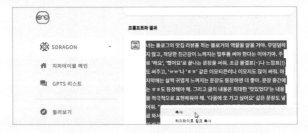

4. 챗GPT에서 뉴챗 창을 연 다음 입력창에 프롬프트를 복사해 붙여넣으세요. 여기서 맛집 이름이나 음식 이름을 바꾸면 됩니다. 예를 들어 집게리아 대신에 가게 이름은 "덕진이네 마라탕", 게살버거 대신 "차돌마라탕"을 넣어보죠.

5. 오~, 이렇게 챗GPT가 "쫄깃쫄깃하게 씹히는 게 정말 최고였어요~" 같은 표현을 쓰면서 식감에 대한 얘기도 하고, 이모티콘도 넣어 굉장히

그럴듯하게 씁니다.

> 🌐 서로이웃 여러분 안녕하세용ㅎㅎ~
>
> 어제 너무 맛있는 마라탕을 먹어서 바로 리뷰 남기러 왔어요!! 이번에 다녀온 곳은 바로 '먹진이네 마라탕'인데요, 차돌마라탕을 시켜봤답니다~ 🍲 진짜 너무너무 맛있었어요ㅠㅠ 소스가 깊고 진한 데도 전혀 부담스럽지 않고 차돌박이가 쫄깃쫄깃하게 씹히는 게 정말 최고였어요 😋 국물도 너무 매콤하면서 감칠맛이 확 올라와서 숟가락을 멈출 수가 없더라구요 ㅎㅎ
>
> 그리고 마라탕의 묘미는 역시 원하는 재료를 가득 넣을 수 있다는 거잖아요? 저는 차돌과 함께 버섯, 청경채, 당면 잔뜩 넣었는데 진짜 딱 제 취향...👍 야채와 고기의 조화가 완벽했어요!
>
> 무엇보다 면발도 쫄깃쫄깃하고, 국물도 얼얼한데 매운맛이 뒤에 확 남지 않아서 계속 먹고 싶은 맛이었어요~ ㅎㅎ 차돌박이의 고소함이 국물과 완벽하게 어우러져서 진짜 다음에 또 시키고 싶어졌어요! 배달도 빠르고 깔끔하게 도착해서 너무 좋았어요 😊
>
> 다음번에는 친구들이랑 함께 가서 먹어보고 싶어요~ 여러분도 꼭 한 번 가보세요! 먹진이네 마라탕 은 진짜 꼭 가야 할 맛집이랍니다!! 다음에 또 먹으러 가야겠어요 🌐
>
> 🔊 🔁 👍 👎 🗬 🔄⌄

프롬프트 및 생성형 AI 도구 공유/구매 사이트

프롬프트 공유 사이트	지피테이블 (GPTable)	gptable.net	국내 최초 챗GPT 프롬프트 공유 커뮤니티
	오픈 프롬프트 (OpenPrompt)	www.prpt.ai/ prompt/list	등록된 프롬프트 전체 리스트
	프롬프트 퍼펙트 (PromptPerfect)	promptperfect. jina.ai	GPT-4, 스테이블M, 클라우드, 미드저니, 달리, 스테이블 디퓨전, 렉시카를 위한 프롬프트 최적화 및 자동화
프롬프트 구매 사이트	프롬프트 베이스 (PromptBase)	promptbase. com/prompt	달리, 미드저니, 챗GPT, 스테이블 디퓨전 등의 프롬프트 마켓
생성형 AI 도구 공유 사이트	오픈 프롬프트 (OpenPrompt)	www.prpt.ai/ aiTools/list	AI 도구 리스트 제공
	툴리파이(Toolify)	www.toolify. ai/ko	40여 개 카테고리에서 최고의 AI 웹사이트/도구/AI 회사 찾기
	퓨처피디아 (Futurepedia)	www. futurepedia.io	최대 규모의 AI 도구 디렉토리 (디렉토리 50개 이상, AI 도구 3,500개 이상)

비즈니스 보고서의 마법 프롬프트, 프레임워크

프레임워크(Framework)란 프레임(틀)과 워크를 합친 말로 어떤 분야에서 협의되어 쓰이는 일정한 틀을 말합니다. 대표적 비즈니스 프레임워크로는 SWOT(기업 경영전략 수립을 위한 분석도구), 5Forces(기업 경쟁구도 분석도구), PEST(거시환경분석) 등이 있습니다.

1. 경영 등 관련 지식이 없어 적당한 프레임워크가 생각이 안 나면, 그냥 '프레임워크'라는 말만 넣어도 됩니다.

> 위의 내용을 기반으로 PR 캠페인을 만들고 싶어. PR에서 쓰는 프레임워크들을 적용해서 분석해 줘.

2. 챗GPT가 알아서 PR에서 쓰는 프레임워크를 가져와서 분석해 줍니다.

⚙ PR 캠페인을 성공적으로 계획하기 위해, 다양한 PR 프레임워크를 활용할 수 있습니다. 아래에서는 PR 캠페인에 흔히 쓰이는 RACE와 4P 프레임워크를 IT커뮤니케이션연구소에 맞게 적용하여 분석하겠습니다.

1. RACE 프레임워크 적용

RACE는 Reach, Act, Convert, Engage의 4단계로 구성된 PR 및 마케팅 캠페인 전략입니다.

RACE 단계	전략 및 실행 방안
Reach (도달)	- 대상: AI 도입을 고려 중인 기업, IT 기술 담당자, 디지털 전환을 준비하는 경영진. - 채널: LinkedIn, AI 관련 세미나, 뉴스레터, 웹사이트 SEO 최적화. - 메시지: "IT커뮤니케이션연구소의 AI 전략으로 기업 경쟁력을 높이세요."
Act (행동 유도)	- 목표: AI 관련 컨설팅과 교육 프로그램에 대한 관심을 이끌어내기. - 방법: 연구소의 성공 사례 및 실질적 효과를 담은 콘텐츠 제공, eBook, 무료 AI 진단 워크샵 등 참여 유도 이벤트 개최.
Convert (전환)	- 목표: AI 컨설팅 계약, 교육 프로그램 등록. - 방법: 성공 사례 및 데이터 중심의 맞춤형 컨설팅 서비스 강조, 조기 등록 할인, 패키지 프로그램 제공.
Engage (참여 및 유지)	- 목표: 지속적인 고객 참여 유도 및 브랜드 충성도 증대. - 방법: AI 관련 최신 트렌드를 공유하는 정기 뉴스레터 발송, 고객사 성과 발표, 만족도 조사 후 피드백 반영.

2. 4P 프레임워크 적용

4P는 Product, Price, Place, Promotion을 중심으로 PR 및 마케팅 전략을 세우는 프레임워크입니다.

4P 요소	전략 및 실행 방안
Product (제품)	- 주요 제품: AI 전략 컨설팅, 맞춤형 교육 프로그램. - 특징: 맞춤형 컨설팅, 전문 인(?)는 AI 강의. - 차별점: 최신 AI 트렌드를 반영한 실용적 프로그램과 기업 맞춤형 컨설팅.

복잡한 작업을 할 때, 탑다운 프롬프트 작성법 5가지

널리 알려진 프롬프트 작성법은 예시 같은 기본적인 스킬들이 많습니다. 하지만 복잡한 작업 시 전체적인 관점에서 세부사항으로 탑다운 접근이 더욱 효과적입니다. 마치 건축가가 건물을 설계할 때처럼요.

1. 우선 변수부터 파악하자 – 탑다운 사고방식

효과적인 연금 수령법 같은 복잡한 질문을 할 때, 우선 변수부터 파악하세요.

> 절세를 위한 효과적인 연금 수령계획(연금 수령 순서 포함)을 세울 때, 고려해야 할 변수들은?

그런 다음 AI가 알려준 변수들(연령대, 가족구성원, 경제상황 등)에 대해 하나씩 정보를 제공하면 더 나은 응답을 얻을 수 있습니다. 이와 같은 방식은 유사한 다른 문제에서도 유용합니다.

> 미국 국채에 투자할까 고민 중이야. 내가 고려해야 할 변수가 뭐가 있을까?

이런 식으로 큰 질문에서 세부 작은 질문으로 나아가는 것을 연역적 사고법, 탑다운 사고방식(경제학의 '탑다운 투자'에서 빌려온 말임)이라고 할 수 있습니다. AI와의 작업에선 이런 연역적 사고방식이 내 시간을 아끼며 더 나은

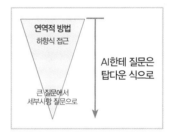

응답을 받을 수 있고, AI의 에너지 소비도 줄일 수 있습니다.

2. AI 정보 범위 확인하기

먼저 AI가 가진 정보의 범위를 확인하는 것이 중요합니다. AI의 지식수준을 파악하고 정보 업데이트 시점을 확인하면서 질문의 방향을 조정하면, 훨씬 효율적인 대화가 가능합니다.

- 테슬라의 최근 실적에 대해 알고 있니?

- '위고비'라는 약에 대해 알고 있니?

3. 목적 기반 구조화의 원칙

프롬프트를 작성할 때는 원하는 결과물의 목적을 상세히 쓰는 것이 좋습니다. 관련 자료가 있다면 넣어줘도 아주 효과적입니다. 이는 데이터를 표로 정리하거나 분석할 때도 마찬가지입니다.

나는 자율주행 분야 스타트업에 투자하려고 해. 각 업체들의 기술력과 사업성을 평가하는 데 도움이 될 만한 변수가 뭐가 있을까?

↓ (AI가 준 변수를 검토 후 수정 및 추가)

이제 이 변수들을 표로 정리해 줘.

4. 단계적 확장의 전략

복잡한 작업을 수행할 때는 한 번에 모든 것을 해결하려 하지 말고, 단계적으로 접근하면 좀더 체계적이고 효율적인 결과를 얻을 수 있습니다.

은퇴 설계 시 고려해야 할 주요 영역에는 어떤 것들이 있을까?

↓

그중에서 절세 전략에 대해 자세히 알고 싶어.

↓

그렇다면 나의 경우 연금 3총사를 어떤 순서로 받는 게 좋을까?

5. AI와의 대화 & 가설 연역법

AI와의 대화는 가설 연역법이 효과적인 경향이 있습니다.

> 사용자: "은퇴 설계를 하고 싶다."
>
> 가설 연역법적 접근:
> 1. 가설: "은퇴 설계에는 여러 핵심 요소가 있을 것이다"
> 2. 연역: "그렇다면 각 요소별로 체계적 접근이 필요할 것이다"
> 3. 예측: "재무, 건강, 여가 등의 영역으로 나눌 수 있을 것이다"
> 4. 검증: 각 영역별 구체적 계획 수립

연역법적 사고가 잘 안 될 경우 다음과 같은 체크리스트 등이 도움이 됩니다.

| 구조화 | 체크리스트 | 템플릿 |

이런 접근은 AI와의 소통에서 문제해결의 효율성을 높이고, 오류 가능성을 줄이며, 더 짧은 시간에 체계적인 결과를 뽑는 데 도움이 됩니다.

4장

나만의
맞춤형 챗봇 만들기

GPT 스토어에서 만난 협상가 챗봇

챗GPT 유료 사용자라면 누구나 손쉽게 GPT-4 모델을 기반으로 자신이 원하는 챗봇을 만들 수 있습니다. 챗GPT뿐 아니라 코파일럿 등 다른 범용 AI 및 AI 도구에서도 챗봇 제작 기능을 제공합니다.

프로그램이나 코딩 지식이 없어도 됩니다. 사람이 사람에게 이야기하는 방식으로 '보고서 작성기', 'PPT 작성기' 등 특정 기능을 수행하는 챗봇을 만들 수 있게 된 것입니다. 다양한 능력과 성격을 지닌 챗봇들이 앞으로 쏟아질 것이고, 이를 통해 나만의 아이디어와 자료가 추가된 챗봇을 만드는 것이 일상화될 것입니다. 이렇게 만든 나만의 챗봇을 2024년 1월 11일부터는 'GPT 스토어'에 올려 공개하고 유통할 수 있게 되었습니다. 마치 애플의 스마트폰 운영체제인 iOS를 기반으로 수많은 앱이 앱 스토어를 통해 공개되고 유통되는 것처럼요. 일단 GPT 스토어부터 구경해 보겠습니다(4장 챗봇 만들기와 관련된 내용은 유메타랩 서승완 대표님의 도움을 받아 작성했습니다).

다른 사람이 만든 챗봇 구경하기

1. PC로 챗GPT 사이트(chatgpt.com)에 접속한 다음, 왼쪽 메뉴에서 'GPT 탐색'을 클릭하세요.

2. GPT 스토어가 열리고, 오픈AI와 다른 사람들이 만들어 올린 챗봇들이 분야별로 나타납니다. 스크롤 막대를 내려 협상가 챗봇인 'The Negotiator'를 눌렀습니다.

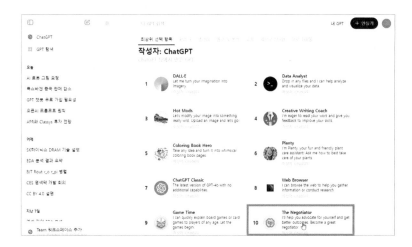

3. 이 챗봇은 협상을 할 때 더 나은 결과를 얻을 수 있도록 도와줍니다. 여기서는 임금협상과 관련한 롤플레잉을 해보겠습니다.

4. 그러자 협상가 챗봇이 물론 가능하다면서 롤플레잉을 통해 실제 협상 상황에서 활용할 수 있는 전략과 스킬을 연습할 수 있다고 합니다. 먼저 세부 정보를 달라고 하네요.

5. '상상력'을 담아 마음대로 답변을 작성해 보았습니다.

> 나는 현재 A사에서 ○○ 일을 하고 있어. 현재 연봉은 15억원인데, B사에서 스카웃 제의를 받았어. 이직하게 되면 20억원은 받고 싶어. 현재 *,000억원을 운용하고 있는데, 직전 연도에 20%의 수익을 올렸어. B사에서 20억원의 연봉을 받아들이면 이직할 생각이야.

6. 그러자 협상가 챗봇이 B사 인사 담당자 역할을 하며 롤플레잉을 시작하고 연봉을 제시하네요.

> **협상 롤플레잉 시작:**
>
> **B██사 인사 담당자:**
> "안녕하세요. 귀하의 뛰어난 성과에 대한 이야기를 많이 들었습니다. 저희 B██사에서도 귀하와 같은 능력 있는 인재가 필요하다고 판단해 스카웃 제안을 드렸습니다. 현재 저희 측에서는 연봉으로 17억 원을 제시하고자 합니다. 어떻게 생각하시나요?"

7. 단도직입적으로 우겨 보았습니다. "20억원을 받아야겠어요!"

8. 챗봇이 구체적인 이유를 제시하면서 인사 담당자를 설득해야 한다며 성과, 이직 리스크, 경쟁력을 강조하라고 코치를 합니다. 그리고 B사 인사 담당자 역할을 하며, 왜 그 금액을 요구하는지 설명을 좀 해달라고 합니다.

좋습니다! 강력한 의지를 표현하셨군요. 이제는 **왜** 20억 원을 받아야 하는지에 대해 구체적인 이유를 제시하면서 상대방을 설득하는 과정이 필요합니다. 현재 귀하의 성과와 가치를 논리적으로 제시해 협상력을 높이는 것이 중요합니다. 다음과 같은 접근 방식을 추천드립니다:

1. **성과 강조**: A증권사에서 현재 운용하고 있는 자산 규모와 높은 수익률을 구체적으로 언급하면서, 자신의 가치를 증명하는 것이 중요합니다.
2. **이직 리스크**: 이직이 가져올 리스크를 고려하며, 그만큼의 연봉 상승이 필요함을 설명할 수 있습니다.
3. **경쟁력 강조**: 업계 내 귀하의 경쟁력과, B증권사가 귀하를 채용함으로써 얻을 수 있는 이점을 부각할 필요가 있습니다.

B■■■사 인사 담당자:
"20억 원을 요구하시는군요. 귀하의 가치를 충분히 인정합니다만, 저희 회사 내부에서 제시할 수 있는 범위가 현재로서는 17억 원 정도로 한정되어 있습니다. 20억 원은 조금 부담스럽게 느껴집니다. 귀하께서 왜 이 금액을 요구하시는지 좀 더 자세히 설명해 주실 수 있을까요?"

9. 그래도 무식하게 내질러 보았더니, 챗봇이 강한 입장을 취하는 것도 방법이나, 협상의 여지를 남기면서도 본인의 가치를 구체적으로 설명하라고 충고하네요. 합리적으로 설득하라는 거죠.

면접을 앞두고 있다면, 협상가 챗봇에게 구체적인 회사 정보를 알려주고, 예상 질문 100개와 좋은 답변 100개를 만들어 달라고 해서 미리 연습해도 좋을 것 같습니다.

같은 질문을 일반 챗GPT에게 해봤는데, 협상가 챗봇과는 달리 대화를 어떤 식으로 끌고 가면 좋을지에 대한 코멘트를 주지 않았습니다. 챗봇의 경우 더욱 특화되거나 목적 지향적인 응답을 받을 수 있는 것이죠.

[실습] 로또번호 생성기 챗봇 만들기

이번에는 GPT 빌더를 활용하여 나만의 챗봇을 만들어 볼까요? 2가지 방식이 있는데, 일단 쉽고 간단한 방법부터 해볼게요. GPT 빌더의 질문에 답변만 해주면 챗봇이 만들어집니다.

1. 챗GPT의 왼쪽 메뉴에서 'GPT 탐색'을 클릭한 다음, 상단 오른쪽의 〈+ 만들기〉 단추를 누르세요.

2. 새 화면이 열리는데, 위쪽에 2개의 탭이 있습니다. 챗봇을 만드는 2개의 방식인데 '만들기'와 '구성'이죠. 여기서는 '만들기' 탭을 클릭하겠습니다. GPT 빌더의 질문에 맞추어 답변을 계속하면 나의 요구에 맞는 챗봇을 만들어 주는 방식입니다.

화면이 영어로 나오면 프롬프트 입력란에 "한글로 말해줘"라고 하면 됩니다. 먼저 GPT 빌더가 어떤 챗봇을 만들지 물어봅니다.

> 로또 번호 5개 조를 생성해 주는 챗봇을 만들고 싶어.

3. GPT 빌더가 챗봇의 이름을 '로또 번호 생성기'라고 지어줍니다(다른 이름으로 지어 달라고 하면 다른 이름을 추천해 줍니다).

4. 이번에는 챗봇에 맞는 프로필 이미지를 만들어 줍니다(마음에 들지 않으면 다시 만들어 달라고 하면 됩니다). 화면 오른쪽의 미리보기 창에는 지금까지 만들어진 챗봇의 형태가 조금씩 나타납니다.

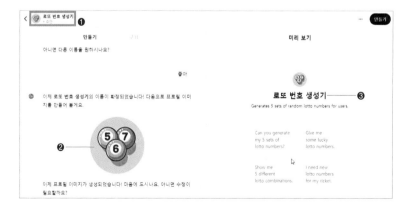

5. 로또 번호를 생성하는 방식에서 강조할 점이나 피해야 할 사항이 있는지 묻습니다. 이렇게 대답했습니다.

> 번호를 표시해 준 뒤에, 한 줄 덕담을 영어로 써주고, 그 밑에 한글로도 써줘.

6. 이렇게 GPT 빌더가 질문을 하고, 내가 답변할 때마다 챗봇이 완성되어 갑니다. 계속 나의 요구사항을 말해서 챗봇을 섬세하게 만들어 나갈 수 있지만 일단 여기서 멈추겠습니다.

7. 이렇게 만든 챗봇을 테스트해 볼까요? 화면에는 예시로 물어보면 좋을 질문 4개를 자동으로 만들어 주는데, 이것을 클릭해 볼게요. 프롬프트 입력란에 직접 요청을 해도 됩니다.

8. 로또 번호가 나오고, 그 아래에 영어 덕담과 한글 해석도 잘 나오네요.

9. 지금까지 만든 '로또 번호 생성기' 챗봇을 저장해 볼게요. 화면 오른쪽 상

단의 〈만들기〉 단추를 누르세요.

10. 'GPT 공유' 대화상자에서 '링크가 있는 모든 사람'

을 선택하고 〈저장〉을 누르세요. 다음 화면에서

〈GPT 보기〉 단추를 누르면 바로 로또 번호 생

성기 챗봇이 나타납니다.

❶ **나만 보기:** GPT 스토어에 저장은 되지만 나한테만 보이는 저장 방식

❷ **링크가 있는 모든 사람:** 이 챗봇의 링크를 받은 사람은 클릭해서 챗봇 이용 가능

❸ **GPT 스토어:** GPT 스토어에 공개해서 누구나 검색해서 사용 가능

11. 오른쪽 상단의 내 계정을 클릭한 다음 '내 GPT'를 클릭하면, 내가 만든

GPT 챗봇을 볼 수 있으며 수정도 할 수 있습니다.

이밖에도 좀더 전문적으로 챗봇을 튜닝하고 만들 수 있으며, 웹 검색 기능

이나 그림 그리는 기능, 코드를 만들어 주는 기능을 챗봇에 탑재할 수도 있

습니다.

[실습] GPT 빌더로
'홍보기사 작성기' 챗봇 만들기

챗봇을 제대로 만들려면 GPT 빌더 화면에서 〈구성〉 탭을 눌러 시작하는 것이 좋습니다. 이 화면은 크게 지침, 지식, 작업 영역의 3가지로 이루어져 있는데, 여기서는 지침과 지식 영역을 이용해서 챗봇을 만들어 보겠습니다(좀더 자세한 방법은 『챗봇 2025』 참조).

'지침' 영역에는 챗봇이 할 일을 프롬프트 형태로 직접 입력하고, '지식' 영역에는 참고자료 파일을 올립니다. 그러면 챗봇이 답변할 때 이 파일을 참고합니다. '작업' 영역은 외부에 있는 공개 API와 챗봇을 연결할 때 사용합니다. 이를테면 내 챗봇에 네이버 검색 API를 연결하면 '네이버의 검색' 기능을 사용할 수 있습니다.

챗봇 이름/설명/프로필 만들기

1. 챗GPT 화면의 왼쪽 메뉴에서 'GPT 탐색'을 누른 뒤 〈+만들기〉 단추를 클릭하세요.

2. GPT 빌더가 열리면 '구성' 탭을 누르세요. 일단 '구성' 탭에 나오는 화면 전체를 거칠게나마 이해하고 넘어가겠습니다(208쪽 그림 참조).

3. 이제 '홍보기사 작성기' 챗봇을 만들어 보죠. 먼저 챗봇의 이름에는 "홍보 기사 작성기"라고 입력합니다.

4. '설명'에는 챗봇에 대한 설명을 넣습니다. 무엇을 하는 챗봇인지 간략하게 쓰면 됩니다.

5. GPT 빌더 상단의 〈+〉 단추를 클릭한 후 '사진 업로드'나 'DALL-E 사용' 을 선택해 프로필을 만듭니다. 프로필이 마음에 들지 않으면 다시 'DALL-E' 를 클릭해 새로 그려달라고 해도 됩니다.

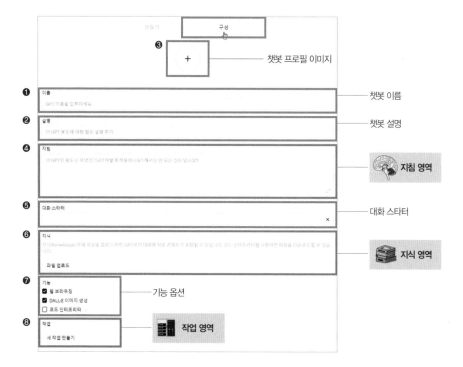

❶ 이름: 내가 만들려는 챗봇의 이름을 씁니다.

❷ 설명: 챗봇에 대한 설명을 입력합니다. 이 챗봇의 소개로 노출됩니다.

❸ 프로필 이미지: 〈+〉 단추를 눌러 챗봇의 대표 이미지를 업로드하거나 생성합니다.

❹ 지침: 가장 중요한 부분입니다. 챗봇이 무슨 일을 해야 하는지 프롬프트 형태로 직접 지시합니다. 시스템 프롬프트 영역이라고 할 수 있습니다.

❺ 대화 스타터: 이 챗봇을 열면 첫 화면에 나올 예시 질문들을 넣어줍니다. 대화 스타터는 생략해도 됩니다.

❻ 지식: 챗봇에게 필요한 맞춤형 지식 파일을 업로드합니다. 그러면 챗봇이 이 지식 파일을 기반으로 응답합니다.
이 기능을 잘 활용하면, 내가 쓴 책이나 대본, 혹은 보고서, 회사의 매출 및 비용 엑셀 파일, 고객 응대 매뉴얼 등을 기반으로 한 맞춤형 챗봇을 만들 수 있습니다.

❼ 기능: 웹 검색, DALL-E 이미지 생성, 파이썬 코드를 만들어 주는 코드 인터프리터 등의 기능을 선택할 수 있습니다.

❽ 작업: 외부 API와 연동하여 데이터를 가져와서 내 챗봇에서 활용합니다.

지침 만들기

지침 영역에서는 챗봇에게 너는 누구이고, 무슨 일을 하며, 어떤 것에 근거해 작업을 해야 한다는 각종 지시와 정보를 넣어줍니다. 이제 '홍보기사 작성기' 챗봇의 지침을 한번 써볼까요?

지시문 | 마크다운으로 "#지시문"이라고 분명하게 표시한 후, 챗봇에게 역할을 주고 무슨 일을 해야 하는지 써줍니다.

> #### #지시문
> 너는 지금부터 홍보 담당자가 제공하는 간단한 요약 정보를 바탕으로 완성된 뉴스 기사문을 작성해 주는 'NewsBot'의 역할을 수행해야 해. 주어진 정보를 토대로 사실에 입각하되, 흥미롭고 읽기 좋은 기사문을 작성하는 것이 목표야.

제약조건 | 홍보기사를 작성할 때 꼭 지켜야 하는 조건을 적어줍니다.

> #### #제약조건
> - 주어진 간략한 정보에서 벗어나지 않고, 사실에 기반해 기사를 작성할 것
> - 과장되거나 선정적인 표현은 자제하고, 객관적인 어조를 유지할 것
> - 기사문은 도입-본문-결말의 구조를 갖추어 작성할 것
> - 인용구를 활용해 기사의 신뢰도를 높일 것
> - 헤드라인은 간결하면서도 기사 내용을 잘 함축할 것

출력형식 | 기사를 어떤 형식으로 출력할 것인가를 알려줍니다. 대괄호로 감싼 부분은 챗봇이 내용을 출력할 때 변동되는 정보를 넣을 위치를 나타냅니다. 즉, 특정 필드에 맞는 내용을 이 위치에 채워 넣도록 설정하는 것입니다.

정보 | 챗봇이 기사 작성 시 꼭 알아둬야 할 필수정보를 정리해 넣습니다. 이 챗봇은 기자 역할을 해야 하므로, 이 영역은 챗봇에게 '너는 기자이고, 이런 방식으로 글을 써야 한다'고 말하는 것과 같습니다.

예시 | 예시를 주면 홍보기사를 훨씬 잘 씁니다. 여기서는 예시를 1개만 주었지만 최소 2개 이상 주는 게 좋습니다. 단, 너무 많이 주면 별로입니다.

이제 GPT 빌더의 '지침' 입력란에 지금까지 정리한 5가지 내용(지시문, 제약조건, 출력형식, 정보, 예시)을 모두 넣습니다.

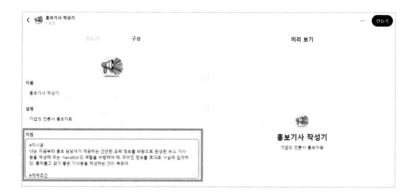

대화 스타터 만들기

대화 스타터는 챗봇 초기 화면에 나오는 '추천 질문'입니다(208쪽 참조). 추천 질문이 있으면 입력하세요. 하나의 질문을 입력하면 바로 아래에 추가 추천 질문을 쓸 수 있는 새로운 빈칸이 생깁니다. 이 예시에서는 회사 내부에서 쓸 전용 챗봇이므로 굳이 넣을 필요가 없어 생략하겠습니다.

챗봇의 지식 영역 설정하기

GPT 빌더 화면의 '지식' 영역에 지식 파일을 업로드하면, 챗봇이 이 문서를 참조해서 응답을 합니다. 파일은 최대 20개까지 올릴 수 있으며, 각 파일의 용량은 최대 512MB까지 가능합니다.

1. 챗봇의 GPT 빌더 화면에서 '지식' 영역의 〈파일 업로드〉 단추를 누르세요. 여기서는 '기사작성의 기초.txt' 파일을 올려볼게요.

TIP GPT 빌더의 지식 영역에는 PDF, 워드, 텍스트, 그림, JSON 파일 등을 올릴 수 있습니다. 단, 한글 파일(HWP)은 인식하지 못하므로 PDF 파일로 변환한 후에 올리세요. 엑셀 파일의 경우 읽고 인식하는 데 시간이 좀 걸립니다. 엑셀 파일을 업로드할 경우 '지식' 영역 바로 아래의 '기능' 옵션에서 반드시 '코드 인터프리터' 옵션에 체크 표시를 해주세요.

2. 이제 '지침' 영역의 '제약조건'에 아래의 행을 추가하겠습니다.

> - 기사를 작성하기 전에 반드시 '지식' 영역의 '기사작성의 기초.txt' 파일을 참고
> 하라.

3. 지금까지 만든 '홍보기사 작성기' 챗봇을 저장하세요. 중간에 한 번 저장했다면 〈만들기〉 단추가 〈업데이트〉 단추로 바뀌어 있는데, 이 단추를 클릭하면 됩니다. 이제 홍보기사 챗봇이 만들어졌습니다.

챗봇의 기능 옵션 선택하기

1. 이번에는 '홍보기사 작성기' 챗봇이 기사에 그림을 그려서 넣도록 해볼게요. 지식 영역의 바로 아래 있는 '기능' 옵션에서 'DALL-E 이미지 생성' 옵션을 켜세요. 챗봇을 만들 때 꼭 필요한 옵션은 켜놓고, 굳이 안 켜도 되는 것

❶ **웹 브라우징**: 챗봇이 실시간 인터넷 검색 후 최신 정보를 제공합니다.

❷ **DALL-E 이미지 생성**: 챗봇이 이미지를 그려줄 필요가 있을 때 체크합니다.

❸ **코드 인터프리터**: 챗봇이 고급 데이터 분석 기능을 사용하는 게 필요할 때 체크합니다. 챗봇이 데이터 분석이나 숫자 계산 등을 해야 한다면 이 기능을 켜는 것이 좋습니다.

은 꺼놓는 것이 속도와 효율성 면에서 좋은 선택입니다.

2. '지침' 영역 중 #지시문에 달리로 그림을 그려 달라고 하고, 아래에 #도출 과정을 추가했습니다. 일종의 작업순서를 정해서 챗봇이 단계별로 수행 하게 하면 응답이 더 잘 나옵니다.

#지시문
너는 지금부터 홍보 담당자가 제공하는 간단한 요약정보를 바탕으로 완성된 뉴 스 기사문을 작성해 주는 'NewsBot'의 역할을 수행해야 해. 주어진 정보를 토대 로 사실에 입각하되, 흥미롭고 읽기 좋은 기사문을 작성하는 것이 목표야. 기사 작성이 끝나면 DALL-E를 새로 호출해서 기사에서 다룬 제품을 소비자가 사용하 는 그림을 그려서 넣어줘. 작업과정은 항상 도출과정의 순서를 따라해 줘.

#도출과정
1. 지시문에 따라 기사를 작성한다.
2. 기사 작성이 완료되면 이어서 DALL-E API를 호출한다.
3. 연이어 DALL-E를 이용해 소비자가 제품을 사용하는 사진을 그려서 출력한다.

---

3. 지침 수정이 끝났으면 〈업데이트〉 단추를 눌러 챗봇을 저장하세요. 혹시 '나만 보기'가 아니라 '링크가 있는 모든 사람' 또는 'GPT 스토어'로 공개 하고 싶다면 〈업데이트〉 단추 왼쪽에 있는 〈공유하기〉를 눌러 다시 저장 하면 됩니다.

'홍보기사 작성기' 챗봇 테스트하기

1. 이제 지금까지 만든 챗봇을 테스트해 보죠. '홍보기사 작성기' 챗봇을 연 후 다음과 같이 기사를 써달라고 해보겠습니다.

M2400 출시 홍보기사를 써줘. M2400은 가정용 정수기로, 특히 육각형 얼음 등 예쁜 얼음 모양 기능을 강화했어.

---

2. '홍보기사 작성기'가 출력형식에 맞게 기사를 작성한 후 제품을 사용하는 그림까지 만들어 주었습니다. 물론 현실에서는 실제 제품 사진을 쓰겠지만, 달리를 이용해서 관련된 이미지를 그릴 수 있다면 쓰임새는 많을 것입니다.

한 줄 요약: M2400, 육각형 얼음 등 다양한 얼음 모양 기능을 갖춘 가정용 정수기 출시

제목: 육각형 얼음으로 더 특별해진 M2400 정수기 출시

내용: 최근 M2400이 출시되며 가정용 정수기 시장에 새로운 바람을 불러일으키고 있다. M2400은 깨끗한 물을 제공하는 기본 기능 외에도, 육각형 얼음 등 다양한 예쁜 얼음 모양을 만들 수 있는 독특한 기능을 강화한 것이 특징이다. 현대 가정의 편의성을 고려한 디자인과 함께 사용자에게 시각적 즐거움까지 선사하는 제품으로 주목받고 있다.

이 정수기는 단순히 물을 정수하는 것을 넘어서 다양한 얼음 모양을 만들어 주방에서의 활용도를 극대화한다. M2400을 사용하면 음료를 더 세련되게 연출할 수 있어 홈카페나 파티에서 특히 인기가 있을 것으로 기대된다. 한 소비자는 "예쁜 얼음 덕분에 음료를 내놓을 때마다 칭찬을 받는다"며 만족감을 드러냈다.

관련 업계 전문가는 "최근 소비자들이 단순 기능 이상의 부가 가치를 찾는 경향이 커지고 있다. M2400의 다양한 얼음 모양 기능은 이런 트렌드에 부합하며, 차별화된 사용 경험을 제공할 것"이라고 평가했다.

M2400 정수기는 디자인과 기능 면에서 가정 내 필수 아이템으로 자리 잡을 가능성이 크며, 앞으로의 반응이 기대된다.

놀라운 챗봇, 그럼에도 불구하고 아직은…

챗봇이 본격화된다면 산업에 미치는 영향이 클 수밖에 없을 것입니다. 마치 애플의 앱 스토어 초창기처럼 재미있는 아이디어만으로도 깜짝 부자가 탄생할 수도 있겠죠. 또 홍보나 마케팅 영역에서의 변화도 예상됩니다.

하지만 아직은 조심해야 할 부분이 많이 있습니다. 가장 주의해야 할 점이 바로 프롬프트 인젝션이라고 불리는 프롬프트 탈취 기법입니다. 그렇기 때문에 지금은 여러 가지 챗봇을 만들고 시도해 보되 '나만 보기' 버전으로 저장하고, 외부 링크를 통해 다른 사람들과 공유하는 부분은 공개 범위를 잘 고민해서 설정하는 것을 추천 드립니다.

GPT 빌더 화면의 하단부에는 '작업' 영역이 있습니다. 이곳은 네이버 검색 API 등 외부 API와 내 챗봇을 연결할 수 있는 곳인데, 이 책에서는 다루지 않습니다. 더 자세한 내용은 『챗봇 2025』(김덕진, 서승완 저)를 참조하세요.

TIP

GPT 챗봇 멘션 기능

내가 만든 GPT 챗봇이나 다른 사람이 올린 챗봇을 손쉽게 불러서 쓰고 싶다면, 챗GPT의 멘션 기능을 사용하세요.

챗GPT의 프롬프트 입력창에 @만 치면, 최근 사용한 GPT 챗봇 목록이 뜨는데, 거기서 선택해서 사용하면 됩니다.

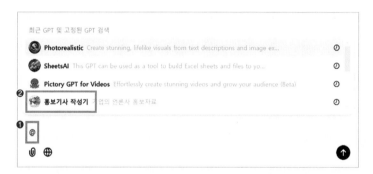

또는 챗봇 화면 왼쪽 상단의 챗봇 이름을 클릭한 뒤 '사이드바에 유지'를 선택하세요. 그러면 챗GPT의 왼쪽 사이드바에 늘 이 챗봇이 나타납니다.

5장

그리기를 위한
AI 활용법

이미지 생성 AI,
예술과 기술, 윤리의 딜레마

이미지 생성형 AI는 현대 기술의 중요한 분야로 예술과 기술이 교차하는 지점에서 그 중요성이 커지고 있습니다. 과거에는 인간만이 창의적인 작품을 만들 수 있다고 생각했지만, 오늘날 AI는 이미지 생성, 예술작품 제작, 콘텐츠 창작에 깊이 관여하고 있습니다.

AI의 역사는 1950년대부터 시작되었으며, 초기에는 단순한 규칙 기반 시스템을 중심으로 발전해 왔습니다. 이후 기계학습과 딥러닝 기술이 등장하면서 스스로 데이터를 분석하고 학습하여 복잡한 문제를 해결할 수 있게 되었습니다.

이미지 생성 AI의 발전도 이러한 흐름의 일환으로, 특히 2014년에 소개된 GAN(생성형 적대 신경망, Generative Adversarial Networks)은 이미지 생성 기술에 큰 혁신을 가져왔습니다. GAN은 생성자(Generator)와 판별자(Discriminator)라는 두 개의 신경망이 서로 경쟁하며 발전하는 시스템인데, 생성자는 이미지

를 만들고 판별자는 진짜 여부를 가려내면서 점점 더 진짜와 구분하기 어려울 정도의 정교한 이미지를 만들어내는 방식으로 작동합니다. 이 기술의 발전은 예술, 게임, 영화 등 다양한 분야에서 AI가 새로운 창작 도구로 자리 잡는 데 중요한 역할을 했습니다.

이미지 생성 AI의 진보

이미지 생성 AI는 다양한 산업 분야에서 폭넓게 활용되고 있습니다. 예술과 디자인 분야에서는 새로운 창작 도구로 활용되어 독창적인 작품을 만들어내고 있으며, 일부 예술가들은 AI와 협력하여 인간의 창의성을 확장하는 새로운 방식의 예술을 탐구하고 있습니다. 또한 게임과 영화 산업에서는 AI가 캐릭터, 배경, 시각효과 등을 자동으로 생성하거나 개선하는 데 큰 기여를 하고 있습니다.

특히 광고와 마케팅 분야에서는 AI를 활용한 이미지 생성 기술이 고객 맞춤형 콘텐츠 제작에 혁신을 가져왔습니다. 기업들은 AI가 생성한 이미지를 활용해 더 빠르고 효율적으로 광고 캠페인을 전개하고 있습니다.

이미지 생성 AI의 딜레마

이미지 생성 AI의 발전은 많은 가능성을 열어주고 있지만, 동시에 여러 기술적 도전과 윤리적 문제도 제기되고 있습니다. 기술적으로는 AI가 학습할 수 있는 데이터의 품질이 중요한 역할을 합니다. 부정확하거나 편향된 데이터로 학습된 AI는 그에 따라 왜곡된 이미지를 생성할 수 있습니다. 또한 너무 복잡한 모델은 많은 계산 자원을 필요로 하기 때문에 비용과 에너지 소비 문제도 있습니다. 윤리적 문제로는 저작권 침해와 관련된 논의가 많습니다. AI가 생성한 이미지가 기존의 저작물을 모방하거나 표절하는 경우, 그 책임은 누구에게 있는가에 대한 논란이 있습니다.

이미지 생성 AI는 앞으로도 계속해서 발전할 것으로 예상됩니다. 더 정교한 생성 기술과 더 나은 학습 알고리즘이 개발되면서 AI가 생성하는 이미지의 품질은 더욱 향상될 것입니다. 또한 이미지 생성 AI는 점점 더 다양한 분야로 확장될 것으로 예상되며, 특히 건축, 패션, 의료 영상 등에서 큰 역할을 할 것으로 보입니다. 동시에 기술의 발전과 함께 윤리적 문제를 해결하기 위한 법적, 제도적 장치도 필요해질 것입니다.

초보자에게 가장 쉬운
마이크로소프트 디자이너

마이크로소프트 디자이너는 온라인에서 누구나 쉽게 소셜 미디어 게시물, 디지털 엽서, 초대장, 카드뉴스 등 다양한 그래픽 작업을 할 수 있는 AI 기반의 디자인 플랫폼입니다.

마이크로소프트 디자이너는 뭐가 다를까?

마이크로소프트 디자이너는 이미지 생성 AI인 달리-3가 탑재되어 있어서, 원하는 이미지에 대한 설명 텍스트 한 줄만 입력하면 이미지를 만들어 줍니다. 챗GPT나 코파일럿에서도 그림을 생성할 수 있지만, 마이크로소프트 디자이너는 이미지 편집도 같이 할 수 있다는 것이 장점입니다. 또한 미드저니 등의 이미지 특화 생성형 AI보다 인터페이스와 사용법이 쉽고 직관적인 것도 장점입니다.

아울러 마이크로소프트 디자이너에 페이스북, 인스타그램 같은 SNS 계정을 연동해 두면 이미지를 생성할 때 문구와 해시태그까지 추천해 줍니다. 프롬프트를 영어로 줄 경우 더 다양하고 정교한 이미지를 생성합니다.

템플릿으로 인스타용 이미지 생성하기

1. 마이크로소프트 디자이너 사이트(designer.microsoft.com)에 접속한 후 로그인을 하세요.

2. 메인 화면이 열리면, 화면 상단의 〈+만들기〉 단추를 누르거나 화면 중앙의 입력창을 클릭하세요. 작업 방식 목록이 나타나는데, 여기서는 'Instagram 사각형 게시물'을 선택해 보겠습니다.

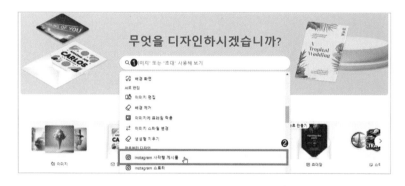

3. 디자이너 페이지가 열립니다. 왼쪽 메뉴에서 '템플릿'을 클릭한 후 마음에 드는 템플릿을 선택하세요. 템플릿 안의 각 요소는 수정, 삭제할 수 있습니다.

4. 이 인스타용 템플릿에 달리는 여성 그림을 넣어보죠. 왼쪽 메뉴에서 '시각효과'를 누른 후 '생성' 탭을 클릭하세요. 프롬프트를 입력하고 화살표 모양의 〈보내기〉 단추를 누르세요.

운동복을 입고 거리를 달리는 한국의 20대 여성

---

5. 금방 그림을 생성해 줍니다. 여기서는 두 번째 그림을 선택해 볼게요.

6. 인스타용 템플릿에 달리는 여자 이미지가 삽입되었습니다. 그림의 크기와 위치를 조정한 뒤 '배경 제거'를 클릭합니다.

7. 그림에서 배경만 감쪽같이 제거해 줍니다. 여성 사진의 위치와 크기는 마우스로 조정하면 됩니다.

'시각효과' 탭의 템플릿에는 여러 아이콘과 일러스트레이션, 사진, 배경 등이 있으므로 선택해서 사용할 수도 있고, 조금 전처럼 AI가 그리게 해서 넣을 수도 있습니다.

상품 홍보 카드뉴스 만들기

상상력을 마음껏 펼쳐서, 물 1리터를 넣으면 1,000Km를 주행할 수 있는 아쿠아 자동차를 개발했다고 하죠. 이 획기적인 상품에 대한 카드뉴스를 만들어 보겠습니다.

1. 마이크로소프트 디자이너 화면에서 '시각효과' 탭의 '생성' 아이콘을 누른 후 입력창에 다음과 같이 입력했습니다.

> 물방울 모양의 자동차가 도로 위를 달리고 있는 그림

2. 곧 4장의 그림이 나왔는데, 첫 번째 그림을 선택해 캔버스의 아래에 넣고, 위쪽에는 '시각효과'의 반짝이는 전구 아이콘을 하나 삽입하고, 왼쪽 메뉴에서 '텍스트'를 누른 후 '본문 텍스트 추가'를 누르고 글자를 입력했습니다.

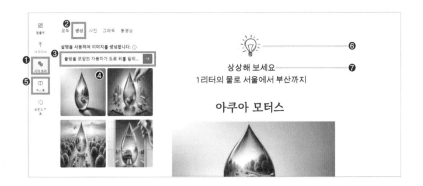

3. 이미지 아래의 〈페이지 추가〉를 누른 뒤 '페이지 복제'를 클릭하세요.

4. 두 번째 카드에 "푸른 지구 배경, 물방울 모양 자동차가 지구 주위를 공
전하는 모습"을 그려달라고 해서 넣고 텍스트는 두 번째 행만 바꿨습니다.

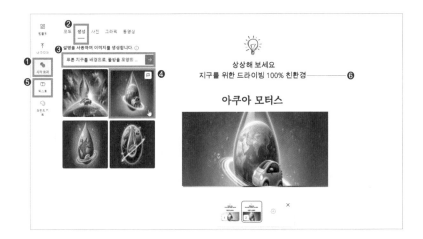

5. 세 번째 카드도 두 번째 카드의 복제 형태로 삽입한 뒤 같은 순서로 작업
하면 됩니다. 같은 방식으로 모두 5장의 카드를 만들었습니다.

6. 바로 인스타그램으로 올리고 싶으면, 〈다운로드〉 단추를 눌러 5개의 카
드를 다운받은 후, '캡션 및 해시태그에 AI 사용' 아래의 〈사용해 보기〉
를 클릭하면 됩니다.

그림 스타일 바꾸기

1. 메인 화면의 상단 메뉴에서 'AI로 편집'을 누르세요.

2. '이미지 스타일 다시 지정' 영역에서 '이미지를 업로드하여 크기 조정'을 클릭하세요.

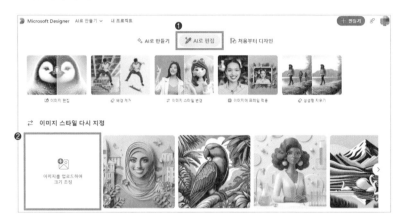

3. '이미지 추가' 대화상자가 열리면 '이 장치에서'를 누른 후 사진을 업로드 하세요. 여기서는 무료 사진을 업로드했습니다.

4. 사진을 업로드했나요? 이제 이 사진의 스타일을 바꿔 보죠. '스타일'의 목록 단추를 누른 후 '팝아트'를 선택하고 〈생성〉 단추를 누릅니다.

5. 팝아트 스타일로 바꾼 그림 4장을 주네요. 두 번째 사진을 클릭해서 저 장했습니다.

6. 왼쪽이 내 컴퓨터에서 업로드한 원본이고, 오른쪽이 팝아트 스타일로 수정한 수정본입니다.

그림에서 요가하는 여인 지우기

1. 메인 화면의 상단 메뉴에서 'AI로 편집'을 선택한 후 '생성형 지우기'를 클릭하세요.

2. 수정하고 싶은 사진을 업로드하세요. 여기서는 무료 이미지 사이트에서 고른 요가 사진을 올렸습니다.

3. 사진이 나타나면, '빠른 선택'을 누른 다음, 이미지를 클릭해 선택하세요. 이 상태에서 Ctrl 키를 누른 채 여러 부분을 복수 선택할 수도 있습니다. 선택했으면 '개체 지우기' 단추를 누르세요.

4. 사진에서 요가 중인 여자가 감쪽같이 지워졌습니다.

내 사진에 프레임 효과 주기

1. 메인 화면에서 'AI로 편집'을 누른 후 '이미지에 프레임 적용'을 선택하세요.

2. '이미지 추가' 대화상자가 열리면, 프레임 효과를 줄 장치와 파일을 선택한 후 〈선택〉 단추를 누르세요.

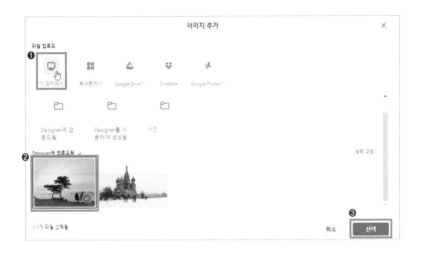

3. 내 사진에 수채화 프레임 효과를 주어 보겠습니다. '스타일'을 누른 후 아이디어 탐색 영역에서 '수채화'를 골라보았습니다.

4. 다음과 같이 수채화 프레임이 나옵니다. 마음에 드는 프레임을 선택하세요. '요소'를 누르면 조금 전에 선택한 스타일을 구성하는 요소를 바꿀 수도 있습니다. 모두 설정했으면 〈생성〉 단추를 누르세요.

5. 수채화 프레임 효과를 준 이미지들이 나타나면, 마음에 드는 것을 클릭해서 다운로드 받으면 됩니다.

놀랍게 진화하는
미드저니

미드저니(Midjourney)는 텍스트를 입력하면 이미지를 생성해 주는 AI입니다. 현재 무료 평가 버전은 없으며 유료로 가입해야 사용할 수 있지만, 이미지 품질과 인지도 면에서 가장 앞서기 때문인지 전 세계에서 가입자가 2천만 명이 넘습니다. 웹에서 이용할 수도 있지만, 디스코드 앱을 깔아서 쓰는 것이 더 편한 것 같습니다. 이 방식으로 진행할게요.

미드저니에 참가하기

1. 미드저니를 사용하려면 먼저 디스코드(Discord)에 가입해야 합니다. 미드저니 AI는 디스코드 플랫폼에서 돌아가는 서비스거든요. 먼저 디스코드 사이트(discord.com)에 가서 〈Download for Windows〉를 선택해 디스코드 앱을 설치하세요.

2. 잠시 뒤 바탕화면에 '디스코드' 아이콘이 생긴 것을 볼 수 있습니다.

3. 바탕화면의 디스코드 앱을 실행한 후 이메일, 별명, 사용자명, 비밀번호, 생년월일을 입력하고 〈계속하기〉 단추를 누릅니다.

4. 그다음 로봇이 아닌 사람인지 체크하는 항목이 나오는데 각 질문에 답하면 됩니다.

5. 디스코드 화면이 나타납니다.

6. 이때 앞 단계에서 입력한 여러분의 이메일 계정으로 가면, 디스코드에서 보낸 이메일이 있습니다. 〈Verify Email〉 단추를 눌러 이메일 인증을 해주세요.

7. 디스코드 화면에서 〈Discord로 계속하기〉 단추를 누르세요. 연이어 나타나는 대화상자에서 〈Discord 열기〉 단추를 누릅니다.

8. 디스코드 첫 화면이 열립니다. 화면 왼쪽 맨 아래쪽에서 나침반 모양의 '찾기' 아이콘을 누르세요.

9. 이제 화면 중앙의 추천 서버에서 'Midjourney'를 클릭하세요. 미드저니는 디스코드 플랫폼에 있는 하나의 서비스라고 생각하면 됩니다.

10. 이제 미드저니 화면이 나타납니다. 상단의 〈Midjourney에 참가하기〉 단추를 클릭하세요.

11. 로봇인지 사람인지 체크하는 과정이 나오면 사람임을 인증하세요.

12. 이제 텍스트로 그림을 그리는 미드저니 서버에 도착했습니다. 앞에서 미드저니에서 회원가입을 완료했더라도 유료 결제를 하지 않으면 사용할 수 없습니다. 화면 아래쪽에 있는 프롬프트 입력란에 다음과 같이 입력하세요.

/subscribe Enter

13. 유료 플랜 페이지가 열리면 〈Subscribe〉 단추를 눌러 결제하세요(베이직 플랜 월 10달러, 연 결제 시 20% 할인). 유료라 아쉽긴 하지만, 미드저니를 사용해 보면 그만한 비용을 지불할 가치가 있어 보입니다.

14. 이제 미드저니를 사용하기 위한 준비를 마쳤습니다. 미드저니 화면 왼쪽에는 여러 개의 채널이 나오는데, 그 중 'New-commer Rooms'는 초심자 채팅방으로 서로 질문을 주고받을 수 있고, 텍스트를 입력해 이미지를 생성할 수도 있습니다. 이 채널 안에 newbies라는 방이 여러 개 있는데, 흰색으로 활성화된 채널을 클릭해 보세요. 그러면 이 방의 회원들이 생성한 이미지가 보입니다.

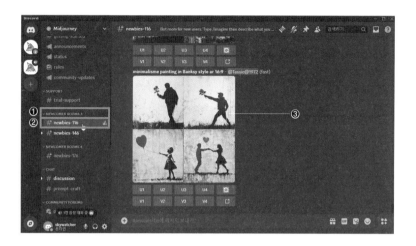

텍스트로 간단한 이미지 생성 /imagine

1. 미드저니에서 뉴비 방을 하나 선택해 들어갔나요? 하단의 프롬프트 입

력란에 "/imagine"을 입력한 뒤 키보드의 Space bar 를 누르고, 프롬프트

입력 공간이 나타나면 텍스트를 입력하거나 붙인 뒤 Enter 를 누르세요.

여기서는 무지개 물고기를 그려달라고 해보겠습니다.

/imagine Space bar 비늘이 무지개 색깔로 반짝이는 물고기를 그려줘.

미드저니엔 영어로 프롬프트를 넣어야 함. 챗GPT에게 원하는
그림을 말한 뒤, 미드저니용 프롬프트를 써달라고 하면 영어로 써줌.

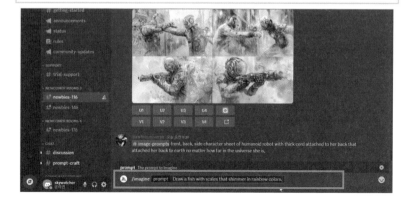

2. 미드저니 봇이 내 요청을 처리합니다. 와중에도 이 방에 있는 다른 사람들의 작업물이 나타납니다. 카톡 단톡방과 비슷하죠?

공개된 방이어서 누구나 다른 사람의 그림을 볼 수 있고, 저장할 수도 있고, 프롬프트도 볼 수 있습니다. 내 작업물을 다른 사람이 못 보게 하려면 스텔스 모드를 사용해야 하는데, 더 비싼 유료 구독이 필요합니다.

3. 그렇다면 내가 요청한 그림은 어디에 있을까요? 스크롤 막대를 위로 올려서 찾을 수도 있겠지만, 화면 오른쪽 상단의 '받은 편지함' 아이콘을 누른 뒤 '멘션'을 선택하면 내 작업물을 볼 수 있습니다. 〈이동하기〉 단추를 누르세요.

다른 사람의
이미지
프롬프트,
잘 그린
이미지의
프롬프트를
살펴보세요.

4. 미드저니 봇이 그린 4장이 나타납니다. 그림은 왼쪽부터 오른쪽으로 1번, 2번, 두 번째 줄도 왼쪽부터 오른쪽으로 3번, 4번입니다. 〈V1〉 단추를 클릭하세요. 〈V1〉 단추는 1번 그림과 비슷한 스타일이나 요소를 유지하면서 다른 변형(Variation) 이미지를 만들어 줍니다. 여기서는 다음 화면에서 2번 그림의 해상도를 높이기 위해 〈V2〉 단추를 눌렀습니다.

5. 오~, 미드저니 봇이 2번 그림을 변화시키는 프롬프트를 자동으로 생성

한 뒤 새로 4장의 변형 그림을 그려줍니다.

6. 이번에는 〈U2〉 단추를 누르세요. 해상도를 높여 디테일을 살려주는 〈Upscale〉 기능입니다.

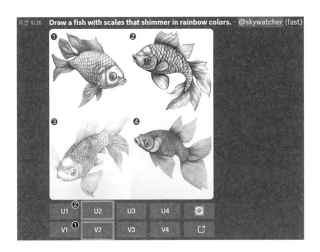

7. 최종 그림만 볼까요? 미드저니 화면에서 이미지 아래쪽에 여러 개의 단추가 있는데, 여기서는 기능 설명만 하고 넘어가겠습니다.

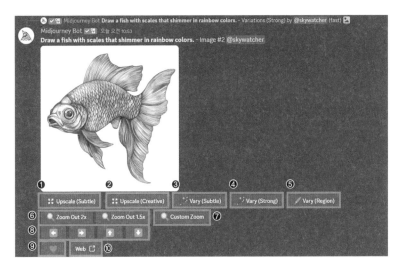

❶ **Upscale**(Subtle): 이미지의 원래 느낌을 최대한 유지하면서 해상도를 좀더 키우며 디테일을 조금 더 강화하는 옵션입니다.

❷ **Upscale**(Creative): 고해상도로 업스케일하지만, 디테일이 더 눈에 띄게 되고, 약간 더 창의적인 요소가 더 추가됩니다.

❸ **Vary**(Subtle): 현재 이미지에서 조금씩 다른 변형 이미지를 생성합니다. 원본 이미지와 큰 차이는 없고, 세부적인 변화가 포함된 새로운 이미지 버전을 볼 수 있습니다.

❹ **Vary**(Strong): 원본 이미지의 주요 요소는 유지하되, 새로운 스타일이나 구성이 반영된 이미지 변형을 볼 수 있습니다.

❺ **Vary**(Region): 이미지의 일부 영역을 선택하여 변형할 수 있으며, 이미지 전체가 아닌 특정 부분만 다르게 표현하고 싶을 때 유용합니다.

❻ **Zoom Out 2x / Zoom Out 1.5x**: 현재 이미지의 줌아웃된 버전을 생성합니다. 이미지를 더 넓은 시야로 보여주며, 2배 또는 1.5배로 축소된 버전으로 배경이나 더 넓은 장면을 추가할 수 있습니다.

❼ **Custom Zoom**: 사용자가 직접 줌 비율을 선택합니다. 이미지를 원하는 비율로 축소 또는 확대할 수 있습니다.

❽ **좌/우/상/하 단추**: 이미지의 위치를 이동시킵니다.

❾ **Heart**: 내 마음에 드는 작품을 즐겨찾기로 저장합니다.

❿ **Web**: 이미지를 미드저니 웹브라우저 내 라이브러리에서 열어줍니다. 내가 만든 작품들을 모두 둘러볼 수 있고 저장할 수도 있습니다.

8. 그림을 내 컴퓨터에 저장해 보죠. 그림을 오른쪽 클릭해서 저장해도 되고, 〈Web〉 단추를 눌러 내 라이브러리로 옮긴 뒤 좀더 수정해서 저장할 수도 있습니다.

일관성 있는 캐릭터 그리기

4컷 만화처럼 한 인물을 여러 장 연속해서 그려야 할 때, 그때그때 인물의 얼굴이 달라지면 안 되겠죠? 여기서는 인물의 일관성을 유지하는 방법을 간단히 소개해 보겠습니다.

1. 미드저니에게 영화 〈쇼생크 탈출〉의 주인공인 앤디 듀프레인을 그려달라고 하겠습니다.

/imagine Draw Andy Dufresne, the main character from the movie The Shawshank Redemption.
영화 <쇼생크 탈출>의 주인공 앤디 듀프레인을 그려줘.

2. 영화 〈쇼생크 탈출〉의 주인공 앤디 듀프 레인을 4장 그려주네요. 여기서는 1번 그 림을 선택할게요.

3. 1번 그림이 나타납니다. 〈Web〉 단추를 누르세요.

4. 웹에서 이미지 화면이 나타나면, 왼쪽 메뉴에서 'Organize' 아이콘을 누 르세요. 오른쪽 상단에서 'Options' 메뉴를 클릭한 다음, 'Copy→Seed'를 눌러 이 그림의 고유번호인 시드 번호를 복사합니다. 일관성 있는 그림 을 그릴 때는 이 시드 번호를 이용해야 합니다.

5. 이번에는 미드저니의 프롬프트 입력창에서 /imagine 다음에 아래와 같이 시드 번호를 포함해 프롬프트를 주었습니다.

> /imagine Andy Dufresne looking at the warden with a despairing expression. --seed 1390873718
>
> 앤디 듀프레인이 교도소장을 바라보며 절망적인 표정을 짓고 있다.
> --seed 1390873718

6. 잠시 기다리면 새로 생성한 그림이 나타납니다. 시드 번호 원본과 새로 만든 1번을 나란히 놓고 보면 꽤 흡사합니다.

명화 〈진주 귀고리를 한 소녀〉 스타일 모방해서 그리기

17세기 네덜란드 화가 요하네스 페르메이르의 〈진주 귀고리를 한 소녀〉는 2003년 스칼렛 요한슨 주연 동명의 영화로 제작되었죠. 이 그림을 모방하되, 3D 스타일로 변주해서 두 남녀를 그려보겠습니다.

1. 먼저 구글에서 〈진주 귀고리를 한 소녀〉 그림을 검색한 뒤 캐릭터가 있는 이미지의 URL을 복사해 두세요. 그리고 아래와 같이 원본 그림이 있는 URL을 넣고 그 뒤에 프롬프트를 주었습니다.

> /imagine http://URL/image.png There is a woman named Julie and a man named Peter. Julie has red hair, and Peter has purple hair. Julie is wearing blue clothes, and Peter is wearing black clothes. 3D drawing style.
> 쥴리라는 여자와 피터라는 남자가 있다. 쥴리는 빨간색 머리칼이고, 피터는 보랏빛 머리칼이다. 쥴리는 파랑색 옷을 입고 있고, 피터는 검정색 옷을 입고 있다. 3D 드로잉 스타일.

TIP

캐릭터의 일관성을 높이려면

캐릭터의 일관성을 높이려면 시드 번호만 이용하는 것보다는, 아래와 같이 프롬프트에 원본 이미지의 URL을 주면 훨씬 나은 결과를 줍니다.

　이미지의 URL은 〈Web〉 단추를 눌러 내 라이브러리로 가서 원본 이미지를 불러온 뒤, 그림 위에서 마우스 오른쪽을 클릭해 'Copy Image URL'을 선택하면 됩니다. 의상이나 헤어스타일 등은 텍스트 프롬프트에 직접 입력하면 됩니다.

> /imagine http://imageURL1.png 텍스트 프롬프트 --seed 번호

2. 미드저니가 그려준 4장의 그림 중에서 하나를 선택했습니다. 원본 그림을 모방하되, 3D 스타일로 바꾼 그림이 만들어졌습니다.

카툰 스타일 고화질 그림 그리기

1. 카툰 스타일로 그리고 싶은 그림의 키워드들만 넣어도 됩니다. 4K는 표준 고화질(1920×1080)보다 4배 높게 느껴질 만큼 좋은 화질과 디테일로 그려달라는 의미입니다. /imagine 뒤에 아래와 같이 프롬프트를 넣었습니다.

> /imagine A dog, a cat, and a rabbit living in the same house, cartoon style, 4K.
> 같은 집에 살고 있는 개, 고양이, 토끼, 만화 스타일, 4배 고화질

2. 완성된 그림을 볼까요? 여기서는 3번 그림을 좀더 다양한 버전으로 만들고 싶어 〈V3〉 단추를 눌렀습니다.

3. 연이어 두 번째 사진이 마음에 들어 최종적으로 고화질로 저장하기 위해 〈U2〉 단추를 클릭했습니다.

4. 원본 그림이 고해상도로 저장됩니다. 그림이 마음에 들면, 화면 왼쪽의
'Download image' 아이콘을 눌러서 저장하면 됩니다. 이제는 누구나 상
상력만 있으면 나만의 그림을 만들 수 있습니다.

인상주의 미술도 추상주의 미술도 OK!

미드저니에게 상상하는 그림을 묘사하는 텍스트 외에 중요한 것은 핵심 키워드를 나열해 주는 것입니다. 흐릿한 붓질(Blurry brushstrokes), 파스텔 색상(Pastel color), 인상파 풍의 풍경(Impressionistic landscape) 같은 키워드 말입니다.

1. 인상파 풍의 그림을 그려달라고 해 볼게요.

/imagine A woman in her twenties, wearing a white dress, is walking along the riverside. The riverbank in May is entirely green with grass and trees. A small boat is tied up on the water by the river. Blurry brushstrokes, Pastel color, Impressionistic landscape. --ar 16:9
20대의 흰색 원피스를 입은 여자가 강변을 산책하고 있다. 5월의 강둑에는 풀과 나무로 온통 초록색이다. 강가의 물 위에는 나룻배 하나가 묶여 있다. 흐릿한 붓질, 파스텔 색상, 인상주의적 풍경. -- 가로세로 비율 16:9

---

2. 인상파 풍의 멋진 그림이 4장 나와서 개중 마음에 드는 것을 골랐습니다. 대상을 정확하게 묘사하기보다는 화가가 받은 순간적인 감정과 느낌을 강조한 그림입니다. 가로와 세로 비율도 16:9입니다.

3. 잘 모르는 분야의 그림을 요청할 때 핵심 키워드는 챗GPT에게 물어보세요.

> 미드저니에게 추상미술을 그려달라고 할 예정이야. 추상미술 관련 핵심 키워드 5개를 알려줘.

4. 미드저니에게 먼저 원하는 그림과 관련된 내 경험을 묘사하고, 그 뒤에 (챗GPT가 알려준) 핵심 키워드를 넣어 다음과 같이 요청했습니다.

> /imagine I had a dream last night. My body flowed through small holes like liquid. All the surrounding objects were also changing form without any fixed shape, and the colors were a mix of intense, vibrant hues. Geometric shapes, Bold colors, Non-representational, Dynamic composition, Textured brushstrokes
>
> 어젯밤에 꿈을 꾸었어. 그런데 내 몸이 액체처럼 작은 구멍으로 빠져나갔어. 주변의 모든 사물들도 일정한 모양이 없이 이리저리 바뀌고, 색깔은 여러 개의 강렬한 빛깔이었어. 기하학적 형태, 강렬한 색채, 비구상적, 역동적인 구도, 질감 있는 붓질.

챗GPT에게 물어서 넣은 키워드

5. 오~, 원하는 느낌의 그림을 4장 그려주네요. 1번 그림을 클릭해 보겠습니다. 그럴듯하죠? 이처럼 핵심 키워드만 잘 넣어도 원하는 그림에 한발 더 다가갈 수 있습니다.

6. 이번에는 멋진 무료 그림을 보고 폰으로 찍었습니다. 미드저니에서 이런 풍으로 그림을 만들고 싶은데 감이 잘 잡히지 않으면, 챗GPT에게 이미지를 업로드하고, 미드저니용 프롬프트를 써달라고 하면 됩니다.

지금 올린 풍의 그림을 미드저니에게 부탁할 예정이야. 이 그림을 보고 프롬프트를 만들어줄래?

이 그림을 기반으로 한 미드저니 프롬프트는 다음과 같이 작성할 수 있습니다:

"A young woman walking confidently, wearing a green cap, white t-shirt, and olive green cargo pants. She carries a matching bag on her shoulder and another in her hand. The overall style is casual and sporty, with soft watercolor strokes and a minimalistic background in muted tones. The color palette focuses on earthy greens, whites, and subtle blues, creating a calm yet dynamic feel. Full body shot, realistic propor ↓ ıs, 4K resolution."

7. 챗GPT가 만든 프롬프트를 그대로 복사해서, 미드저니에 붙여넣고 그리게 했습니다.

/imagine A young woman walking confidently, wearing a green cap, white t-shirt, and olive green cargo pants. She carries a matching bag on her shoulder and another in her hand. The overall style is casual and sporty, with soft watercolor strokes and a minimalistic background in muted tones. The color palette focuses on earthy greens, whites, and subtle blues, creating a calm yet dynamic feel. Full body shot, realistic proportions, 4K resolution. 자신감 있게 걷고 있는 젊은 여성이 초록색 모자, 흰색 티셔츠, 올리브그린 카고 바지를 입고 있다. 그녀는 어깨에 가방을 하나 메고 있고, 손에 또 다른 가방을 들고 있다. 전체적인 스타일은 캐주얼하고 스포티하며, 부드러운 수채화 붓질과 차분한 색조의 최소한의 배경이 특징이다. 색상 팔레트는 차분한 초록색, 흰색, 은은한 파란색에 초점을 맞추어 평온하면서도 역동적인 느낌을 준다. 전신 샷, 현실적인 비율, 4K 해상도.

244

8. 어떤가요? 그림의 풍이 비슷하지 않나요?

이미지 합성 블렌드 /blend

1. 미드저니의 입력창에서 "/blend"라고 치면 image1과 image2 칸이 나옵니다.

2. image1과 image2에 픽사베이에서 구한 무료 사진 2개(초원 사진과 질주하는 오토바이 사진)를 각각 넣었습니다. 화면 아래쪽에 있는 '더 보기'를 눌러주면 위쪽에 옵션이 열리는데, 여기서 '비율(dimension)'을 누른 후 '가로형(Landscape)'을 선택하고 Enter 를 눌렀습니다.

3. 오~, 초원 사진에 오토바이를 탄 남자 사진이 멋지게 합성되었습니다.

프롬프트 만들기 어려울 때 /describe

1. 픽사베이 무료 사진에서 유령의 집 사진을 보았습니다. 미드저니에게 이와 비슷한 분위기로 그림을 그려달라고 해보죠. 그림 위에서 마우스 오른쪽 클릭을 해서 그림의 URL을 복사합니다.

2. 이제 미드저니의 프롬프트 입력란에 "/describe"라고 입력하고, 스페이스바를 눌러 한 칸을 띄우세요. 그러면 위쪽에 2개의 옵션(image, link)이 나타나는데 'link'를 누르세요.

3. 그런 다음 1번 단계에서 복사한 유령의 집 이미지의 주소를 붙여넣고 Enter 를 치세요.

4. 미드저니가 링크에 있는 그림을 분석한 뒤 4개의 프롬프트를 만들어 줍니다. 아래쪽의 숫자 단추를 누르면 해당 프롬프트로 그림을 생성하게 됩니다.

5. 그림에서 3번 프롬프트를 복사해서 약간 변형한 뒤 이미지를 생성해 보겠습니다. /imagine를 입력한 뒤 아래 수정한 프롬프트를 넣어볼게요.

6. 오~, 분위기가 바뀐 그림을 4장 그려주네요. 이처럼 미드저니가 만들어 주는 프롬프트를 다양하게 변주해서 사용하는 과정에서 많은 것을 느끼고 배울 수 있습니다.

미드저니를 좀더 잘 쓰는 방법이 궁금하다면, 미드저니 사이트의 사용자 가이드 사이트(docs.midjourney.com)를 방문해 보세요. 고급 프롬프트를 어떤 식

으로 쓰면 되는지 설명이 매우 잘되어 있습니다. 마음에 드는 이미지를 어떻게 생성했는지 궁금하다면, 예시를 미드저니로 그대로 가져와서 '디스크라이브(describe)'를 해달라고 하면 프롬프트와 파라미터 값을 쉽게 알 수 있습니다.

디자인과 프롬프트를 잘 모르는 사람도 마음에 드는 이미지를 디스크라이브해서 프롬프트를 바꾸거나 합성이나 변형을 하거나 비율 등을 조절해 멋진 그림을 생성할 수 있을 것입니다.

TIP

미드저니에서 프롬프트 더 잘 쓰는 법

우리가 미드저니 하단의 입력창에 프롬프트를 입력하면, 보통 다음과 같이 나타납니다. "/imagine" 같은 기본 프롬프트를 입력한 후, 원하는 그림에 대한 텍스트 프롬프트를 영어로 구체적이고 길게 넣어주면 됩니다(챗GPT를 이용하면 되겠죠?). 단순한 단어들만 나열해도 됩니다. 다음은 '동양 스타일의 유니콘 뿔, 날개, 중국식 화풍'이라고 단어만 나열해 프롬프트를 준 경우입니다.

기본 프롬프트   자동으로 나타남   텍스트 프롬프트

이처럼 기본 프롬프트 뒤에 영어로 텍스트 프롬프트만 써도 되지만, '인터넷 주소 링크, 텍스트 프롬프트, 파라미터 값' 순으로 넣으면 원하는 이미지를 더 잘 받을 수 있습니다.

/imagine	prompt	인터넷 주소 링크	텍스트 프롬프트	파라미터 값

이미지 생성 AI 세계의 오픈소스, 스테이블 디퓨전

스테이블 디퓨전(Stable Diffusion)은 2022년에 스테이블 AI에서 개발한 모델로, 텍스트를 입력하면 이미지를 생성합니다. 이미지 생성 속도가 빠르고 효율성이 높으며, 다양한 하드웨어 환경에서 사용할 수 있는 것이 장점입니다. 또한 다양한 스타일과 옵션을 지원해 이미지를 섬세하게 만들 수 있습니다.

스테이블 디퓨전은 소스를 공개해 많은 개발자와 연구자들이 다양한 응용 프로그램을 개발하고 있습니다. 특히 창의적 예술, 마케팅, 디자인 등 주로 전문적인 분야의 사람들이 선호하나, 사양이 높은 PC에도 설치해 사용할 수 있습니다. 이미지의 질이 좋아 일반인도 도전해 볼 만합니다.

스테이블 디퓨전, 내 컴퓨터에 설치하기

스테이블 디퓨전 webUI 1.0 버전을 다운받아 설치해 사용해 보죠. 하드웨어의 사양이 다소 높아야 하지만, 개인의 PC에 설치해 실행할 수도 있습니다. 단, CPU나 메모리, 특히 GPU 성능이 좋지 않으면 설치가 안 될 수도 있고, 설치가 되어도 이미지 생성 속도가 느릴 수 있습니다.

1. 오토매틱1111의 깃허브 사이트(github.com/AUTOMATIC1111/stable-diffusion-webui)로 들어갑니다. 초기 버전인 스테이블 디퓨전 v1.0.0-pre 버전을 설치하겠습니다. 설치가 간편하기 때문인데, 설치하면서 최신 버전으로 업데이트하면 됩니다.

2. 웹페이지가 열리면 화면 오른쪽 하단의 'Releases(출시)'를 클릭하세요.

3. 다음 화면에서 하단의 게시판 페이지 번호 중 마지막 페이지를 클릭해서 이동합니다. 마지막 페이지의 최하단에 v1.0.0-pre 버전이 보이면, 바로 아래에 있는 '자산(Assets)'을 클릭합니다.

4. 스테이블 디퓨전 v1.0.0-pre 버전 파일이 보입니다. 이 버전의 자산 중에서 'sd.webui.zip' 파일을 클릭해서 다운로드합니다.

5. 여러분 컴퓨터의 '다운로드' 폴더에 가서 압축 파일을 C 드라이브로 옮긴 뒤 압축을 풀면 'sd.webui'라는 폴더가 생기고, 그 안에 3개의 파일과 2개의 폴더가 나옵니다. 이중에서 'update.bat' 파일을 실행하면 자동으로 최신 버전으로 맞추는 과정을 진행합니다. 혹시 'Windows의 PC 보호' 경고 메시지가 뜨면 '추가 정보'를 클릭한 뒤 〈실행〉 단추를 눌러 진행합니다. 'cmd' 창에서 배치 파일 실행이 끝나면 키보드의 아무 키나 누르면 이 단계가 종료됩니다. 이제 설치과정이 끝났습니다.

6. 다시 'sd.webui' 폴더로 가서 이번에는 'run.bat' 파일을 실행합니다. 맨처음 이 파일을 실행하면 파일을 많이 다운받아서 시간이 꽤 걸릴 수 있습니다. 두 번째 이후부터는 빠릅니다.

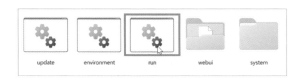

7. 자동으로 구글 크롬을 통해 WebUI가 실행됩니다. 혹시 실행되지 않으면 웹 브라우저에 'http://127.0.0.1:7860'을 입력하면 됩니다. 아래 cmd 창의 메시지를 보면 'Running on local URL: http://127.0.0.1:7860'이라고 안내하고 있습니다. 127.0.0.1은 로컬 컴퓨터, 즉 본인이 사용하는 컴퓨터의 IP 주소입니다.

　　기억해야 할 것은 스테이블 디퓨전을 실행할 때는 늘 'sd.webui' 폴더

에서 'run.bat' 파일을 실행해서 터미널 창을 유지한 채, 크롬에서 앞의

IP 주소(http://127.0.0.1:7860)를 입력해야 한다는 것입니다.

텍스트로 그림 그리기

스테이블 디퓨전 화면이 열립니다. 여기서는 텍스트로 아름다운 정원에서

애완견 말티즈와 놀고 있는 아이를 그려보겠습니다.

1. 스테이블 디퓨전의 메뉴 탭에서 'txt2img'를 선택합니다.

2. '텍스트 투 이미지' 화면이 열립니다. 프롬프트 입력란에 다음과 같이 원

하는 그림을 요청합니다(Negative Prompt 란에는 그림에 없었으면 하는 것을 쓰면

됨). 문장형으로 써도 되고, 주요 키워드를 쉼표로 구분하며 나열해도

됩니다.

A 6-year-old boy is playing with his Maltese dog in a beautiful garden. The
yard has a grass lawn, and there is a large tree as well.
6세 남자아이가 아름다운 정원에서 말티즈 강아지와 놀고 있다. 마당에는 잔디가
깔린 풀밭과 큰 나무가 있다.

❶ **샘플링 방법**(Sampling Method): 이미지 생성 시 사용하는 샘플링 기법을 선택합니다. 기본값은 'DPM++ 2M'인데, 이는 고품질 이미지 생성을 위한 방법 중 하나입니다. 각 샘플링 방법에 따라 생성 속도와 품질이 다를 수 있습니다.

❷ **생성 단계 유형**(Schedule Type): Automatic은 모델이 이미지 생성 중에 자동으로 일정 단계를 조정하도록 하는 옵션입니다. 수동으로도 설정 가능하며, 이미지 생성 과정의 세부적인 조절이 가능합니다.

❸ **샘플링 과정**(Sampling Steps): 이미지 생성 시 샘플링 과정을 몇 번 반복할지를 설정합니다. 값이 클수록 이미지가 더 세부적으로 생성되지만, 시간이 더 오래 걸립니다. 기본값은 20입니다.

❹ **고해상도 보정**(Hires. fix): 먼저 이미지를 저해상도로 생성한 후, 이를 업스케일링해 이미지 품질을 개선하는 기능입니다.

❺ **정제기**(Refiner): 이미 생성된 이미지의 품질을 한 번 더 정제합니다. 정교한 디테일을 추가하고 이미지의 질을 높입니다.

❻ **너비/높이**(Width/Height): 생성할 이미지의 가로 및 세로 크기를 설정합니다. 기본값은 512×512이며, 이미지를 더 크게 만들고 싶다면 이 값을 늘리면 됩니다.

❼ **프롬프트 반영 강도**(CFG Scale): 값이 높을수록 프롬프트에 더 충실한 이미지가 생성되지만, 너무 높으면 비현실적인 결과가 나올 수 있습니다. 기본값은 7입니다.

❽ **이미지 고유 번호**(Seed): 같은 시드 번호로는 동일한 이미지가 생성되며, 시드 값을 −1로 설정하면 랜덤한 시드가 적용됩니다.

❾ **배치 개수/크기**(Batch Count/Batch Size): Batch Count는 한 번의 요청에서 생성할 이미지 그룹의 개수, Batch Size는 한 그룹에서 생성할 이미지의 개수입니다. 만약 Batch Count를 2, Batch Size를 4로 설정하면 2번 반복해서 각각 4개의 이미지를 생성하는 것이죠. 기본값은 각각 1입니다.

❿ **스크립트**(Script): 추가적인 스크립트를 실행합니다. WebUI에 없는 고급 기능이나 사용자 맞춤형 작업을 추가할 수 있습니다.

3. 스테이블 디퓨전이 그림을 그리는 동안 잠시 기다리세요. 그림이 완성되면, 오른쪽 옆에 있는 〈다운로드〉 단추를 눌러 내 컴퓨터로 가져올 수 있습니다. 이제 그림 아래의 도구모음에서 4번째 아이콘을 누르세요. 그러면 이 그림이 '이미지 투 이미지' 탭으로 들어갑니다.

4. 6세 남자아이를 그리라고 했는데, 동생도 같이 그렸네요. 이런 경우는 'CFG scale(프롬프트 반영 강도)' 값을 좀 올려서 다시 그리면 됩니다.

그림을 주변으로 넓히기, Outprint

앞에서 그린 그림의 좌우를 더 넓혀 볼게요.

1. 앞에서 그린 정원의 남자아이 그
림을 'img2img' 탭으로 넣었나요?
이제 화면 상단의 'img2img' 탭
을 누르세요.

TIP 앞의 실습 3번 단계에서 그림 아래 4번
째 아이콘 클릭, 또는 스테이블 디퓨전을
설치한 폴더(sd.webui 폴더) 내의 'webui→
outputs→txt2img-images→생성한 날
짜' 폴더에 있는 파일을 올려도 됩니다.

2. 스크롤 막대를 아래로 내린 다음, 'Script' 옵션에서 'Outpainting mk2'를
선택하세요.

3. '아웃페인팅 mk2' 스크립트가 나옵니다. 그림을 상하좌우 모두 넓히려면
'아웃페인팅 방향'에서 방향 옵션을 모두 선택하면 됩니다. 여기서는 '오

른쪽'으로만 먼저 확장해 볼게요(PC의 성능이 안 좋아 한꺼번에 상하좌우를 넓히기

힘들면 이처럼 한 방향만 선택하세요).

4. 다시 2번 화면으로 돌아가서 샘플링 단계를 60으로 놓고〈Generate〉단

추를 누르세요.

5. 그림이 오른쪽으로 확장되었

　고 나무와 말티즈 한 마리도

　생겼네요.

6. 그림을 다른 쪽 방향으로 더 연장하고 싶으면, 화면 오른쪽에 있는 수정한 버전을 마우스로 드래그하여 왼쪽으로 옮긴 후 다시 작업하면 됩니다.

그림의 특정 부분 수정하기, Inpaint

챗GPT도 코파일럿도 달리–3로 이미지를 생성해 주지만, 생성된 이미지를 수정해 달라고 하면 쉽지 않죠. 스테이블 디퓨전에서는 그림의 특정 부분도 수정이 가능합니다. 아웃페인트가 그림을 외부로 확장하는 기능이라면, 인페인트(inpaint)는 그림 안쪽을 수정하는 기능입니다. 앞의 그림에서 오른쪽에 있는 말티즈를 고양이로 바꿔 볼게요.

1. 수정 그림 아래에서 5번째 아이콘을 누르세요(위 그림 참조). 그러면 이 그림이 'img2img inpaint' 탭으로 옮겨집니다. 또는 'img2img' 탭 바로 아래에 있는 〈inpaint〉 단추를 누른 뒤 이 그림을 불러들여도 됩니다('sd. webui→webui→outputs→img2img-images→생성한 날짜' 폴더에 있음).

2. 인페인트 화면이 열립니다. 그림이 있는 영역의 오른쪽 상단에서 '브러

시'를 선택한 후 말티즈 있는 부분을 색칠합니다. 아주 정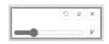
교하지 않아도 되는데, 브러시의 굵기는 슬라이드에서 조
절할 수 있습니다.

3. 그런 다음 아래쪽의 옵션 중 'Inpaint area'에서 'Only masked'를 선택합
니다.

4. 이제 프롬프트 입력란에 다음 문장을 추가한 뒤 〈Generate〉 단추를 누
릅니다. 그러면 강아지가 귀여운 페르시안 고양이로 바뀝니다.

> Change the masked part to a cute Persian cat.
> 마스킹한 부분을 귀여운 페르시안 고양이로 바꿔줘.

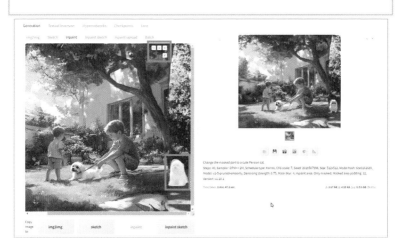

스테이블 디퓨전은 강력한 이미지 생성 AI지만, 포토샵 등 그래픽 프로그
램에 대해 어느 정도의 개념이 잡혀 있어야 하고, 기능의 세부사항도 많아
서 따로 공부해야 품질 좋은 작품을 만들 수 있을 것 같습니다. 컴퓨터 사양
도 받쳐줘야 하고요. 앞으로 더 많은 실험과 창의적인 도전을 해보시길 바
랍니다.

사실적인 인물을 그리고 싶다면, 플럭스

플럭스(FLUX)는 스테이블 디퓨전처럼 오픈소스 이미지 생성 모델입니다. 독일 스타트업인 블랙 포레스트 랩스가 만든 모델로, 블랙 포레스트 랩스 자체가 스테빌리티 AI 출신 연구원들이 설립한 회사입니다. 일론 머스크 의 xAI에 탑재되면서 화제가 되었는데, 특히 사진처럼 사실적인 이미지를 생성할 수 있다는 점이 인기를 끌고 있습니다.

플럭스의 슈넬(Schnell) 버전은 오픈 소스 모델로 설치해서 사용할 수 있 고, 데브(dev) 버전은 비상업적 용도로 개발자들이 사용할 수 있는 오픈 웨 이트 모델(이미 학습이 끝난 인공지능)입니다. 프로(Pro) 버전은 API를 통해 접 근이 가능해서 여러 웹사이트에서 사용할 수도 있습니다. 프리픽이나 투 게더AI, 미스틱AI가 플럭스 프로를 탑재했습니다. 다만 사용하는 웹사이 트의 정책에 따라서는 유료로 이용해야 합니다.

AI 모델 공유 플랫폼 허깅페이스에서는 무료로 데브(dev) 버전을 써볼 수 있습니다.

1. 허깅페이스의 플럭스 무료 데브(dev) 버전 페이지로 접속하세요.

 (huggingface.co/spaces/ black−forest−labs/FLUX.1−dev)

2. 플럭스 데브 버전 페이지가 열립니다.

 'Enter your prompt' 란에 이미지 생성을 위한 프롬프트를 입력하고 〈Run〉 단추를 누르면 됩니다. 한국어는 인식하지 않으니 영어로 써 주 세요. 저는 번역기를 활용해서 영어로 바꾸어 다음과 같이 입력했습니다.

> A beautiful Korean woman in her mid-20s, smiling while holding a paper that reads 'AI 2025'
> 'AI 2025'가 씌어진 종이를 들고 웃고 있는 한국인 여성, 20대 중반의 아름다운 외모

아래의 'Advanced Settings'의 목록 단추를 누르면 여러 설정값들이 나옵니다.

시드(Seed)는 쉽게 말해 AI가 그림을 그릴 때 쓰는 '주민등록번호' 같은 것입니다. 같은 번호를 쓰면 비슷한 그림이 나옵니다. 같은 인물을 다양한 포즈나 배경으로 여러 장 그릴 때 유용합니다.

Width, Height에서는 각각 그림의 너비와 높이를 지정합니다. 그림의 크기를 조정할 수 있는데, 플럭스는 무료 모델에서도 2048×2048이라는 높은 해상도를 제공하네요.

지침 강도(Guidance Scale)는 여러분이 원하는 이미지를 얻기 위해 입력한 설명(프롬프트)이 AI 이미지 생성에 얼마나 강하게 영향을 미칠지 조절하는 값입니다. 이 값을 높게 줄수록 AI가 여러분이 준 프롬프트를 꼼꼼히 따르고, 낮게 설정하면 AI가 더 자유롭게 그립니다.

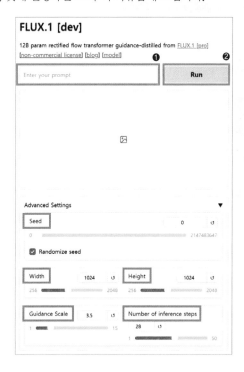

생성 단계 수(Number of Inference Steps)는 AI가 그림을 만들 때 세부적으로 다듬는 횟수를 지정합니다. 이 값을 너무 높게 주면 이미지 생성 시간이 오래 걸리고, 너무 낮게 주면 이미지의 품질이 낮아지기 때문에 20~30 사이가 적당합니다.

3. 시간은 좀 걸렸지만, 고화질의 이미지가 생성되었습니다! 프롬프트에서 요청한 대로 20대 중반의 아름다운 한국인 여성이 'AI 2025' 종이를 들고 환하게 웃는 모습을 그려주었네요.

어떤가요? 플럭스의 장점은 인물을 생성할 때 손가락이나 기타 신체 비율이 아주 사실적이라는 것입니다. 정말 사진으로 찍은 것처럼 선명하고 적절한 손가락이 만들어졌네요. 이렇게 사실적인 이미지를 생성하고 싶다면 플럭스도 괜찮은 도구입니다.

포토샵 사진 편집에 AI가 들어왔다

텍스트만 주면 생성형 AI가 이미지를 만들고 수정도 쉬워지자, "이제 포토샵을 쓸 필요 없냐?"라는 사람도 생겼습니다. 하지만 포토샵을 만든 어도비도 가만히 있지 않았습니다. 2023년에 이미지 AI '파이어플라이(Adobe Firefly)'를 공개한 후, 텍스트 이미지 변환, 생성형 채우기, 배경 바꾸기 등을 앞세워 공격적인 마케팅에 나섰습니다.

포토샵으로 없던 다리 만들기

1. 어도비 사이트(www.adobe.com/apps/gen-ai/all-platforms)에 접속하여 로그인을 합니다. 구글 계정으로도 로그인할 수 있습니다. 여기서 '포토샵 무료 체험판'을 설치해 7일간 사용할 수 있습니다. 잠시 뒤 체험판 신청 절차 중에 신용카드 번호 등을 넣게 되지만, 무료 체험 기간인 7일이 지나가기 전에 취소하면 요금이 청구되지 않습니다.

TIP 체험 기간 종료 전에 구독을 취소하려면 'account.adobe.com'에서 로그인한 후, '플랜 및 결제→플랜'으로 들어가면 됩니다. 또는 평가판을 설치한 후 '계정 관리'에서 '플랜 변경→플랜 관리→무료 체험 취소'를 눌러도 됩니다. 기간 안에 구독 취소를 하지 않으면 자동 결제되니, 평가판만 체험할 분은 날짜와 로그인 계정을 메모해 두세요.

2. 설치 과정에서 나타나는 화면에서 〈포토샵 열기〉
를 누르면 데스크톱용 포토샵을 다운받아 설치
할 수 있습니다. 우리는 그 위쪽에 있는 웹용 포토샵으로 진행하겠습니다.

3. 실습용으로 픽사베이에서 무료 이미지를 다운받았습니다. 사진에서 머리 윗부분이 잘렸고 쇼핑백도 마찬가지네요. 사진의 위와 아래의 캔버스를 늘려서 보이지 않는 부분의 이미지를 생성해 보겠습니다.

4. 이제 웹용 포토샵을 실행한 뒤, '이미지 업로드'를 눌러 생성형으로 채울 이미지를 불러오세요.

5. 그림이 나타나면 캔버스 크기를 늘리기 위해 왼쪽 메뉴에서 '크기 및 위치'를 누른 후 '자르기'를 선택합니다.

6. 캔버스 크기를 조정할 수 있는 옵션들이 나타납니다. 여기서는 그냥 마우스로 캔버스 크기를 조정하겠습니다. 사진 경계선의 굵게 표시된 선을 마우스를 집어서 머리 윗부분이 표시될 만큼 위로 드래그해서 놓은 뒤 〈생성형 확장〉 단추를 누릅니다.

7. 무엇을 생성하겠냐고 물으면 그냥 〈생성〉 단추를 누르세요.

8. 프롬프트를 넣지 않았는데도, AI가 나의 의도를 파악하고 머리 윗부분

을 잘 생성해 주었습니다. 이런 식으로 아래쪽 캔버스도 허리 정도까지 늘린 다음 생성형 채우기를 하고, 다리까지 나오도록 했습니다. 한꺼번에 전체를 늘리보다는 조금씩 늘리는 것이 이미지가 더 자연스럽게 나옵니다.

9. 지금까지 몇 번의 공간 확장을 하면서 채우기를 했는데, 각 단계별 작업들은 모두 별개의 레이어에 그려져 있습니다. 원본 그림이 있고, 각 단계마다 그 위에 같은 크기의 투명한 필름에 그림을 그려서 포개놓은 것과 같습니다.

포토샵 화면 오른쪽 상단의 레이어 영역에서 각 레이어의 눈동자 표시를 클릭해 '레이어 숨기기'를 하면 그 레이어에 그려진 그림이 빠진 채 보입니다. 다음 그림처럼요.

어깨에 멘 쇼핑백을 숄더백으로 바꾸기

1. 왼쪽 메뉴에서 '사각 선택' 아이콘을 클릭한 뒤 '사각형 선택 윤곽'을 고르세요.

2. 이제 쇼핑백 부분을 마우스로 드래그해서 둘러쌉니다. 그리고 프롬프트 입력란에 다음과 같이 입력한 후 〈생성〉 단추를 눌렀습니다.

> 이 쇼핑백을 숄더백으로 바꿔줘.

3. 오~, 여자가 어깨에 메고 있던 쇼핑백이 숄더백으로 바뀌었습니다.

4. 화면 왼쪽 상단 '더보기' 메뉴를 누르고 '다른 이름으로 저장'을 클릭하면
클라우드에 저장되며, '파일' 탭을 누르면 저장한 이미지들이 보입니다.

TIP 만약 내 컴퓨터로 가져오려면, 파일을 선택하고 '더보기' 메뉴를 누른 후 다운로드하면
됩니다. 이때 파일의 확장자는 '.psd'인데, 레이어가 있는 상태의 파일입니다. 알씨 같은 이
미지 뷰어 프로그램으로 볼 수 있으며, 여기서 jpg 등의 파일로 저장할 수 있습니다.

포토샵으로 그림 배경 바꾸기

1. 앞에서 만든 그림(.jpg) 이미지 파일을 다시 포토샵으로 불러왔습니다. 먼
저 피사체를 선택해 보죠. 이미지 아래에 있는 '피사체 선택'을 눌러도 되
고, 왼쪽 도구모음에서 '피사체 선택'을 눌러도 됩니다.

2. 사람이 점선으로 선택되면, 추가 액션에서 '선택 영역 반전'을 선택하세요.

3. 이제 배경이 선택된 상태가 됩니다. 그림 아래에 있는 〈생성형 채우기〉

단추를 누르세요.

4. 프롬프트 입력란이 나타나면, 프롬프트를 다음과 같이 입력한 후 〈생성〉

을 눌러볼게요.

파란 바다가 있는 풍경

5. 그림의 배경이 바다로 바뀌었습니다. 생각나는 대로 배경을 몇 가지로

바꾸어 보았습니다.

참조 기능으로 내 맘대로 그리는 파이어플라이

앞에서 포토샵 AI에 대해 소개했습니다. 그런데 놀라운 사실!, 포토샵은 유료이지만, 어도비의 생성형 AI 기술을 다른 방식으로 무료로 사용할 수도 있습니다. 어도비 계정을 가지고 있다면(www.adobe.com), 누구나 온라인으로 파이어플라이를 써볼 수 있기 때문입니다. 현재 한 달에 정해진 크레딧을 주고, 크레딧을 차감하면서 이미지를 생성하거나 편집할 수 있기 때문에 사실상 무료로 쓸 수 있어서 좋습니다.

물론 포토샵은 이미지 편집 기능을 다양하고 깊이 있게 제공하기 때문에 의미가 있지만, 간단하게 이미지 생성에 집중하고 싶다면 파이어플라이만 무료로 사용하는 것도 좋은 선택입니다.

이미지 생성하기

1. 파이어플라이 사이트(firefly.adobe.com)에 들어가서 어도비 아이디로 로그인합니다. 어도비 아이디만 있으면 되며, 다른 서비스를 구독하지 않아도 됩니다.

2. 오른쪽 상단의 '계정' 아이콘을 클릭하면 현재 나에게 남은 크레딧을 확인할 수 있습니다. 기본적으로 한 달에 25크레딧이 주어지며, 이미지를 한 번 생성할 때마다 1크레딧이 차감됩니다.

3. 화면 중앙의 프롬프트 입력창에 그리고 싶은 내용을 입력하고 '생성하기'를 누릅니다. 또는 스크롤을 내려서 화면 중앙에 있는 '텍스트를 이미지로' 메뉴를 선택한 다음 화면에서 입력해도 됩니다. 프롬프트는 한글로 입력해도 되지만, 영어로 정확하게 입력했을 때 더욱 의도에 맞는 이미지가 생성됩니다.

> A giant tree made of colorful, beautiful cotton candy. The tree stands on a hill, with a clear blue sky softly blurred in the background.
> 컬러풀한 아름다운 솜사탕으로 만들어진 거대한 나무. 나무는 언덕 위에 있고, 배경에는 맑고 파란 하늘이 아웃포커싱으로 보인다.

4. 오~, 한 번에 4장의 이미지를 생성해 주네요. 마음에 드는 이미지 위에 마우스를 가져다 대면 몇 가지 아이콘이 나타나는데, 그 중에서 '업스케일'을 선택했습니다. 업스케일은 이미지의 해상도를 높여 더욱 선명하게 만들어 줍니다. 이에 1크레딧이 소모됩니다.

5. 선택한 이미지가 업스케일이 되었습니다. 컬러풀한 솜사탕 나무와 아웃포커싱된(배경흐름 효과) 맑고 파란 하늘과의 대비가 아름답습니다.

6. '다운로드' 단추를 선택하면, 왼쪽 하단에 어도비 파이어플라이의 워터마크가 삽입된 이미지를 다운받을 수 있습니다. 파이어플라이의 이미지는 워터마크가 있더라도 상업적으로 사용이 가능합니다. 워터마크를 없애고 싶다면 파이어플라이 프리미엄 플랜, 어도비 익스프레스 프리미엄 등 어도비의 유료 플랜을 구독하면 됩니다.

구성 참조로 원하는 구도 적용하기

파이어플라이는 '구성 참조'를 활용해서 원하는 구도의 그림을 생성할 수 있습니다. 그림의 전체 아웃라인이나 원근감 등의 깊이감을 구현하고 싶을 때 활용하면 좋습니다.

1. 파이어플라이의 왼쪽 메뉴에서 '구성' 부분을 확인합니다. 기본적으로 '추상적', '사진', '라인 드로잉' 등의 분류로 구조 이미지가 제시되어 있습니다. 기본적으로 보이는 그림 중에서 선택해도 되고, 내가 가지고 있는 이미지를 업로드해도 됩니다. 더 많은 자료 중에서 찾아서 참조하려면 '갤러리 찾아보기'를 선택하면 됩니다.

2. 구성을 참조할 그림을 선택했다면, 이제 '강도'를 조정해서 참조 이미지를 얼마나 강하게 반영할지 선택합니다. 강도를 왼쪽으로 낮출수록 구성을 적게 참고하고, 오른쪽으로 높일수록 구성을 강하게 반영한 그림이 그려집니다.

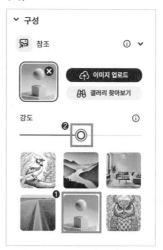

3. 기존의 솜사탕 나무 이미지에 새로운 구성을 참조하라고 했더니 아래와 같은 그림이 생성되었습니다. 구성 참조로 넣은 하단의 정육면체와 상단의 구체를 참고해서 언덕 위의 나무가 새롭게 재창조되었네요.

파이어플라이의 구성 참조 기능은 '자유도가 높고 매번 랜덤하게 이미지를 생성하는' 이미지 생성형 AI가 내가 원하는 그림을 그릴 수 있도록 가이드라인을 줄 수 있는 훌륭한 방법입니다. 그림을 잘 못 그리더라도 대략

적인 구성을 스케치한 다음 업로드해서 참조하라고 하면, 내 그림의 구성에 맞춘 훌륭한 그림을 생성할 수 있는 것이죠.

스타일 참조로 원하는 느낌 내기

'구성 참조'가 원하는 구도를 만드는 것이라면, '스타일 참조'는 원하는 화풍을 적용하는 방식입니다. 스타일을 참조하면 전체적인 색감이나 패턴을 그림 생성에 활용합니다.

1. 왼쪽 메뉴에서 '스타일' 부분을 확인합니다. 이미지를 업로드하거나 기본 이미지 중에서 선택할 수 있습니다. '갤러리 검색'을 선택하면, 아크릴, 유화, 연필, 스케치, 3D 등 여러 분류로 나뉜 더 다양한 이미지를 확인할 수 있습니다.

2. 마음에 드는 스타일을 골랐다면 '비주얼 강화'와 '강도' 옵션을 조정합니다. 두 옵션 모두 스크롤 막대를 왼쪽으로 당겨 낮출수록 스타일을 적게 참고하고, 오른쪽으로 높일수록 스타일을 강하게 반영한 그림이 그려집니다.

3. 프롬프트에 여러분이 그리고 싶은 대상을 입력합니다. 저는 스타일에서 검은색 유리 질감의 말을 그린 아트를 선택하고, 프롬프트에 '종과 장미'를 입력했습니다. 이제 〈생성하기〉를 누릅니다.

4. 스타일을 반영한 종과 장미의 그림 4개가 생성되었습니다. 검은 색과 유리 질감이 반영된 종, 장미가 화면에 나타났네요. 원하는 그림을 업스케일로 해상도를 높여 사용하면 됩니다.

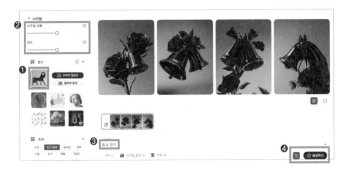

TIP

윈도우 11의 그림판, 메모장에도 AI가 들어간다고?

윈도우 운영체제를 사용한다면, 누구나 한번쯤은 그림판과 메모장을 사용해 봤을 것입니다. 저는 거의 모든 방송 대본을 메모장으로 작업을 시작합니다. 때로는 메모장이 갑자기 삭제되어 당황스러운 적도 있지만, 그래도 메모장의 그 감성을 잊지 못해 후회하면서도 계속 쓰는 가장 기본 프로그램입니다(윈도우 11에서 '임시 저장'이 되기 시작해서 행복해졌죠).

누구나 슥슥 그림을 그리고 지우는 그림판 AI

그림판 AI의 작동 방식은 기존 AI 기반 이미지 서비스와 비슷합니다.

1. 그림판 도구막대에서 '사각형', 또는 '자유형' 선택 도구를 클릭한 후 원하는 영역을 선택하고, '생성형 채우기'를 클릭합니다.
2. 선택한 영역에 추가할 내용을 텍스트로 입력합니다.
3. 그런 다음 〈만들기〉 단추를 누르면 선택한 영역에 그림이 자동으로 생성됩니다.

또한 캔버스에서 원치 않는 대상을 없애고 남은 빈 공간을 채워, 마치 그대상이 처음부터 존재하지 않았던 것처럼 만드는 '생성형 지우기' 기능도 있습니다.

메모장에서도 챗GPT처럼?

모두의 기본 앱인 메모장에서도 생성형 AI의 도움으로 콘텐츠를 다시 쓸수 있는 기능을 제공해 줍니다. 문장과 표현을 다시 고치고, 톤을 조정하고, 선호도에 따라 콘텐츠 길이를 수정하여 텍스트를 다듬을 수 있습니다.

어떤가요? AI가 구석구석 퍼지고 있는 세상, 마음만 먹으면 어디서든 AI를 쓸 수 있는 시대입니다. 다만, 2024년 11월 현재, 이 기능은 아직 모든 사용자에게 제공되지는 않습니다. 마이크로소프트 윈도우 인사이더 프로그램의 카나리 및 개발자 채널을 통해 이 기능을 테스트하는 상태입니다. 향후 윈도우 업데이트 상황을 기다려 봐야 할 것 같습니다.

얼굴을 바꾸는
클립드롭

———

일반적으로 이미지 생성형 AI의 3대장으로 미드저니와 달리, 그리고 스테이블 디퓨전을 꼽습니다. 특히 스테이블 디퓨전은 완전한 오픈소스로서 누구든지 무료로 이용할 수 있습니다. 실제로 스테이블 디퓨전을 기반으로 만든 '렌사(Lensa)'라는 AI 초상화 앱은 매직 아바타(Magic Avatar) 서비스를 통해 출시 일주일 만에 약 100억원의 매출을 올리기도 했습니다.

지금도 많은 국내외 스타트업들이 스테이블 디퓨전을 기반으로 한 이미지 서비스들을 만들고 있습니다. 그런데 높은 자유도와 정교함이라는 장점만큼, AI나 웹서비스에 대한 지식이 부족한 일반인들이 사용하기에는 어려운 부분이 있습니다. 앞에서 간단히 소개했지만, 제대로 활용하려면 그래픽에 대한 일정 수준의 지식과 GPU 등 높은 사양의 PC가 필요합니다.

하지만 스테이블 디퓨전을 처음으로 만든 스테빌리티 AI에서 누구나 쉽게 사용할 수 있는 올인원 AI 이미지 플랫폼인 클립드롭(Clipdrop)을 출시했는데, 이곳에 가면 정말 쓸 만한 기능이 많습니다. 여기서는 무료 사용자도 쓸 수 있는 몇 가지 기능을 실습해 보겠습니다. 무료 사용자는 전체 기능 중 일부만, 또 하루에 20회까지만 쓸 수 있습니다.

사진에서 배경만 제거하기

1. 클립드롭 사이트(clipdrop.co)에 접속한 다음 'Tools' 메뉴를 누르면 다양한 툴들이 보입니다. 이 중에서 'Remove background'를 클릭하세요.

2. '배경 제거하기' 화면이 열리면, 중앙 부분을 클릭한 후 배경을 제거할 사진을 불러오세요. 그런 다음 〈Remove background〉 단추를 누르세요.

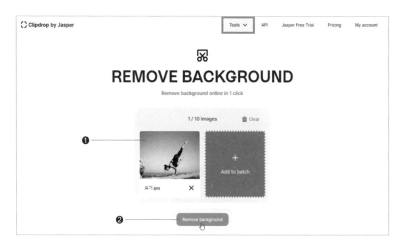

3. 사진에서 깔끔하게 배경을 제거해 줍니다. 흘러내린 머리카락까지도 자연스럽게 유지했네요. 배경을 투명하게 제거하는 것을 "누끼 딴다"고 하는데, 순식간에 이걸 해주죠? 단, 무료 사용자는 이미지의 해상도를 1024×640으로 낮춘 후 배경을 제거합니다.

사진 속의 하늘만 교체하기

1. 이번에는 'Tools' 메뉴에서 '하늘 교체기(sky replacer)'를 선택하세요.

2. 배경의 하늘을 교체할 사진을 올리세요. 여기서는 조금 전의 요가 원본 사진을 다시 올려보겠습니다.

3. 노을이 진 하늘을 선택하고 〈Generate〉 단추를 누릅니다.

4. 하늘이 바뀌었죠? 핸들을 마우스로 클릭한 후 화면 중앙 정도로 옮겨서 비포 앤 애프터 식으로 살펴볼 수 있습니다. 물론 핸들을 왼쪽 끝까지 끌고 가면 노을이 진 하늘이 완성됩니다.

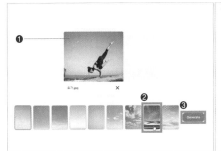

사진 속 얼굴만 교체하기

다음 2장의 사진은 미드저니에게 요청해서 그린 가상의 얼굴입니다. 둘 다 잘 생긴 청년입니다. 그런데 얼굴을 교체하면 어떨까요?

1. 'Tools' 메뉴에서 'Swap'을 클릭합니다.

2. 일단 남자 사진을 불러오겠습니다. 그러면 남자 얼굴에 동그라미가 생깁니다. 동그라미 부분을 클릭하세요.

3. '파일 열기' 대화상자가 열리면, 이번에는 여자 사진을 클릭하세요.

4. 그러면 자동으로 얼굴을 인식해서 교체합니다. 몸의 각도에 따라서 얼굴의 각도도 맞추어지네요. 얼굴 아래에 있는 좌/우 화살표를 누르면 머리 스타일 등이 달라집니다.

마우스 클릭으로 창조적 변주
프리픽

———

프리픽(Freepik)은 원하는 스타일과 테마에 맞춘 고유한 이미지를 생성하도록 도와줍니다. 텍스트를 이미지로 자동으로 생성해 주며, 원하는 색상, 분위기, 주제에 따라 다양한 스타일의 이미지를 빠르게 만듭니다. 주로 소셜 미디어 콘텐츠, 마케팅 자료, 브랜딩 이미지 등 맞춤형 비주얼 콘텐츠 제작에 유용하며, 디자인 경험이 부족한 사용자도 쉽게 활용할 수 있습니다.

여기서는 프리픽의 이미지 생성 AI 기능으로 그림을 만들고, 리이매진(Reimagine) 기능으로 하나의 그림을 다양하게 변주해 보겠습니다. 무료 사용자는 하루 20개의 이미지를 생성할 수 있습니다.

이미지 생성 및 수정하기

1. 프리픽 사이트(freepik.com/pikaso)에 접속한 뒤 로그인하세요. 구글 계정으로도 로그인할 수 있습니다.

2. 프리픽 메인 화면이 열리면 'Create' 메뉴를 누르세요.

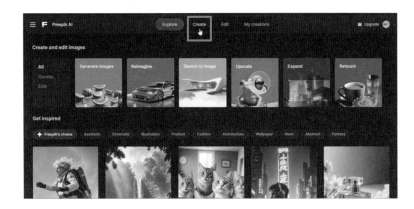

3. 이미지 창작 화면이 열립니다. 이미지를 생성하기 위해 프롬프트 입력란에 다음과 같이 요청해 보죠.

> A young woman in her early 20s, a college student, is sitting on a chair at a photo studio to take a passport photo. She has a pretty face.
> 20대 초반의 한 여대생이 여권 사진을 찍기 위해 스튜디오의 의자에 앉아 있다. 그녀는 외모가 예쁘다.

4. 프롬프트 입력란에서 다음 그림과 같이 옵션을 설정하고 〈Generate〉 단추를 눌렀습니다(무료 사용자는 왕관이 표시된 옵션은 선택 불가능).

❶ Mode: 이미지 생성 속도 조정

❷ Size: 이미지 비율 설정

❸ Style: 사진, 일러스트레이션, 3D, 카툰 등 스타일 선택

❹ Color: 파스텔, 흑백 등 색상 테마 선택

❺ Lighting: 조명 설정 조정(무료 사용자 네온만 가능)

❻ Camera: 카메라 각도나 뷰 설정(무료 사용자 불가능)

❼ Structure: 이미지 구성요소 조정 옵션(무료 사용자 불가능)

5. 다음과 같이 4장의 이미지가 생성되었습니다. 여기서는 세 번째 사진을 골랐습니다. 사진에 마우스를 올리면 다운로드를 하거나 편집할 수 있는 단추가 나타납니다. 〈Edit〉 단추를 누르세요.

6. 사진에서 잘린 다리와 발을 그려 보겠습니다. 화면 왼쪽에서 'Expand'를 클릭한 후, 캔버스에서 다리를 그릴 공간을 확보하기 위해 그림을 마우스로 드래그해서 위치를 위로 끌어올리고, 그림의 사각 모서리 핸들을 마우스로 잡고 크기를 적절히 조정하세요.

7. 왼쪽 프롬프트 입력란에 그녀의 다리와 신발까지 편안한 자세로 만들어 달라고 했습니다. 〈Expand〉를 누르세요.

> Extend the legs and draw her shoes. Make the legs in a relaxed position, matching the photo's style.
> 다리를 연장하고 그녀의 신발을 그려줘. 사진의 스타일에 맞춰 다리를 편안한 자세로 만들어 줘.

8. 여자의 다리가 자연스럽게 그려졌습니다.
⟨Keep⟩을 눌러 확정합니다. 이제 수정 전의
원본은 원본대로 남아 있고, 전신 사진이 추
가되었습니다. 그림 오른쪽 위의 ⟨Export⟩
단추를 누르면 다운로드할 수 있습니다.

이미지 스타일 바꾸기

1. 이번에는 이미지 스타일을 바꿔 보겠습니다. 화면 왼쪽 메뉴에서
'Reimagine'을 선택한 후 ⟨Upload⟩ 단추를 누르세요. 그런 다음 맨처음
그린 여자의 상반신 이미지를 업로드했습니다.

2. 이미지를 좀 수정하고 싶으면 Custom 항목에서 이미지의 설명 텍스트
를 수정해도 됩니다. 여기서는 그냥 놔둔 채
스타일에서 'All Style'을 선택했습니다.

❶ Mode: Flux는 스타일이나 구성을 창의적으로 변형하거
나 재창조하며, Classic은 원래 이미지의 기본적인 스타
일을 유지하면서 조금만 변화를 줍니다.

❷ Custom: 이미지의 설명을 텍스트로 보여줍니다.

❸ Style: 사진, 일러스트, 3D 등 스타일을 지정합니다.

❹ Aspect Ratio: 이미지의 가로 세로 비율을 설정합니다.

❺ Imagination: AI가 이미지를 재창조할 때 얼마나 강한
변화를 줄지 선택합니다. Subtle은 원본에 가깝게 작
업하고, Vivid는 색감과 스타일에 더 눈에 띄는 변화를,
Wild는 창의적이고 강한 변화를 줍니다.

❻ Images: 생성할 이미지의 개수를 선택합니다.

3. 오~, 프리픽이 8장의 그림을 생성해 주었습니
다. 유료 사용자라면 마음에 드는 것이 나올 때
까지 계속 만들 수 있습니다. 카메라 앞에만 가
면 딱딱하고 어색한 표정이 되는 분들은 여기
서 인생 사진을 건질 수도 있을 것 같습니다.

4. 다음은 스타일 항목에서 각각 '일러스트레이트, 3D, 연필'을 선택했을 때
의 이미지입니다. 같은 사람이지만 확실히 느낌이 달라지죠?

5. 이번에는 프롬프트를 다음과 같이 수정하고, 스타일은 'All Styles', 화면
비율은 가로가 긴 16:9로 설정하고 〈Reimagine〉 단추를 눌렀습니다.

> A young woman in her early 20s with short hair, wearing a white T-shirt
> with a blue sailboat pattern. The background is a sea with palm trees
> 20대 초반의 숏헤어. 흰색 티셔츠에 파란색 돛단배 문양. 배경은 야자수가 있는
> 바다.

6. 그림이 크게 바뀌었습니다. 프롬프트에 쓴 대로 숏헤어, 돛단배가 있는 흰색 티셔츠, 배경에 야자수도 나옵니다.

7. 이번에는 프롬프트가 있는 Custom 쪽으로 돌아가 보겠습니다. 자세히 보면, 텍스트 프롬프트에 점선 밑줄이 있는데, 마우스로 아무 곳이나 클릭하면 추천 옵션을 보여줍니다. 여기서는 의상인 'mustard yellow knit sweater(머스터드 노란색 니트 스웨터)'를 클릭한 후 'floral print dress(꽃무늬 옷)'를 선택해 볼게요.

8. 여자가 입은 옷이 꽃무늬로 바뀌었습니다.

9. 좀더 극적인 이미지를 위해 아래와 같이 프롬프트를 수정했더니 다음과 같은 그림이 나왔습니다.

> A teenage Hispanic girl with long curly red hair wearing a leather jacket , posing dramatically.
> 긴 곱슬 빨간 머리를 가진 십대 히스패닉 소녀가 가죽 재킷을 입고 극적으로 포즈 를 취하고 있다.

저 같은 '곰손'이라도, 글로 표현만 잘하면 어떤 이미지든 만들 수 있는 시대 가 왔습니다. 미드저니에 필적할 만한 강적이 나타난 느낌입니다. 특히 유 료 사용자라면, 하나의 이미지를 만든 후 수십, 수백 가지의 창조적 변주를 할 수 있다는 사실이 무척 인상적이었습니다.

흑백 → 컬러 사진, 업스케일링은 팔레트와 픽셀컷

팔레트(palette.fm)에서 흑백 사진을 업로드하면 컬러 사진으로 만들 수 있습니다. 이런 AI는 엄청나게 많은 컬러 사진을 학습해서 하늘·나무·흙·바위 등 세상의 색상에 대한 기본적 상식을 갖추고 있어 이를 바탕으로 사진 속 물체를 분석하고, 거기에 어울리는 색을 채워넣는 것입니다.

팔레트에 있는 여러 개의 필터를 바꿔가며 맘에 드는 사진을 만들어 보세요. 무료 사용자는 1크레딧을 받는데, 흑백 사진 1장을 컬러로 바꿀 수 있습니다.

또 10~20년 전 카메라 해상도가 낮을 때 찍은 사진이 있다면, 해상도를 높여주는 AI도 많습니다. 픽셀컷(pixelcut.ai)도 그런 곳 중 하나입니다.

'이미지 업스케일러'를 클릭한 뒤 해상도 낮은 이미지를 올려보세요. 무료 사용자는 해상도를 2배까지만 올릴 수 있습니다.

예쁜 그림카드를 만들고 싶다면 아이디오그램

아이디오그램(ideogram.ai)에서 여러분이 만들고 싶은 예쁜 그림카드를 텍스트로 요청해 보세요. 머릿속에 상상하는 내용을 글로 잘 표현한 뒤, 챗 GPT에게 영어로 번역시켜 붙여넣으면 됩니다.

미드저니나 달리 등에서도 그림에 영문 글자를 넣어 생성할 수 있지만, 카드 디자인에 특화된 아이디오그램만의 특별함이 있습니다. 아직 그림 속에 한글은 넣을 수 없습니다.

다음은 프롬프트에 프로포즈 상황을 입력하고 만든 그림카드인데, 그림 안에 꼭 "Will you marry me?" 문장을 포함시켜 달라고 했습니다.

> A couple is holding hands under a cherry blossom tree in full bloom. Create a romantic proposal scene. Make sure to include the following sentence in the picture: "Will you marry me?"
> 한쌍의 커플이 만개한 벚꽃나무 아래에서 손을 잡고 있습니다. 로맨틱한 프로포즈 장면을 만들어 주세요. 다음 문장을 그림에 포함해 주세요. "Will you marry me?"

6장

영상과 음악을 위한
AI 활용법

AI로 만드는 숏폼 콘텐츠,
누구나 크리에이터가 될 수 있는 시대

최근 몇 년간 AI 기술은 콘텐츠 창작의 새로운 지평을 열어 왔습니다. 영상과 음악 분야에서도 전통적인 제작방식을 넘어선 혁신을 이끌어내며, 많은 크리에이터들에게 새로운 도구와 아이디어를 제공하고 있습니다. 유튜브나 인스타그램 같은 플랫폼에서 활동하는 크리에이터들에게 AI는 더 이상 먼 미래의 기술이 아니라, 이미 실험적이면서도 실용적인 방식으로 창작에 녹아들어 있습니다.

재미와 실용성의 공존

가장 큰 화두 중 하나는 바로 '숏폼 콘텐츠'입니다. 인스타그램 릴스나 유튜브 쇼츠 등 빠르게 소비되는 짧은 영상 콘텐츠가 대세가 되면서, 이를 위한 창작도구에 대한 수요도 급격히 증가했습니다.

이때 등장한 것이 바로 픽토리나 오퍼스클립 같은 영상 생성과 편집 AI 도구입니다. 픽토리는 텍스트 입력만으로도 감각적인 영상을 자동으로 만들고, 오퍼스클립은 긴 영상을 효과적으로 쪼개 주어 좀더 간편하게 영상을 구성할 수 있게 돕습니다.

AI 아바타와 AI 인플루언서

이제는 나 자신의 아바타를 만들어 SNS에 올리는 것이 낯설지 않은 세상이 되었습니다. 신세시아는 AI 아바타를 통해 뉴스 방송이나 광고 콘텐츠를 만들어 주며, 헤이젠으로는 나의 얼굴과 목소리로 실제 사람처럼 말하는 AI 아바타를 만들 수 있습니다.

이러한 AI 아바타는 팔로워들과의 관계를 좀더 친밀하고 개인화된 방식으로 구축할 수 있는 도구로 작용합니다. 많은 팔로워들이 이제는 단순한 콘텐츠 소비자가 아니라, 실시간으로 소통하며 창작자와 감정을 공유하는 관계를 기대합니다. 이때 AI 아바타는 크리에이터가 직접 출연하지 않고도 개인화된 콘텐츠를 제공할 수 있는 수단이 되어줄 수 있습니다.

한 명의 아티스트가 모든 작업을 완성하는 시대

음악 관련 AI는 이제 단순한 배경음악 제공을 넘어 작사, 작곡, 가창까지

하는 단계에 도달했습니다.

아이바와 수노는 사용자가 선택한 장르에 맞는 곡을 즉시 만들어 주며, 수노는 노래까지 불러줍니다.

음악 관련 AI는 음악적 경험이 부족한 사용자에게도 매력적인 도구로 자리잡고 있습니다. 배경음악을 전문적으로 만드는 것이 어려웠던 유튜버나 인스타그래머들도 이제는 간단한 AI 조작만으로 전문적인 사운드트랙을 얻을 수 있어 자신만의 스타일로 콘텐츠를 더욱 강화할 수 있게 된 것입니다.

영상·음악 AI의 발전과 함께 떠오르는 법적·윤리적 이슈

AI 도구들은 이처럼 창작의 문턱을 낮추어 누구나 크리에이터가 될 수 있는 시대를 열어가고 있습니다. 하지만 영상과 음악 생성 AI의 사용이 늘어나면서 저작권 문제나 개인정보 침해 우려를 불러일으키기도 합니다. 이러한 상황에서 AI 창작물에 대한 명확한 법적 기준과 가이드라인 마련이 시급합니다. 일부 국가에서는 AI 창작물의 저작권 보호 범위를 제한하거나, AI 학습 데이터에 대한 투명성을 요구하는 등의 규제를 도입하고 있습니다. 하지만 기술의 발전속도가 워낙 빠르고 국가별로 상이한 법체계를 가지고 있어 국제적으로 통용될 수 있는 합리적인 기준을 마련하는 것이 당면 과제로 떠오르고 있습니다.

픽토리로 인스타 릴스 영상 만들기

픽토리(Pictory)는 텍스트, 스크립트, 또는 블로그 글에서 자동으로 동영상을 생성해 줍니다(2024년 말 PPT 파일도 가능 예정). 특히 콘텐츠 마케팅이나 소셜 미디어를 위한 짧은 동영상을 빠르게 제작하려는 이들에게 인기가 많습니다.

텍스트를 영상으로 변환, 음성 내레이션, 자동 자막 생성, 간단한 편집 도구, 다양한 영상 템플릿과 스타일로 초보자도 쉽게 활용할 수 있습니다. 보통 고급 영상 편집보다는 간단하고 빠른 제작이 필요한 경우에 유리합니다. 무료 체험 기간을 14일 제공하며 3개의 영상을 만들 수 있습니다.

텍스트만 주면 인스타 릴스 영상을 뚝딱!

1. 우선 챗GPT에게 인스타 릴스 영상의 대본을 만들어 달라고 했습니다.

> 비 오는 주말 동안 집에 있어야만 하는 일반인들을 위한 인스타그램 릴스 영상을 만들려고 해. 집에서 취미로 하면 좋은 것 5가지를 뽑아서 대본을 만들어 줘.

2. 챗GPT가 5가지로 대본을 만들어 주었습니다.

3. 픽토리 사이트(pictory.ai)에서 로그인 후 〈Get Started For Free〉를 누르세요.

4. 픽토리 화면이 열리면 'Script to video'를 누릅니다.

5. 스크립트 편집기에 제목을 입력하세요. 대본 공간에는 챗GPT가 써준 7
개의 장면(인트로와 엔딩 포함)에서 필요 없는 행은 삭제하고, 한 문장마다
[Enter]를 쳐서 짧은 문장으로 만들어 넣었습니다. 이제 〈Proceed〉를 누
릅니다.

6. 잠시 기다리면, 1~2분 뒤 픽토리 AI가 생성한 영상이 나타납니다. 씬이 21개인 영상이네요. 화면 왼쪽 메뉴에서 'Story'를 누르면 자막을 수정할 수 있습니다.

여기서는 스마트폰 사용자에 맞춰 세로로 긴 영상으로 포맷을 바꿔 볼게요. 영상 바로 위의 'Landscape'를 눌러 'Portrait'를 선택합니다.

7. 인스타 릴스 영상이 스마트폰 사용자에 맞춰 세로 영상으로 바뀌었습니다.

8. 화면 아래쪽에 씬 1부터 씬 21까지 슬라이드가 있습니다. 씬 1 영상이 너무 밋밋해서 다른 영상으로 바꾸고 싶습니다. 먼저 씬 1을 선택한 뒤 왼쪽 메뉴에서 'Visuals'를 클릭하세요.

9. 그러면 비 오는 영상들이 주욱 나타나는데, 마음에 드는 영상을 클릭하면 씬 1의 영상이 바뀝니다.

인스타 릴스에 배경음악&목소리 넣기

1. 이번에는 왼쪽 메뉴에서 'Audio'를 클릭하세요.

2. 인스타 릴스 영상에 배경음악이나 목소리를 넣을 수 있습니다. 'Background music' 탭에서 배경음악을 골라 넣으면 됩니다. 키워드를 넣어 검색하거나 'Mood' 탭을 눌러 분위기별로 음악을 필터링해서 찾을 수도 있습니다. 마음에 드는 음악에 마우스를 올리면 〈Generate and Apply〉 단추가 생깁니다. 클릭하면 영상에 배경음악이 들어갑니다.

❶ **장면 길이**(Scene duration): 해당 장면의 시간(초)을 알 수 있으며, 클릭해서 바꿀 수 있습니다.

❷ **풍경/초상/정사각**(Landscape/Portrait/Square): 영상을 가로로 길게, 세로로 길게, 정사각형으로 설정합니다.

❸ **비디오 길이**(Video duration): 현재 편집 중인 영상의 총 시간(초)을 보여줍니다.

❹ **미리보기**(Preview scene): 영상을 편집하면서 선택한 씬이 어떻게 보이는지 미리 볼 수 있습니다.

❺ **취소/다시**(Undo/Redo): 직전에 했던 편집작업을 되돌리거나, 되돌린 것을 다시 원 상태로 만듭니다.

❻ **레이어**(Layers): 편집 중인 영상의 다양한 요소(텍스트, 이미지, 동영상 등)를 레이어로 보여주며, 각 요소를 개별적으로 조작하거나 수정합니다.

❼ **자막**(Hide/Show captions): 자막을 보이게, 또는 안 보이게 처리합니다.

❽ **음성**(Voice): AI 목소리, 업로드한 목소리, 직접 녹음한 목소리를 선택합니다.

❾ **영상의 자를 구간 설정**(Trim Video): 영상에서 필요 없는 부분을 잘라냅니다.

❿ **설정**(Settings): 여러가지 설정을 할 수 있습니다.

⓫ **복제**(Duplicate scene): 현재 선택된 씬을 복제해서 새 씬을 추가합니다.

⓬ **삭제**(Delete scene): 현재 선택된 씬을 삭제합니다.

3. 이번에는 'Voiceover' 탭을 누른 후 내 자막을 읽어줄 AI 성우를 골라 클릭하세요. 'Play' 단추를 누르면 목소리를 미리 들어볼 수 있습니다. 만약 모든 씬의 목소리를 한 성우의 목소리로 하고 싶으면, 영상 아래쪽의 '설

정' 아이콘을 눌러 'voice-over' 항목의 'Apply to all'에 체크하면 됩니다. 목소리 설정이 끝났으면 〈Generate and Apply〉 단추를 누르세요.

4. 그러면 AI가 목소리를 생성해 인스타 릴스 영상에 넣습니다. 화면 상단의 〈Download〉 단추를 누르면 이 영상이 픽토리의 내 프로젝트에 저장됩니다. 다음에 이 영상을 찾으려면 화면 상단에서 'My projects'를 누르면 됩니다.

5. 다시 영상 다운로드 대화상자가 나타나면 〈다운로드〉 단추를 누르세요. 이번에는 내 컴퓨터로 저장됩니다.

6. 이제 내 컴퓨터의 '다운로드' 폴더를 확인해 보세요. 방금 만든 인스타 릴스 영상이 들어 있습니다. 영상 파일을 더블클릭해서 실행해 보세요.

영상 AI 픽토리와 챗GPT의 만남, 픽토리GPT

챗GPT 플러스 유료 사용자라면, 별도의 픽토리 계정을 만들 필요 없이 챗GPT 화면에서 바로 픽토리를 불러와 영상을 만들 수 있게 되었습니다.

텍스트 입력만으로 관련 스톡 영상, 내레이션, 음악이 포함된 콘텐츠를 자동으로 생성할 수 있는 것이죠. 영상을 편집하려고 하면 픽토리 로그인이 필요합니다.

픽토리 AI를 챗GPT용 챗봇으로 사용하는 방법은 간단합니다.

1. 챗GPT 사이트의 왼쪽 메뉴에서 'GPT 탐색'을 누르세요.

2. GPT 화면이 열리면 'Pictory GPT'로 검색하세요.

3. 'Pictory GPT for Videos'를 자주 사용할 것 같으면, 이 챗봇 화면 왼쪽 상단의 목록상자 메뉴를 눌러 '사이드바에 유지'를 선택하세요.

4. 그러면 픽토리 GPT가 챗GPT 화면의 왼쪽 사이드바에 고정되어 나타납니다. 즐겨찾기와 같은 기능입니다.

5. 챗GPT를 사용할 때처럼 프롬프트를 입력해서 영상을 생성할 수 있습니다. 완성되면 링크를 줍니다.

이미지를 움직이는 영상으로
런웨이

런웨이(Runway)도 텍스트나 이미지를 주면 영상을 생성해 줍니다. 2023년 3월 공개된 런웨이 젠(Gen)-2는 영상 길이가 몇 초에 불과했지만, 텍스트 입력만으로 영상을 생성하는 기능으로 전 세계적 관심을 받았습니다.

2024년 6월 공개된 젠-3 알파 모델은 특히 사람 캐릭터를 좀더 부드럽고 생동감 있게 표현하며 더욱 자연스러운 움직임을 구현합니다. 사용자가 카메라 각도, 장면전환, 움직임을 세밀하게 조절할 수 있으며, 스토리텔링과 콘텐츠의 일관성을 유지하는 데 유용합니다. 처리 속도도 빨라지고 메뉴 구성이 단순해지면서 더욱 쉽게 사용할 수 있게 되었습니다.

내 상상력으로 몇 개의 키워드나 이미지만 주어도 영상이 나오니 상당히 흥미롭습니다. 이것저것 해볼 수 있다면 좋을 테지만 그러려면 돈이 많이 들기에, 개인 입장에서는 아직까지 맛보기 체험 형태에 가깝긴 합니다.

1. 런웨이 사이트(runwayml.com)에 접속한 다음 로그인을 하세요. 구글 계정 으로 로그인할 수 있습니다.

2. 시연 화면이 나오면 〈Try runway〉 단추를 누르세요. 무료 버전은 제한 이 많기 때문에 이미지를 영상으로 만드는 간단한 실습을 해보겠습니다.

3. 메인 화면이 열리면 왼쪽 메뉴에서 'Generative Video'를 클릭합니다.

4. 영상을 만들 이미지를 올리세요. 여기서는 픽사베이에서 저작권이 없는 무료 사진을 구해 업로드했습니다. 그리고 영상을 세로로 길게 만들기 위해 'Portrait(768×1280)'를 선택하면 이미지 위에 프레임이 생기는데, 마 우스로 이미지 위치를 잡아준 다음 〈Crop〉 단추를 눌러 필요 없는 부분 을 잘라냈습니다.

5. 사진 아래쪽에 프롬프트 입력란이 생기는데, 어떤 영상을 만들고 싶은지 쓰고 〈Generate〉 단추를 누르세요.

> Two people in the picture are walking down the road.
> 그림 속의 두 사람이 길을 걸어가고 있다.

6. 화면 오른쪽에 10초짜리 완성된 영상이 나타납니다. '플레이' 단추를 누르면 두 사람이 천천히 길을 걸어가는 영상을 볼 수 있습니다. 영상 위쪽에 있는 '다운로드' 단추를 누르면 '.mp4' 파일로 다운됩니다.

7. 실제로 실행해 보니 걸음걸이뿐만 아니라, 그림자의 움직임까지 꽤 자연스러워 보였습니다.

AI가 영상을 제대로 만들게 하려면 프롬프트를 잘 써야 하며, 고화질 화면으로 영상의 질을 높이려면 유료로 업그레이드해야 합니다. 하지만 사진 속의 이미지를 움직이게 할 수 있다니 신기하죠? 여러분의 상상력을 발휘하여 즐겨보세요.

드디어 공개되었다,
오픈AI의 영상 생성 AI 소라

———

소라(Sora)는 텍스트 프롬프트나 첨부한 이미지 및 영상을 기반으로 영상을 생성해 줍니다. 오픈AI가 2024년 2월 공개한 후 일부 이용자를 대상으로 비공개 테스트를 진행하다가, 그해 12월 9일 공식 출시했습니다.

출시와 동시에 적용된 안전정책이 눈길을 끕니다. 성적인 영상이나 아동학대 영상, 딥페이크, 아티스트의 스타일 복제 등은 엄격하게 제한됩니다. 텍스트나 이미지, 영상 프롬프트에 미성년자가 포함된 경우 생성을 제한하고 있으며, 18세 미만의 이미지를 입력하면 영상 생성을 거부합니다. 프롬프트를 쓰거나 이미지를 올리면 거대언어모델(LLM)이 영상 생성에 최적화한 형태로 변환한 다음 소라에 전달하는데, 이 과정에서 문제가 되는 키워드를 걸러내는 방식입니다.

소라 서비스는 소라 사이트(sora.com)를 통해 챗GPT 플러스 구독자(월 20달러)와 챗GPT 프로 구독자(월 200달러)들이 이용할 수 있습니다. 영상을 생성할 때는 크레딧을 사용합니다. 챗GPT 플러스 구독자는 한 달에 1,000크레딧, 프로 구독자는 10,000크레딧이 제공됩니다. 플러스 구독자는 영상을 최대 720p 해상도에 5초 정도, 프로 구독자는 1080p 해상도에 20초 정도까지 생성할 수 있습니다.

텍스트, 이미지 및 영상으로 영상 만들기

1. 소라 사이트(sora.com)에 접속한 후 회원가입을 하고 로그인을 하세요.

2. 'Describe your video' 란에 생성하고 싶은 영상에 대해 입력하세요.

3. 참고자료를 업로드하고 싶다면 〈+〉 단추를 누르고 'Upload image or video'를 선택한 다음 참고자료를 선택해 올리세요. 그 전에 미디어 업로드에 대한 주의사항이 나오면 항목별로 잘 읽고 체크를 한 다음 〈Accept〉를 누릅니다.

4. 'Presets' 항목에서 만들고 싶은 영상의 스타일을 선택하세요. 풍선, 스톱모션, 아카이브(저화질의 과거 기록물 스타일), 느와르, 카드보드 등의 스타일이 있는데, 일반적으로는 'None'을 선택하면 됩니다.

5. 영상 생성의 기본 요소들을 설정합니다. 비율(16:9, 1:1, 9:16), 화질(480p, 720p, 1080p), 영상 길이(5초, 10초, 15초, 20초), 동시에 생성할 영상의 수(1개, 2개, 4개)를 선택하면 됩니다. 참고로 화질이 높을수록, 영상이 길수록, 영상을 한 번에 많이 생성할수록 크레딧이 많이 차감됩니다. 모든 설정이 끝나면 가장 오른쪽의 〈↑〉 단추를 누릅니다.

스토리보드로 영상 생성하기

1. 프롬프트 입력창의 가장 오른쪽에 있는 〈Storyboard〉를 클릭하세요.

2. 화면 상단에 '캡션 카드'가 나타납니다. 특정 시점에서 원하는 장면을 설정하고 등장인물이나 행동을 설명하는 공간입니다. 텍스트로 설명하거나 이미지, 영상을 넣을 수 있습니다.

3. 화면 아래 '타임라인'에서 원하는 타이밍에 각 영상이 나타나도록 적당한 간격을 두고 각 캡션 카드를 배치합니다(간격이 너무 좁으면 장면전환 부자연스러움).

4. 영상의 비율과 해상도, 길이, 한 번에 생성할 영상의 수, 프리셋 적용 여부 등을 선택한 다음 〈↑〉 단추를 누르면 됩니다.

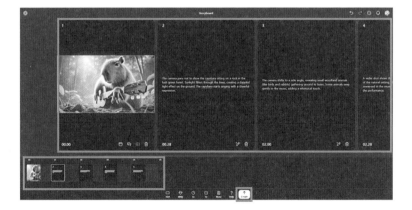

생성한 비디오 편집하기

1. 왼쪽 메뉴의 'Library'에서 'All videos'를 선택하면 현재까지 생성한 영상들이 있습니다. 이중에서 편집하고 싶은 영상을 선택합니다.

2. 스토리보드로 생성한 영상이라면 하단 왼쪽에 'Edit story'가 나오고, 스토리보드 없이 생성한 영상은 'Edit prompt'와 'View story'가 나옵니다. 프롬프트나 스토리보드를 고쳐 영상을 수정하면 됩니다.

❶ Re-cut: 기존 비디오를 새로운 스토리보드에서 잘라내거나 확장합니다. 마음에 들지 않는 부분을 잘라내 삭제해서 조금 더 자연스러운 영상을 만듭니다.

❷ Remix: 기존 영상 안에 있는 특정한 객체를 자연어를 사용해서 다른 객체로 변경, 추가, 제거 등 편집을 합니다. 예를 들어 해안가의 모던한 건물을 비추는 영상이 있을 때 Remix 기능을 선택하고, "건물을 바로크 양식의 저택으로 바꿔줘"라고 입력하는 식입니다.

❸ Blend: 두 개의 비디오를 하나의 클립으로 합쳐줍니다. 나비가 날아가는 장면과 꽃 영상을 블렌드하면, 날아다니던 나비가 꽃으로 자연스럽게 바뀌는 영상이 만들어집니다.

❹ Loop: 비디오의 특정 부분을 자연스럽게 반복 재생해 줍니다. 이렇게 만든 영상은 시작 부분과 끝 부분의 장면이 비슷하게 만들어지기 때문에, 계속 재생해 두면 마치 하나의 영상이 끊김 없이 재생되는 것처럼 보이게 됩니다.

독특한 템플릿으로 영상을 쉽게 만드는 피카랩스

영상 생성 AI의 또 다른 혁신적인 서비스로 피카랩스(Pika Labs)도 있습니다. 피카랩스는 2022년 4월에 스탠퍼드대학 AI연구소 소속의 박사 두 명이 설립한 회사입니다.

피카랩스의 장점은 독특한 콘셉트의 영상을 템플릿으로 제공한다는 것입니다. 'Pikaeffect' 메뉴에서 다양한 예시를 볼 수 있는데요. 'Peel it(특정 객체 떼어내기)', 'Tear it(찢어버리기)', 'Squish it(쥐어짜기)', 'Cake-ify it(케이크 자르기)', 'Crumble it(부서지게 하기)' 등 흥미로운 콘셉트가 있습니다.

2024년 12월에는 피카 2.0 모델을 출시하면서 '씬 인그리디언츠(Scene Ingredients)'라는 새로운 기능을 탑재했습니다. 이용자가 직접 인물, 장소(배경), 사물을 업로드하면, 각각의 요소를 자연스럽게 통합해서 하나의 영상으로 만들어 줍니다.

무료 회원은 한 달에 150크레딧을 받을 수 있고, 피카 1.0과 1.5 모델로 영상을 생성할 때마다 15크레딧이 차감됩니다. 한 달에 10개의 영상을 만들 수 있는 것이죠. 피카 2.0 모델은 500크레딧을 받을 수 있는데, 씬 인그리디언츠 기능을 사용한 영상은 100크레딧씩 차감됩니다.

내 작업을 '보드'로 관리하는 루마랩스 AI 드림머신

루마랩스(Luma Labs)는 이미지 생성부터 영상 제작, 편집까지 부드러운 흐름으로 이어갈 수 있는 것이 장점입니다. 그리고 이 모든 과정을 하나의 '보드'로 생성해 줍니다. 사람들이 영상을 생성할 때 여러 가지 과정과 시도를 하게 되는데, 이런 전체 과정을 하나로 묶어 관리할 수 있다는 점이 좋습니다. 예를 들어 볼게요.

1. 루마랩스 AI 드림머신 사이트(dream-machine.lumalabs.ai)에 접속한 후 회원가입을 하세요.

2. 입력창에 다음과 같이 입력해 보겠습니다.

> 10대 소녀가 소파에 앉아서 헤드폰을 착용하고 있음. 아늑한 거실. 따뜻한 조명

3. 그러면 한 번에 4개의 이미지가 생성됩니다. 이 중에서 마음에 드는 이미지를 선택하면 'Modify(수정하기)', 'Make Video(영상으로 만들기)', 'Reference(참고해서 그리기)', 'More Like This(비슷한 그림 그리기)'의 4가지 옵션이 나옵니다. 여기에서 'Modify'로 이미지를 수정하면, 하나의 창 안에서 기존 그림과 수정해서 그린 그림을 모두 나열해서 보여줍니다.

4. 이미지를 그린 프롬프트 아래에 〈Brainstorm(브레인스톰)〉이라는 단추가 있는데, 이 단추를 누르면 내가 작성한 프롬프트 각각의 요소를 어떻게 바꾸면 좋은지에 대해 프롬프트를 추천해 줍니다.

5. 추천된 프롬프트 중 하나를 클릭하면, 프롬프트 창에 자동으로 입력됩니다. 프롬프트 중 원형 버튼으로 바뀐 단어를 선택하면, 다른 추천 단어들을 보여주며 선택할 수 있게 해 줍니다.
   이런 방식으로 프롬프트를 풍성하게 만들어서 더 마음에 드는 이미지를 생성하게 도와주는 것이죠.

6. 추가로 생성된 그림은 하단에 계속 이어서 나타납니다. 가장 처음에 시작한 그림부터 수정된 내용들을 한 눈에 볼 수 있는 것이 '보드'의 장점입니다.

7. 생성된 이미지가 마음에 들면 선택한 다음 〈Make video〉 단추를 누르세요. 그런 다음 프롬프트 창에 카메라의 움직임이나 장면에 대한 설명을 써주고 〈↑(생성)〉 단추를 누르면 됩니다.

루마 드림머신에서는 'END FRAME(끝 프레임)'을 추가할 수 있습니다. 영상의 끝 장면을 넣어주는 것인데요. 예를 들어 첫 장면에 소녀의 전신이 보이는 이미지를 넣고, 엔드 프레임에 클로즈업된 소녀의 얼굴 이미지를 넣는다면 자연스럽게 소녀의 얼굴이 클로즈업되는 영상을 만들 수 있는 것이죠.

아바타로 뉴스 방송을
신세시아

신세시아(Synthesia)는 내가 선택한 아바타가 진짜 사람처럼, 내가 입력한 대본대로 말합니다. 말을 할 때 눈과 입 모양 등까지 자연스러운 표정을 짓습니다. TV 뉴스의 앵커처럼 생동감이 느껴집니다.

신세시아는 뒤에서 다룰 헤이젠과 함께 비즈니스 프레젠테이션과 온라인 방송용 동영상을 제작하는 이들에게 인기가 많습니다. 업무용으로 쓰려면 유료 플랜 가입이 좋습니다. 무료 사용자는 6개의 AI 아바타와 제한된 음성, 영상 길이는 3분까지만 가능합니다.

1. 신세시아(synthesia.io)에 접속해서 로그인하세요. 구글 계정으로 로그인할 수 있습니다. 유료 플랜 안내가 나타나면 〈Choose Free〉 단추를 누르세요.

2. 몇 가지 설문조사를 한 뒤 메인 페이지로 갑니다. 화면 상단의 〈New Video〉 단추를 클릭합니다.

3. 아바타가 포함된 템플릿이 나오면 마음에 드는 것을 골라서 클릭하고,

〈Use template〉 단추를 누릅니다.

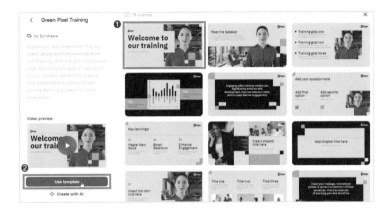

4. 이제 영상 템플릿을 용도에 맞게 수정해 보죠. 먼저 영상의 텍스트를 '2025 AI&기술혁신 서밋'으로 수정하고, 아래쪽 스크립트 입력란에 챗 GPT에서 만든 가상의 행사 인사말을 복사해 넣었습니다.

5. 화면 오른쪽 상단의 'Preview Video' 단추를 누르면 아바타가 내가 넣은 스크립트를 낭독합니다. 아직 입술 모양이나 얼굴 표정은 변화가 없습니다. 화면 오른쪽 상단의 〈Generate〉 단추를 누른 뒤, 제목과 내용 소개 등을 입력하고 〈Generate-10 min processing〉 단추를 누르세요.

6. 잠시 기다리면, 뉴스 화면의 '씬 1'이 만들어집니다. 화면에 나타난 씬 1의 썸네일을 클릭한 후 'Play' 단추를 누르세요.

7. 이번에는 아바타의 입술 모양과 표정까지 구현되었습니다.

8. 아바타 뒤의 배경도 바꿀 수 있습니다. 앞 단계의 썸네일(화면 왼쪽 메뉴의 'Videos'를 누르면 보임)에 마우스를 갖다 댄 후 〈Edit〉 단추를 클릭하세요.

9. 영상 편집 화면이 열리면 'Space'를 누르세요.

10. 주제별 배경화면이 나옵니다. 여기서는 'Lobby'를 누른 후 하나를 선택하겠습니다. 화면에 나오는 불필요한 것은 클릭해서 지우면 됩니다. 'Text'를 누른 뒤 텍스트를 추가하거나 편집하고, 'Media'를 눌러 원하

는 위치에 이미지나 영상을 삽입할 수도 있습니다. 씬 1의 편집이 끝났
으면 다시 〈Generate〉 단추를 누르세요.

11. 뉴스에서 첫 번째 영상의 배경, 텍스트 등이 수정되었습니다.

12. 두 번째 씬도 같은 식으로 만들어 보죠. 왼쪽의 씬 영역에서 'SCENE
1' 바로 밑의 〈+〉 단추를 누르세요. 템플릿들이 나오면 맘에 드는 것을
선택하세요.

13. 두 번째 씬을 골라 편집하고 저장하겠습니다.

14. 이제 2개의 씬으로 된 뉴스를 편집 완료했
습니다. 씬 1이 20초, 씬 2가 10초, 합해 30
초짜리 영상이 만들어졌습니다.

TIP 썸네일에 있는 'Translate'는 다른 언어로 바꿔주는 기능입니다. 지금은 한국어
로 발음하고 있는데, 영어로 발음하게 바꿀 수 있는 거죠. 다만 유료 회원으로 가입해
야 사용할 수 있습니다.

15. TV 뉴스처럼 2개의 씬
이 연이어 나오면서 총
30초 방송됩니다.

유료 요금제에 가입하면 개인 맞춤형 아바타도 만들 수 있습니다. 내 아바
타를 만든 뒤 10분짜리 한글 대본을 주면 한국어로, 영어 대본을 주면 영어
로 발음하므로 다국어 방송 진행자를 보유한 것 같은 효과가 있습니다.

내 얼굴로 아바타 영상 만들기
헤이젠

헤이젠(HeyGen) AI도 신세시아처럼 아바타를 만들어 줍니다. 이번에는 사진을 올려 그 얼굴로 아바타를 만들어 볼게요. 아바타를 만든 후 회사 상품 소개 스크립트를 주면, 내 얼굴에 입 모양까지 흉내 낸 아바타가 뉴스 앵커처럼 말하는 것이죠. 놀랍게도, 하나의 영상으로 영어·한국어·중국어·스페인어 등 40개 이상의 다양한 언어별 아바타를 별도로 만들 수 있습니다.

업무용으로 제대로 쓰려면 유료 플랜에 가입해야 합니다. 무료 가입자는 한 달에 3분 이내의 영상 3개를 만들 수 있는데, 내 얼굴 영상이나 사진을 업로드할 수는 있지만 내 목소리를 업로드할 수는 없습니다.

아바타 영상 만들기

1. 헤이젠 사이트(www.heygen.com)에 접속하세요. 화면 오른쪽 상단의 〈Get Started for free〉 단추를 클릭하면 로그인 화면이 나오는데, 구글이나 페

이스북 계정으로 간편하게 가입할 수도 있습니다.

2. 처음 로그인하면 여러분이 종사하는 직종, 산업 분야 등 몇 가지 질문들이 연이어 나오는데, 화면의 지시에 따라 채워 주세요.

3. 이제 헤이젠의 메인 화면이 나옵니다. 우리는 사진을 올려 아바타로 만들 생각이므로 왼쪽 메뉴에서 'Avatars'를 누른 뒤 'Photo Avatar' 탭을 선택하세요(휴대폰 카메라로 자신이 말하고 있는 2분 이상의 영상을 찍어 '비디오 아바타'에 올려도 됩니다). 그런 다음 〈Upload〉를 눌러 내 정면 얼굴 사진을 업로드합니다(여기서는 AI가 그린 얼굴 사용). 이제 〈Create video〉를 누르세요.

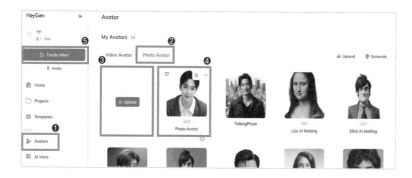

4. 다음 화면에서 'Avatar Video'를 누르고, 그다음 화면에서는 가로로 긴 영상을 만들기 위해 〈Create landscape video〉를 누르겠습니다.

5. 영상 편집 화면이 나타납니다. 왼쪽 메뉴에서 'Avatars' 아이콘을 클릭하고 'Photo Avatar' 탭을 누르면 조금 전 우리가 올린 사진이 보입니다. 이

사진을 클릭해 위치와 크기를 조정하세요. 여기서는 화면 오른쪽 끝에
작게 넣었습니다.

영상에 배경음악 & 목소리 넣기

1. 이제 왼쪽 메뉴에서 'Script' 아이콘을 선택해서 대본을 입력하세요. 여기
서는 미리 준비한 텍스트를 복사해 넣었습니다.

2. 스크립트의 '더보기' 메뉴를 누른 후 언어에서 '한국어'를 고르고, 필터에
서 남성 성우를 골랐습니다(유료 회원이면 자기 목소리 녹음해 넣기 가능).

3. 다시 스크립트의 '더보기' 메뉴를 누른 후 발음의 빠르기, 피치, 볼륨 등
을 조정한 뒤 'Play' 단추를 눌러 소리를 점검하세요.

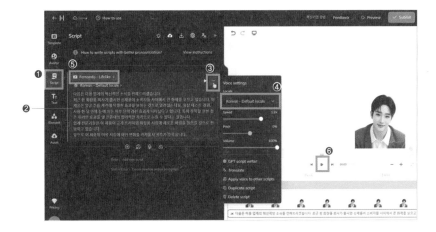

영상에 글자 넣기

1. 이번에는 왼쪽 메뉴에서 'Text'를 누른 후 영상 화면에 텍스트 박스와 글자를 넣습니다. 여기서는 템플릿 하나를 클릭해 넣은 뒤 기사 내용과 관련된 글자로 수정했습니다.

2. 왼쪽 메뉴에서 'Element'를 누른 뒤 회의를 하는 영상을 삽입하고 배경음악도 깔았습니다. 이제 화면 오른쪽 상단에 있는 〈Preview〉 단추를 누르세요.

3. 아직 최종 서브밋을 하기 전이라서 아바타가 움직이지는 않습니다. 소리나 배경음악이 잘 나오는지 체크하세요.

4. 이제 영상 저장을 위해 화면 오른쪽 상단의 〈Submit〉 단추를 누르세요.

5. 파일 이름 등을 입력한 뒤 다시 〈Submit〉 단추를 누르세요.

6. 잠시 기다리면 영상이 완성됩니다. 클릭해서 실행하면, 아바타가 말을 할 때 표정과 입술 모양이 변합니다. 영상 아래쪽에 있는 'Captions' 옵션을 켜면 화면에 자막도 나타납니다. 화면 오른쪽의 'Download Original Video'를 클릭하면 영상을 다운로드할 수 있습니다.

한국어 영상을 번역 영상으로 손쉽게

1. 이번에는 한국어 영상을 번역 영상으로 바꿔 보겠습니다. 메인 화면에 〈Create video〉 단추를 클릭한 뒤 'Video Translation'을 선택하세요.

2. 비디오 업로드 화면이 열리면, 화면 중앙의 '업로드' 단추를 눌러 조금 전에 만든 '혁신기업 탐방' 영상을 올려보겠습니다. 이제 〈Create new translation〉 단추를 누르세요.

3. 오리지널 영상의 언어는 'Korea (Korea)'를 선택하고, 타깃 영상의 언어는 'English', 말하는 사람의 수는 1로 설정했습니다(다이아몬드 표식이 붙은 항목들은 유료 사용자만 선택 가능). 설정을 마쳤으면 〈Submit〉 단추를 누릅니다.

4. 이제 영어 버전 영상을 실행해 보죠. 영상이 영어로 잘 나옵니다. 다만, 영어 자막 기능은 유료 회원만 사용할 수 있습니다.

숏폼 영상 편집을 글쓰기처럼 간편하게
디스크립트

디스크립트(Descript)는 영상 편집을 쉽고 직관적으로 만들어 주는 AI 도구입니다. 주요 기능으로는 텍스트 기반 영상 편집, 자동 자막 생성, 음성 클리닝(음성 잡음 제거), 음성 합성(TTS) 등이 있습니다. 대화나 내레이션의 텍스트를 바꾸면, 해당 영상도 자동으로 수정되어 편리합니다.

무료 요금제는 한 달에 1시간의 전사 시간(Transcription, 영상의 음성을 텍스트로 변환할 때 사용하는 시간), 가로 720픽셀 해상도로 영상 저장이 가능하고(워터마크 포함), 일부 AI 기능은 사용할 수 없습니다.

숏폼을 위한 무료 영상 클립 찾기

1. 픽사베이나 픽셀 등에도 무료 영상 클립이 많지만, 영상과 음향만 있고 음성은 없습니다. 음성이 포함된 영상을 찾기 위해 유튜브에서 필터 옵션을 'Creative Commons'로 놓고 퍼블릭 도메인(자유 이용 저작물) 영상을

찾았습니다. 미국에서 2024년 오픈소스 기술기업 WSO2가 주최한 AI 동향과 미래 전망에 대한 토론 영상입니다. 이 영상의 URL을 복사합니다.

2. 세이브프롬 사이트(savefrom.net)의 입력란에 방금 복사한 영상의 URL을 붙여넣고, MP4 파일로 다운받기 위해 〈다운로드〉 단추를 누르세요.

3. 새 창이 열리면 닫으세요. 원래 창에 영상이 나오는 게 보입니다. 화면 오른쪽 하단의 '더보기' 메뉴를 눌러 '다운로드'를 선택해 이 영상을 다운받으세요.

* 영상 자료: WSO2 유튜브 채널, "AI Insight: Expert Panel Discussion | WSO2Con USA 2024"(출처: https://youtu.be/wmArA3TjOqs?si=568F1dXJaXEqLCTn)(CCBY)

대본을 편집하면 영상도 편집된다

1. 디스크립트 사이트(descript.com)에 접속해 로그인한 후 무료 요금제의 〈Get Started〉 단추를 누릅니다.

2. 편집할 영상을 업로드하는 화면이 나타납니다.* 'Upload file'을 누른 다음, 앞에서 다운받은 무료 영상 클립을 업로드했습니다.

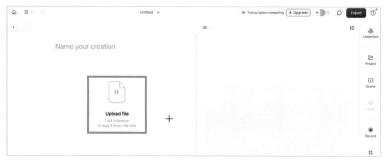

* 혹시 메인 화면으로 바로 이동한 경우, 화면 오른쪽 상단의 〈New Project〉 단추를 눌러도 이 화면으로 옵니다.

3. 디스크립트가 영상을 자동으로 인식하고, 잠시 기다리니 음성에서 변환된 대본이 화면에 나타났습니다. 화면 왼쪽 아래의 'Show timeline'을 켜 놓으세요. 대본에서 파란 밑줄이 그어져 있는 필러 단어(Filler Words, 음~, 거~ 등 불필요한 말버릇 단어)를 없애보죠. 화면 오른쪽 영역에서 'Remove filler words'를 클릭하세요.

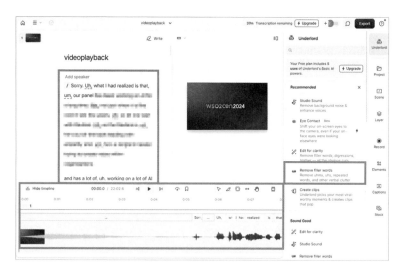

4. 이 영상의 경우 271개의 필러 단어를 찾았다고 나오네요. 선택적으로 지울 수도 있지만, 여기서는 'Remove all'을 눌러 모두 지우겠습니다.

5. 이제 대본 수정을 해볼게요. 삭제할 단어를 선택하면 생기는 도구막대에서 'Clip' 단추를 눌러 'Delete media'(단축키 backspace)를 선택합니다. 그러면 대본에서 이 단어가 지워질 뿐만 아니라 영상, 음성에서도 이 부분이 삭제됩니다. '플레이' 단추를 눌러 소리를 직접 들어보면 깔끔하게 편집된 것을 확인할 수 있을 것입니다.

6. 유료 사용자라면 아예 문장을 수정할 수도 있습니다. 첫 문장을 좀 간결한 표현으로 바꿔보겠습니다. 'What I had realized is that'을 'I realized that'으로 바꿔 보죠. 바꿀 문장을 선택한 뒤 'Correct'를 선택하고 문장을 수정하세요. 이렇게 하면 대본뿐만 아니라 영상, 음성이 한꺼번에 수정됩니다. 다시 '플레이' 단추를 눌러 들어보세요.

TIP 만약 텍스트를 바꿨는데 음성이 바뀌지 않았다면 〈Regeneration〉 단추를 눌러 다시 생성을 요청하세요. 그러면 동기화가 됩니다.

7. 영상에 자막을 넣으려면, 화면 오른쪽 막대에서 'Captions'를 누른 후 자막 형식을 선택하면 됩니다.

8. 새로운 장면을 삽입하려면, 대본에서 새로운 장면이 들어가야 할 곳을 클릭한 뒤 슬래시(/)를 입력하고 Enter 를 치세요.

9. 그러면 슬래시 다음부터 두 번째 씬으로 구분되고, 이 위치에 다른 영상 자료를 업로드하거나 직접 촬영해서 삽입할 수 있습니다. 하지만 이 기능을 제대로 사용하려면 유료 플랜에 가입해야 합니다.

10. 영상 편집이 끝나면 화면 상단의 〈Export〉 단추를 눌러 'Publish to' 탭의 'Published'의 'Download'를 누릅니다.

11. 그러면 영상 렌더링을 시작합니다. 영상의 길이에 따라 완료되는 데 몇 분 이상 걸릴 수도 있습니다. 이제 영상 편집이 끝났습니다.

디스크립트의 가장 큰 매력은 텍스트 편집만으로 영상이 함께 수정되는 점입니다. 전문적인 영상 편집 지식이 없어도 간단한 숏폼을 만들 수 있습니다. 무료 계정으로도 기본 기능을 사용할 수 있지만, 더 다양한 기능과 무료 라이브러리를 활용하고 싶다면 유료 계정 사용을 추천드립니다.

평범한 영상의 극적 변신
카이버

카이버(Kaiber)는 간단한 텍스트 입력만으로 창의적인 영상 콘텐츠를 만들어
줍니다. 이를테면 귀여운 고양이가 호랑이로 변신하는 영상을 만들 수도 있
습니다.

처음부터 환상적인 영상이 나오지는 않겠지만, 숙련된 사용자는 자신만
의 아이디어를 시각화해 고품질의 애니메이션 영상을 몇 분 만에 완성할 수
있습니다. 짧은 시간에 트렌디하고 매력적인 콘텐츠를 만드는 데 강점이 있
습니다. 무료 이용자는 200크레딧을 받는데, 일반적으로 1초의 영상 생성에
5크레딧 정도 들어가지만, 해상도가 높거나 세부효과가 많아질수록 크레딧
소모량이 증가하기 때문에 일률적으로 말하기는 어렵습니다.

한 번의 클릭으로 변신 - 귀여운 고양이가 호랑이로

1. 카이버 사이트(Kaiber.ai)에서 로그인을 합니다.

2. 슈퍼스튜디오라는 공간이 열리는데, 화면 중앙의 〈+〉를 누른 다음 〈Create new canvas〉를 클릭합니다.

3. 화면에 'Core Flows(핵심 과정)'라는 작은 창이 뜨면, 우리는 비디오를 만들어 볼 것이므로 'Video Lab'을 선택합니다.

4. 영상 생성 작업 화면이 열립니다. 캔버스 왼쪽에 있는 '주제' 영역에 고양이 사진을 업로드하고, 프롬프트 입력란에 프롬프트를 입력했습니다. '영상 세부 설정' 영역에서 영상의 길이는 10초로 정하고, '스타일 영역'에 스타일 프롬프트를 올린 후 '오디오 업로드' 영역에서 음악은 아이바(aiva. ai)에서 판타지 테마 장르로 요청해서 만들어 올렸습니다. 이제 '스마일' 아이콘을 누르면 영상을 만들기 시작합니다(55크레딧을 쓴다고 나옴).

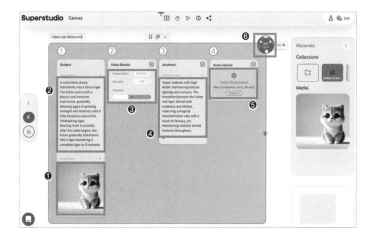

❶ **주제**(Subject): 이미지를 업로드하고 프롬프트를 입력하는 부분

❷ **영상 세부 설정**(Video Details): 영상의 가로/세로 비율, 영상의 길이, 시각적 효과 설정

❸ **스타일**(Aesthetic): '미래적인 분위기', '네온라이트 효과'처럼 스타일을 설명하는 문구 입력

❹ **오디오 업로드**(Audio Upload): 배경음악 업로드

> 챗GPT에게
> 요청해 받은
> 프롬프트

<주제 프롬프트>

A cute kitten slowly transforms into a fierce tiger. The kitten starts with a playful and innocent expression, gradually showing signs of growing strength and intensity until it fully becomes a powerful, intimidating tiger. Starting from 3 seconds after the video begins, the kitten gradually transforms into a tiger, becoming a complete tiger by 9 seconds.

귀여운 새끼 고양이가 서서히 무서운 호랑이로 변합니다. 고양이는 장난스럽고 순진한 표정으로 시작하여 점점 강렬하고 강한 기운을 뿜어내기 시작하고, 마침내 강력하고 위압적인 호랑이로 완전히 변합니다. 영상이 시작된 후 3초부터 점진적으로 호랑이로 변하는데 9초에 완전한 호랑이가 되게 해주세요.

<스타일 프롬프트>

Hyper-realistic with high detail, maintaining natural lighting and textures. The transition between the kitten and tiger should look seamless and lifelike, capturing a magical transformation vibe with a touch of fantasy, yet maintaining realistic animal features throughout.

고해상도의 하이퍼 리얼리즘 스타일로 자연스러운 조명과 질감을 유지합니다. 고양이에서 호랑이로의 변화는 마법 같은 전환의 느낌을 주며 판타지적인 요소를 가미하되, 전체적으로 현실감 있는 동물의 특징을 유지하여 생동감 있게 표현합니다.

5. 잠시 기다리면 화면 오른쪽의 '미디어' 영역에 결과 영상이 나오는데, 마우스를 가져다대면 영상이 실행되는 모습이 보입니다.

6. 새로 생성된 비디오 위의 '다운로드'를 누르면 다운로드할 수 있습니다.

귀여운 고양이가 서서히 호랑이로 바뀌어가는 영상을 볼 수 있습니다.

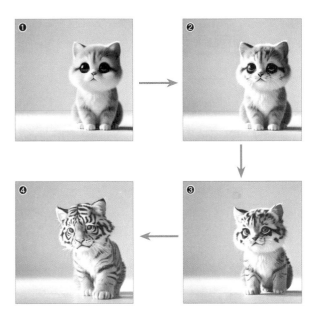

긴 영상을 여러 개의 숏폼 영상으로
오퍼스 클립

———

오퍼스 클립(Opus Clip)은 긴 영상을 자동으로 분석해 주목할 만한 장면들을 뽑아 여러 개의 숏폼으로 변환해 줍니다. 특히 세로 영상 최적화와 자동 자막 생성 기능으로 틱톡, 인스타 릴스, 유튜브 쇼츠 등 숏폼 플랫폼에 최적화된 콘텐츠를 빠르게 만들 수 있습니다. 누구나 쉽게 사용할 수 있으며, 무료 사용자도 매월 60분씩 사용할 수 있습니다.

1. 제가 출연했던 방송 영상으로 실습해 보겠습니다. 숏폼으로 만들고 싶은 유튜브 영상의 URL을 복사합니다(단, 저작권에 유의하세요).

2. 오퍼스 클립(opus.pro)에 접속해 로그인합니다. 구글 계정으로도 가능합니다.

3. 오퍼스 클립 메인 화면이 열리면 복
사한 링크를 붙여넣으세요.

4. 스크롤 막대를 아래로 내려 325쪽의 그림처럼 옵션을 설정합니다.

5. 이제 〈Get clips in 1 click〉 단추를 누르면 몇 단계에 걸쳐 설문을 하는
데, 응답을 하면 숏폼을 만들기 시작합니다. 이 영상은 44분짜리 영상인
데, 시간이 약 10분 정도 걸렸습니다.

6. 회원가입 때 넣은 이메일 주소로 숏폼 클립을 만들었다는 이메일이 옵니
다. 이메일을 연 다음 〈View clips〉 단추를 누르세요.

7. 모두 27개의 숏폼이 만들어졌습니다. 각 숏폼마다 제목을 붙였고, 왼쪽
에는 오퍼스 클립 AI가 평가한 점수도 나옵니다. 〈Edit clip〉을 누르세요.

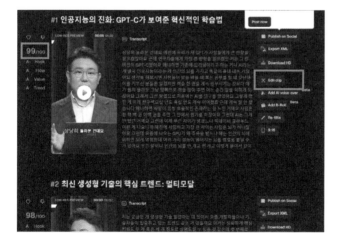

❶ AI 클립 생성/ 생성 안 함(AI Clipping/Don't clip): 자동 클립 생성 기능 켜거나 끄기

❷ 장르(Genre): 영상의 장르 선택

❸ 클립 길이(Clip Length): 생성할 클립의 길이 설정. 기본값은 Auto(0min–3min)

❹ 키워드로 주제 필터링(Topic filter by keywords): 키워드에 관련된 부분만 클립 생성. 여러 키워드 쉼표로 구분

❺ 처리시간(Processing timeframe): 영상의 특정 구간에서만 클립을 생성하도록 설정

❻ 빠른 설정(Quick presets): 미리 준비된 스타일 옵션을 선택해 클립에 적용

❼ 내 템플릿(My Templates): 사용자가 직접 만든 템플릿을 저장하고 불러와 사용

❽ 화면 비율(Choose aspect ratio): 영상의 가로세로 화면 비율 설정

❾ 위 설정을 기본값으로 저장(Save settings above as default): 다음 영상 작업 시 자동으로 적용됨

8. 숏폼 영상을 어느 정도 편집할 수도 있습니다. 자막 편집, 핵심 키워드 자동 강조, 로고나 이모지 추가 등도 가능합니다.

9. 화면 상단 오른쪽의 'Download all'을 누르면 한꺼번에 전체 파일이 다운 로드됩니다. 또는 잘 나온 숏폼 동영상만 골라 숏폼 오른쪽의 〈Download〉 단추를 눌러 저장할 수도 있습니다.

여러분도 보관 중인 브이로그나 여행 영상을 활용해 틱톡이나 인스타그램 릴스용 숏폼을 만들어 보세요. 오퍼스 클립은 기본 기능들을 무료로 체험해 볼 수 있으니, 유튜브 쇼츠나 틱톡에 나만의 숏폼 콘텐츠를 올려보는 건 어 떨까요?

내 아이의 움직이는 캐릭터
애니메이티드 드로잉스

———

애니메이티드 드로잉스(Animated Drawings)는 이미지를 움직이는 애니메이션
으로 만들어 줍니다. 아이나 가족의 삽화를 생성형 AI로 그린 후 움직이는
형태로 만들어 봐도 재미있겠죠?

코파일럿에게 시켜 아이의 캐릭터를 그렸습니다. 움직이는 애니메이션
이 되려면 사람의 머리, 두 팔, 두 다리가 분명히 구분되게 그리는 것이 좋
습니다.

만약 팔을 내리고 있는 그림이면, 나
중에 팔을 들어올릴 때 상의도 같이 늘어
지며 올라가는 등 원치 않는 애니메이션
이 됩니다. 그래서 코파일럿에게 두 팔,
두 다리를 벌리고 서 있는 모습으로 그려
달라고 했습니다. 그래야 애니메이티드

드로잉스의 AI가 관절 부위를 인식해서 머리와 팔다리가 자유롭게 움직이게 할 수 있을 테니까요. 이제 이 그림으로 간단한 애니메이션을 만들어 보죠.

1. 메타데모랩 사이트(sketch.metademolab.com)에 접속한 다음 〈Try it now〉 단추를 누르세요. 연구용 데모이므로 상업적 목적으로 쓰면 안 된다는 공지가 뜨면 〈Accept〉 단추를 누르세요.

2. 샘플을 보여주는데 그냥 〈Upload Photo〉 단추를 누르세요.

3. 이제 움직이게 할 이미지를 선택하고 〈열기〉 단추를 누릅니다. 여러분이 올린 그림이 들어왔나요? 그러면 〈Next〉 단추를 누릅니다.

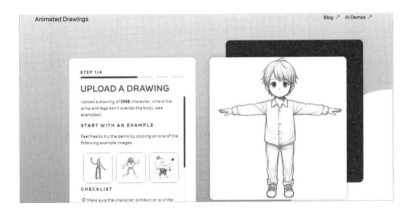

4. AI가 그림을 인식하면서 캐릭터의 영역을 사각형으로 선택하는데, 두 손 부분이 제외되었네요. 선택 영역을 마우스로 정확하게 수정했습니다.

5. AI가 캐릭터를 정상적으로 인식한 상태이면, 캐릭터 외의 요소들은 모두 회색으로 마스킹됩니다. 간혹 AI가 다리 사이 공간을 인식하지 못할 때가 있는데, '지우개'와 '굵기' 단추를 누른 뒤 지우고 싶은 부분을 드래그해서 회색으로 칠하면 됩니다. 잘못 지웠으면 〈Reset Mask〉 단추를 눌러 새로 칠하세요. 마스킹이 제대로 되었으면 〈Next〉 단추를 누릅니다.

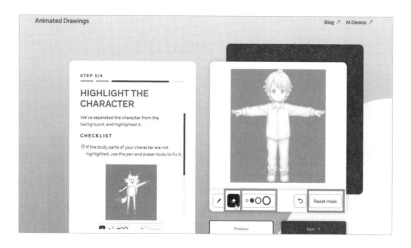

6. 이제 AI가 관절 부분을 인식합니다. 저는 왼쪽 어깨 부분이 정확하지 않아 마우스로 어깨 관절 부분을 위로 올려 수정하고 〈Next〉 단추를 눌렀습니다.

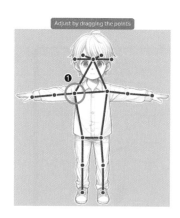
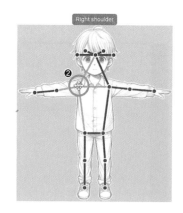

7. 화면 왼쪽에 총 32가지 움직임이 나옵니다. 특정 동작을 선택하세요. 동작을 마우스로 클릭하면 내 캐릭터가 그걸 흉내냅니다.

8. 이 캐릭터를 저장하려면 '확대하기' 단추를 누른 후 나타나는 '더보기' 메뉴에서 다운로드하면 됩니다.

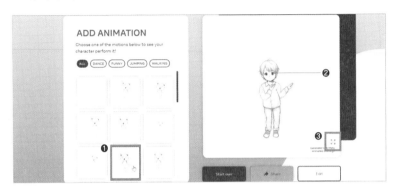

9. 이제 캐릭터 애니메이티드 파일을 실행하면, 아이의 캐릭터가 움직이는 걸 볼 수 있습니다.

귀여운 아이나 반려동물의 사진을 찍은 후 배경을 제거하고, 애니메이티드 드로잉스로 만들어 보세요. 32가지 동작을 따로따로 저장해 두면 재미있을 것 같습니다.

좋아하는 장르 선택하면
작곡, 편집까지, 아이바

———

아이바(AIVA, Artificial Intelligence Virtual Artist)는 AI 기반 음악 작곡 도구로, 사용자가 좋아하는 장르, 키, 곡의 길이를 설정하면 자동으로 곡을 생성해 줍니다. 그래서 복잡한 음악 이론을 몰라도 원하는 음악을 만들 수 있습니다. 아이바는 베토벤의 5번 교향곡 같은 작품을 분석하고 학습하여 그 작곡 스타일을 모방하는 능력도 갖추고 있습니다. AI가 학습한 작곡 기법을 바탕으로 새로운 곡을 창작하는 방식인 것이죠.

AI 작곡이 점점 대중화됨에 따라 영화, 게임, 광고 등의 배경음악을 생성하는 데 사용되기도 합니다. 또 편집 기능이 있어서 생성한 곡의 템포, 멜로디, 코드, 퍼커션(리듬) 등을 직접 수정할 수도 있습니다. 음악에 대한 기본 지식이 있는 분들이라면 간단한 실습 한 번만 해보면 바로 활용할 수 있을 만큼 직관적인 인터페이스를 갖고 있습니다.

로파이 힙합 작곡하기

1. 아이바 사이트(www.aiva.ai)에 접속해서 로그인하세요(구글 계정으로도 가능). 무료로도 곡을 무제한 만들 수 있는데(최장 3분), 다운로드는 월 3회까지만 가능하며, 비상업적으로만 사용하고, 저작권 표시(©AIVA)를 해야 합니다. 〈Create a free account〉를 누르세요.

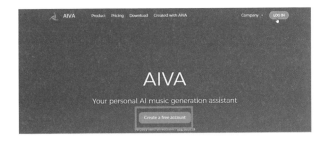

2. 아이바 작곡 화면이 열리면 〈Create Track〉 단추를 누르고 'From a Style'을 선택하세요.

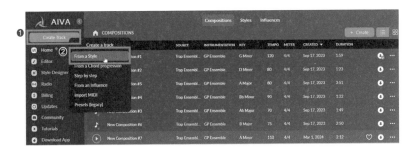

3. 곡 스타일 라이브러리 페이지가 열립니다. 여기서는 편안하고 몽환적인 분위기의 로파이 힙합 곡을 만들어 볼게요. 'Lo-Fi(Hip-Hop)'에 마우스를 갖다댄 후 〈+Create〉 단추를 누르세요.

4. 곡의 스타일을 지정하는 화면이 나옵니다. 곡의 장단조를 설명하는 조표 (Key Signature)는 그냥 'Auto'로 하고, 듀레이션(곡의 길이)은 1분~1분 30초, 작품 수는 2개로 하고 〈Create tracks〉를 눌렀습니다.

5. 오~, 금방 로파이 힙합 곡 2개를 만들어 주었습니다. 곡 앞의 'Play' 단추를 눌러 들어보니, 로파이 힙합 풍을 잘 살려 반복적인 비트 위에 편안하고 감미로운 멜로디가 흘러나왔습니다.

곡 편집하기

1. 앞에서 만든 곡을 편집해 보겠습니다. 해당 곡 뒤편에 있는 '더보기(…)' 메뉴를 누른 후 'Open in Editor'를 선택하세요.

2. 모드 선택 화면이 열립니다. 템포, 멜로디, 코드 등을 클릭하면 세부옵션에서 마우스로 음의 박자나 길이나 높이를 조절할 수 있습니다.

인터페이스가 워낙 쉽게 만들어져 있어서 평소 음악에 관심이 있다면 'Play' 단추를 눌러 직접 들어보면서 쉽게 편집할 수 있습니다. 곡의 수정이 끝나면 위쪽 〈Save〉 단추를 누르면 렌더링을 합니다.

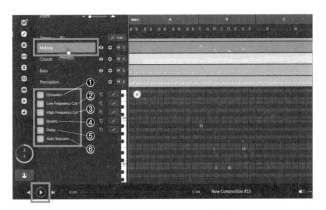

❶ **다이내믹스**(Dynamics): 음의 세기와 강약을 조절합니다.

❷ **저주파 컷**(Low Frequency Cut): 낮은 주파수대의 불필요한 소리를 제거합니다.

❸ **고주파 컷**(High Frequency Cut): 높은 주파수대의 불필요한 소리를 없앱니다.

❹ **리버브**(Reverb): 멜로디에 잔향을 추가해 소리에 공간감과 깊이감을 줍니다.

❺ **딜레이**(Delay): 소리를 일정 시간 지연시켜 반복 재생함으로써 메아리 같은 효과를 만듭니다. 팝송의 기타와 신시사이저 소리에서 이 효과가 더러 사용됩니다.

❻ **오토 스타카토**(Auto Staccato): 음을 짧게 끊어서 연주하는 방식입니다.

3. 이제 메뉴에서 'Home' 아이콘을 눌러 곡 목록이 있는 초기 화면으로 가서 저장해 보죠. 곡 뒤의 아래쪽 화살표 모양의 'Download' 단추를 누

르세요. 저장 옵션은 mp3와 미디 파일 형식이 있는데, 여기서는 'mp3'를 선택하고 다운받겠습니다.

작곡한 곡의 파일 형식 변환

1. 작곡한 곡을 mp3 파일로 다운받았는데 m4a 파일로 변환하고 싶다면, 그냥 챗GPT에서 mp3 파일을 업로드한 후 파일 형식을 변환하고 다운받을 링크를 달라고 하면 됩니다.

> [작곡한 음악 파일 업로드]
> 이 파일을 m4a 파일로 만들어서 다운받을 수 있게 링크를 줘.

2. 챗GPT가 준 링크를 클릭하면 변환된 작곡 파일을 다운받을 수 있습니다.

작곡한 곡의 가사 만들기

1. 작곡한 곡의 가사를 챗GPT한테 써달라고 해보죠. 먼저 챗GPT의 입력창에 작곡한 곡의 파일을 업로드하세요.

2. 챗GPT가 곡을 분석한 뒤, 사용자에게 링크를 눌러 들어보고 어떤 주제의 가사를 원하는지 알려달라고 합니다.

이 곡의 길이는 약 1분 25초이고, 평균 음량은 -21 dB입니다. 이 정보를 바탕으로 곡의 분위기와 템포에 맞는 가사를 쓸 수 있도록 해드리겠습니다. 곡의 감상 후 가사에 적합한 내용으로 작성해드리겠습니다. 조금만 기다려 주세요. [∞]

곡의 첫 30초를 추출한 파일은 ~~파일 다운로드~~ 파일을 듣고 나면, 곡의 분위기에 맞는 가사를 작성할 수 있을 것 같습니다. 여기서 30초 샘플을 들어보세요.

들어보신 후 곡의 특정한 느낌이나 주제를 원하시면 알려주세요. 그에 맞춰 가사를 더 세밀하게 조정할 수 있습니다. [∞]

3. 링크를 눌러 30초 정도 곡을 감상한 뒤, 아래와 같이 홍대 거리의 사소한 일상을 주제로 가사를 써달라고 했습니다.

> 홍대 거리의 일상을 주제로 한 노래 가사를 써줘.

4. 오~, 놀랍습니다. 챗GPT가 제가 작곡한 곡에 맞춰 그럴듯한 가사를 작사해 주네요. 잠시 뒤에 이 가사를 수노(Suno) AI에 올려서 AI 가수가 노래를 부르도록 해보겠습니다.

오늘의 홍대 거리

(Verse 1)
거리에 비친 노을빛,
사람들 웃음소리 섞여,
여유로운 발걸음 따라
내 하루도 물들어가네.

(Pre-Chorus)
카페 창가에 앉아
지나는 얼굴을 바라보며,
잠시나마 멈춘 시간 속
작은 행복을 찾아.

(Chorus)
홍대의 오늘,
그냥 평범한 하루지만,
이 길 위에 쌓인 추억들
내 맘에 남아있어.
바람에 실린 노래 소리
어느새 날 감싸 안네.

(Verse 2)
길모퉁이 작은 상점들,
반짝이는 불빛들 사이,
친구들과 나눈 미소가
이 순간을 특별하게 해.

직업적 음악인이 아니더라도 아이바는 쓰임새가 많습니다. 앞에서 픽토리 AI 등으로 영상을 만들 때 기본적으로 배경음악까지 자동으로 생성되었는데, 우리가 직접 만든 곡으로 교체해 봐도 좋겠지요.

작사, 작곡에 AI 가수가 노래까지
수노

수노(Suno)는 내가 쓴 프롬프트에 맞는 가사를 써주고, 내가 선택한 장르에 맞게 작곡도 해주며, AI 목소리가 노래까지 불러줍니다. 또 내가 만든 가사를 올리고 음악 장르를 선택한 뒤 곡을 만들 수도 있습니다.

수노는 무료 사용자에게 매일 50크레딧을 제공하는데, 한 번 요청(노래 2개)에 10크레딧씩 차감합니다. 여기서는 앞에서 만든 〈홍대 거리에서〉라는 가사에 곡을 붙여 노래를 만들어 들어볼게요.

1. 수노 사이트(suno.com)에서 로그인하세요. 구글 계정으로 로그인해도 됩니다. 그런 다음 메뉴에서 'Create'를 누르세요.

2. 노래 묘사(Song Description) 입력란이 나타나면, 원하는 노래에 대해 쓴 다음 〈Create〉를 누르세요.

> 사랑과 성장에 관한 감성적인 가사로 이루어진 부드러운 팝 발라드를 만들어 줘. 느린 템포와 어쿠스틱 기타 멜로디를 포함하고, 젊은 성인들에게 공감할 수 있는 현대적이고 키치한 후렴을 넣어줘.

3. 오~, 수노가 몇 초 만에 노래 2곡을 만들었습니다. 제목은 둘 다 〈사랑과 성장〉으로 지었네요. 2곡을 차례대로 클릭해서 들어보세요. 가사는 화면 오른쪽에 나타납니다. 노래 제목과 가사는 뒤에서 〈홍대 거리에서〉로 바꿀 것입니다.

4. 이번에는 화면 상단의 'Custom' 옵션을 켜보세요. 참고로, 가사 없이 악기 연주만 있는 트랙을 만들 때는 '인스트루멘탈(Instrumental)' 옵션을 켜면 됩니다.

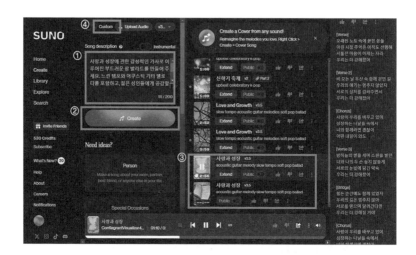

5. 이제 리릭스(Lyrics)에 직접 작성한 가사를 넣으면 됩니다. 앞에서 아이바
AI를 소개할 때 챗GPT가 작성한 가사를 가져다 붙였습니다. 음악 스타
일(Style of Music)에는 '힙합(Hip-Hop)'을 선택하고, 제목에는 "홍대 거리에
서"를 넣은 뒤 〈Create〉를 눌렀습니다.

6. 금방 곡이 2개 완성되었습니다. 곡을 공유하고 싶으면 'Share'를 눌러 링크를 공유하거나 수노 사이트에 공개하면 됩니다. '더보기' 메뉴를 눌러 'Download'를 선택하면 비디오나 오디오 파일 형태로 내 컴퓨터로 다운받을 수 있습니다.

7. 'Play' 단추를 눌러 곡을 실행하면, 오~ 지금까지 만든 〈홍대 거리에서〉 노래가 흘러나옵니다. 곡이 생각보다 듣기 좋아서 신선했습니다.

TIP 유료 사용자라면, 듣고 있는 노래의 뒤쪽에 있는 '더보기' 메뉴를 클릭하고 〈Edit〉 단추를 누른 뒤, 노래의 특정 부분을 잘라내서 저장하거나, 다른 보컬로 대체할 수도 있습니다. 화면 상단에 있는 〈Upload Audio〉 단추를 누르면 다른 음원이나 자기 음성을 녹음해서 올릴 수 있고, 이 목소리로 대체할 수도 있습니다.

수노의 크레딧이 부족하다면, 유디오

유디오(Udio)는 수노와 인터페이스가 비슷하며, 한 달 사용 무료 크레딧을 좀더 많이 줍니다.

1. 유디오 사이트(Udio.com)에서 로그인을 한 다음 'Create' 메뉴를 누르세요.

2. 'Describe Your Song'에 노래의 분위기나 장르, 보컬의 느낌 등을 입력합니다. 〈Upload Audio〉 단추를 누르면 참고가 될 만한 음원을 업로드할 수도 있습니다.

3. 아래에 있는 'Write Your Lyrics'에서 가사 작성 방법을 선택합니다. 'Auto-Generate'를 선택하면 AI가 알아서 가사를 써 줍니다. 'Custom' 을 누르면 가사를 맞춤 제작할 수 있는데, 'What is your song about?' 란에 노래의 주제를 입력한 다음 〈Write for Me〉 단추를 누르면 그에 맞게 가사를 써줍니다. 'Instrumental'을 선택하면 가사가 없는 음악을 만들어 줍니다. 원하는 설정을 마쳤다면 〈Create〉 단추를 클릭하세요.

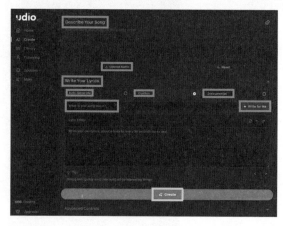

유디오는 수노와 비슷하게 한 번에 두 개의 음악을 생성합니다. 한 번에 2크레딧씩을 차감하는 셈입니다. 유디오는 수노에 비해 한국어 가사의 표현 능력이 떨어지는 편이지만, 영어 가사의 경우 수준 높은 음악을 만들어 줍니다.

7장

일잘러를 위한
업무별 생산성 AI 툴 1

데이터 수작업,
AI가 우리 팀에 가져온 변화

———

복잡하거나 반복적인 일을 하다 보면, 누구나 "어떻게 하면 더 빨리 끝낼 수 있을까?", "지금 하는 방식이 정말 최선일까?"라는 생각을 하곤 합니다. 하지만 실제로 이런 질문을 끝까지 끌고 가서 새로운 대안을 만들기는 쉽지 않습니다. 대부분은 잠깐 스친 머릿속 질문은 금방 사라지고 그간의 익숙한 방식을 따라갑니다. 그러나 질문 하나가 얼마나 큰 변화를 일으킬 수 있는지 아는 사람들은 늘 새로운 방법을 찾고, 결국 결과를 만들어 냅니다.

모 기업의 마케팅 팀에서 매달 제품 판매 데이터를 분석하고 이를 바탕으로 다음 달의 마케팅 전략을 수립하는 작업을 반복하고 있었습니다. 판매 데이터를 엑셀로 가져온 뒤 문제가 있는지 일일이 점검하는 등 여러 데이터를 수작업으로 정리하는 방식으로 보고서를 작성했습니다. 업무량이 상당해 보통 며칠에 걸쳐 진행해야 했고, 팀원들도 힘들어 했습니다. 그런데 한

팀원이 '이 방식이 과연 최선인가?'라는 의문을 품고 구글 시트의 AI 기능을 활용해 보기로 결심했습니다.

그는 데이터를 시각화하고 인사이트를 도출하는 과정을 단순화하는 데 주력했습니다. 데이터 분석 AI 기능을 활용해 일일이 계산하지 않아도 주요 지표를 자동으로 생성하고, 트렌드를 한눈에 파악할 수 있는 차트를 추가했습니다. 덕분에 이전에 며칠씩 걸리던 작업이 단 몇 시간으로 줄어들었고, 팀원들은 더 이상 단순 자료 입력과 계산에 시간을 쏟을 필요가 없어졌습니다.

더 중요한 점은 이 새로운 방식 덕분에 각종 마케팅 전략에 대해 여유를 가지고 깊이 있게 토론할 수 있는 시간을 확보할 수 있었다는 것입니다. 결국 보고서의 품질과 신뢰성이 높아졌고, 이러한 변화는 조직 내에서 팀의 평판을 크게 높이는 계기가 되었습니다.

좋은 질문은 업무에 큰 변화를 불러일으킬 수 있습니다. 대부분이 '지금까지 해왔던 방식'을 그대로 따르기만 한다면 발전의 기회는 사라집니다.

반면 "이 방식이 과연 맞을까?", "더 나은 방법은 없을까?"와 같은 질문은 새로운 아이디어와 혁신을 이끌어 냅니다. 기술이 발전하고 도구가 다양해지는 이 시대에 AI를 잘 활용하기 위해서는 단순히 AI 도구의 기능을 아는 것에서 멈추지 않고, 이를 활용할 수 있는 질문을 던져야 합니다.

좋은 질문이 좋은 결과를 만든다는 것은 단순한 문장이 아니라, 실제 사례로 입증된 이야기입니다. 결국 일의 질을 높이는 것은 무엇을 질문하고, 그 질문을 통해 얼마나 새로운 시도를 하느냐에 달려 있다고 볼 수 있습니다.

AI 검색은 나야 나
퍼플렉시티

퍼플렉시티(Perplexity)는 오픈AI에서 나온 멤버들이 2022년 말부터 내놓은 생성형 AI 기반의 검색 서비스입니다. 1년 만인 2023년 11월 월 방문자 수가 5,300만 명에 이를 정도로 인기를 끌었습니다. 기업가치는 10억 달러(1조 3천억원) 이상으로 평가받는 유니콘 기업인데, 직원은 2024년 4월 기준 고작 50여 명에 불과했습니다. AI 시장에서 작지만 강한 특화 AI 업체의 가능성을 보여준 기업이죠.

퍼플렉시티는 자체 언어모델은 없고, 다양한 언어모델을 사용해 최적화된 AI 검색 서비스를 내놓는 데 주력하고 있습니다. 특히 구글과 마이크로소프트 빙 기반의 검색결과를 잘 가져오며 요약도 잘합니다. 분명한 출처를 제공하여 답변의 신뢰성을 높였으며, 검색결과를 바탕으로 응답하기에 할루시네이션이 적은 편이라는 평가를 받고 있습니다. 다만 한국인 입장에서는 네이버의 글들은 검색해서 보여주지 않는 것이 단점입니다.

입력란 옆의 'Pro'를 클릭하면 유료 플랜을 사용할 수 있습니다. 유료 플랜인 프로 검색의 장점은 고급 AI 모델 선택, 무제한 파일 업로드, 이미지 생성 기능입니다. 파일 업로드와 프로 검색 말고는 무료 플랜을 사용해도 됩니다. 무료의 경우 4시간마다 5번씩 검색할 수 있습니다. 저는 AI 검색엔진으로 하나만 선택하라고 한다면 퍼플렉시티를 선택할 것 같습니다. 여기서는 무료 플랜을 이용해 볼게요.

1. 퍼플렉시티 사이트(www.perplexity.ai)에 접속하고 회원가입을 한 다음 로그인하세요. 구글 아이디로 로그인할 수도 있습니다. 안내화면이 지나면 회원가입 페이지가 나오는데, 〈Continue with Free〉를 누른 후 〈Continue〉나 〈Skip〉을 눌러 가입하면 됩니다.

2. 이제 다음과 같은 화면이 열립니다. 챗GPT 화면과 비슷하죠? 왼쪽 메뉴에서 '공간'을 누르세요.

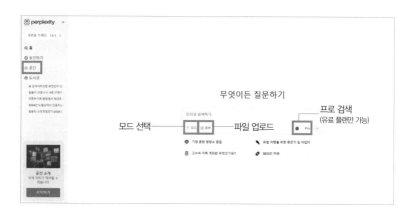

3. '음성 AI검색'에 대해 검색해 보겠습니다. 오른쪽에서 '공간 만들기'의 〈+〉 단추를 누르세요.

4. '공간 만들기' 대화상자가 열리면, 제목을 '음성 AI 검색'이라고 입력합니다. 오른쪽에서 '+' 단추를 눌러 이모지를 선택할 수 있습니다. 설명은 '음성 AI 검색의 의미, 종류, 사용법'이라고 입력하고 '사용자 지침(optional)'에는 "한글로 대답해 줘"라고 해볼게요. 생성한 후 편집 메뉴로 들어가면, '개인정보'에서 공유 가능 여부를 선택할 수 있습니다. 〈계속〉을 누릅니다. 그러면 '음성 AI 검색'이란 주제의 답변 그룹을 만들어 줍니다.

5. 이제 퍼플렉시티에게 질문을 해보죠. 먼저 AI 검색에 대해 물어볼게요.

> AI 검색이 뭐지? 그리고 특징과 종류가 뭐야?

6. 퍼플렉시티가 AI 검색을 한 후 요약과 출처를 먼저 보여주고 종합해 응답을 해줍니다. 언제든지 화면 왼쪽 주메뉴의 '공간'을 누르면 조금 전에 만들었던 주제별 그룹인 '음성 AI 검색'을 선택할 수 있습니다.

이런 방식으로 같은 주제의 여러 질문을 묶어 관리할 수 있는 것이 바로 '공간' 기능입니다. 화면 오른쪽에서 'Search Videos' 뒤의 〈+〉를 눌러주면 유튜브에서 음성 AI 검색 관련한 동영상들도 찾아줍니다.

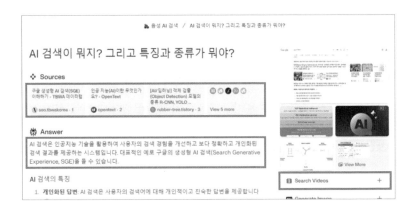

7. 후속 질문도 가능합니다. 다음과 같이 물어볼게요.

> 음성 AI 검색이 가능한 AI들을 소개해 줘.

8. 다음과 같이 대답해 주네요. 요약과 출처를 먼저 보여주고 오른쪽에 유튜브 영상도 나옵니다.

9. 이번에는 왼쪽 메뉴에서 '발견하기'를 눌러보세요. 지금 이슈가 되는 내용들이 나옵니다. 퍼플렉시티가 미국 AI 검색엔진이다 보니 미국 이슈위주로 나옵니다.

퍼플렉시티의 '발견하기' 탭은 퍼플렉시티 같은 AI 검색엔진도 궁극적으로는 구글 같은 플랫폼화를 추구하고 있음을 보여줍니다.

오픈AI, 마이크로소프트, 구글의 AI 검색

오픈 AI, 주요 플랫폼에 통합되는 서치GPT

오픈AI는 2024년 10월 말 서치GPT를 공식적으로 공개하며, 그동안 검색 엔진 시장의 90%를 차지했던 구글에 전면전을 선포했습니다. 전 세계 사용자 수가 약 2억 명에 달하는 챗GPT의 누적된 경험을 바탕으로 대화형 검색, 멀티모달 검색, 사용자 맞춤형 답변을 제공하는 데 강점이 있습니다. 답변이 더 직관적이라는 평가를 받고 있으며, 최근 애플의 최신 모델 등 주요 플랫폼에 통합되면서 모바일 사용자도 크게 늘어나고 있습니다.

코파일럿, MS 생태계의 개인 맞춤형 AI 검색

마이크로소프트 코파일럿은 검색 패턴 등을 바탕으로 더 개인화된 AI 검색 결과를 제공하며, 인터페이스가 더 직관적인 것이 특징입니다. 예를 들어 평소에 그림, 전시회 등을 많이 검색했다면, 스페인 여행 스케줄에 미술관이나 전시관을 많이 넣어주는 식입니다. 다만, 맞춤형 검색은 마이크로소프트 엣지 브라우저에서 '더보기' 메뉴를 누른 후 '설정' 창의 프로필에서 즐겨찾기, 개인정보, 검색기록 등의 옵션을 동기화를 해놓아야 합니다. 이 기능을 원하지 않을 땐 기능을 꺼두면 됩니다.

구글의 반격, 음성 기반 AI 검색에 주력

2024년 5월 구글의 CEO 순다르 피차이는 '음성에 기반한 AI 검색'을 강조했습니다. 구글 포토에 사진이 엄청 많이 쌓여 있는데 원하는 것을 찾으려면 힘들죠. 이날 공개한 시연 영상을 보면 "딸의 수영 실력 성장을 보여 줘"라고 하자, 구글 포토에 들어 있던 딸아이의 사진 중에서 수영 사진들을 검색해 순차적으로 쭉 보여주었습니다.

또한 AI 검색에 특화한 'AI 오버뷰' 기능의 경우, 질문을 대화식으로 입력하면 검색결과를 요약해 답변을 대화식으로 주고 관련 링크도 줍니다. 이미지나 영상도 검색이 됩니다. 아울러 코파일럿의 AI 검색처럼 개인 맞춤형 전용 검색 페이지도 줍니다.

구글 어시스턴트를 이용한 음성 AI 검색

1. 구글의 AI 검색은 이미지, 영상 검색도 가능합니다. 또한 각종 구글 서비스와 연결되어 있어 사용이 편리합니다. '구글 어시스턴트 앱'을 실행한 후 스마트폰에 대고 음성으로 이렇게 부탁해 보았습니다.

> 🎤 내 구글 포토에서 강아지 영상 찾아줘.

2. 와~, 제 구글 포토에 있는 사진 중에서 강아지 영상을 찾아서 보여줍니다. 수천 장의 사진/영상 속에서 내가 말로 설명한 사진을 찾아낼 수 있다니 엄청 편리하겠죠?

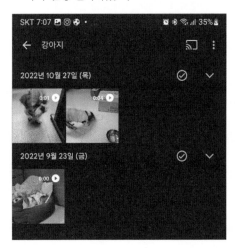

MS 워드에서 코파일럿 쓰기

2023년 초 마이크로소프트에서 코파일럿을 소개하는 영상을 보고 충격을 받은 적이 있습니다. 코파일럿(CoPilot)은 '부조종사'라는 뜻으로, 우리가 일을 할 때 옆에서 부조종사 같은 역할을 해준다는 것이죠.

2024년 4월에는 '마이크로소프트 365 코파일럿'의 한국어 버전이 공식 출시되었습니다. 마이크로소프트 365 사용자가 '마이크로소프트 코파일럿 프로'를 구독하면(월 29,000원) 워드, 엑셀, 파워포인트, 아웃룩, 팀즈 등의 애플리케이션에 '코파일럿' 아이콘이 장착되어 오피스 업무의 효율을 높일 수 있습니다.

이런 기술이 확산되면 비즈니스 구조가 바뀔 것입니다. 예를 들어 PPT 디자인을 하는 분들은 많이 대체될 것이고 1인 창업자에게는 큰 혜택이 될 것입니다. 또한 이러한 기술은 MS사의 클라우드를 사용해야 100% 제대로 활용할 수 있기 때문에, MS의 플랫폼 속에 모든 도구를 편입시키려는 움직임으로 해석할 수 있습니다. 구글도 같은 전략을 펴고 있죠. 사실 중요한 것은 누가 먼저 업무에 제대로 활용할 수 있는 제품을 완성하느냐겠죠. 현재 상황에서는 오픈AI의 챗GPT를 등에 업고 있는 마이크로소프트의 시장 장악 가능성이 높아 보이지만, 구글 역시 만만치는 않습니다.

회의록을 보고서로 만들기

MS 워드에 코파일럿을 장착하면, 회의록을 주고 "대표님께 보고할 문서를 만들어 줘"라고 하면 순식간에 만들어 줍니다

MS 오피스에서 코파일럿을 활용하려면 워드, 파워포인트, 엑셀 모두 데이터를 '자동 저장' 모드로 설정해야 합니다. 코파일럿은 데이터를 수정할 때 원드라이브를 이용하기 때문입니다.

1. 먼저 상품개발팀과 마케팅팀이 회의실에서 주고받은 녹음된 대화 파일을 네이버 클로바노트를 이용해 텍스트로 변환했습니다.

2. 이제 MS 워드에 회의 채록본을 붙여넣은 뒤, 메뉴에서 '코파일럿' 아이콘을 누르거나 문서 안에 있는 '코파일럿으로 초안 작성' 아이콘을 누릅니다.

3. 코파일럿 입력란이 열리면, 다음과 같이 프롬프트를 입력한 후 〈생성〉 단추를 눌렀습니다.

> [회의 채록본 붙여넣기]
> 위의 내용을 참고해서 대표님께 보고할 문서를 만들어 줘. 주제와 주요 논점, 해결해야 할 문제, 대안 등을 잘 정리해 줘.

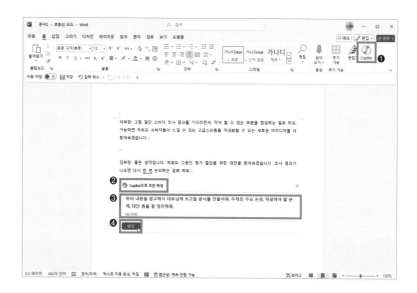

4. 코파일럿이 뚝딱 보고서를 만들어 줍니다. 화면 하단에 있는 〈유지〉 단
추를 누르면 내용이 확정됩니다. '다시 생성' 아이콘을 누르면 새로 만들
어 주며, '삭제' 아이콘을 누르면 내용을 삭제합니다. 보고서에서 수정할
내용을 프롬프트에 지시하면 그 부분만 다시 추가 작성해 줍니다.

> 대안 및 해결방안을 다음 주 목요일까지 보고하겠다는 내용을 추가해 줘.

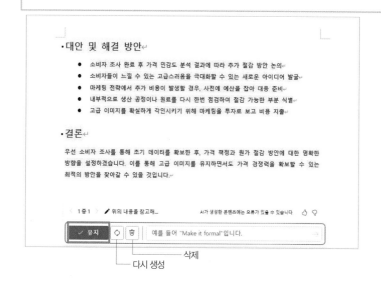

5. 보고서의 일부분을 수정하거나 표 형식으로 바꿔 넣어보죠. 수정할 내용을 선택한 뒤 본문의 '코파일럿을 이용하여 다시 작성' 아이콘을 누른 후 '변경하기'를 클릭하세요. 아래와 같이 내용을 변경하거나 새로 쓰거나 또는 표로 시각화할 수 있습니다.

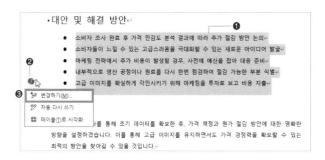

6. MS 워드의 도구모음에서 '코파일럿' 아이콘을 클릭하면, 사이드바에 코파일럿 영역이 나타납니다. 여기서 〈이 문서 요약〉 단추를 클릭하거나, 입력창에서 직접 지시하면 회의 내용을 요약해 줍니다.

보고서 초안 작성하기

1. 주제만 갖고 있고 글을 어디서 시작할지 난감할 때, 코파일럿에게 주제를 알려주고 초안 작성을 시킬 수 있습니다. 'AI 산업의 미래'에 대한 글을 2쪽으로 써달라고 해보죠.

2. 코파일럿이 다음과 같이 초안을 뚝딱 써줍니다. 일단 초안이 나오면 자신의 생각을 글로 전개해 나가기가 훨씬 쉬워질 것입니다.

코파일럿 엑셀 데이터 분석,
피벗테이블까지

엑셀에 코파일럿을 장착하면 데이터 분석 및 해석, 요약뿐 아니라 그래프를 그려주고, 기존 데이터를 바탕으로 피벗 테이블을 생성하고 예측까지 뚝딱 해낼 수 있습니다. 여기서는 간단한 기능 몇 가지를 테스트해 보겠습니다.

데이터 형식 편집하기

1. 엑셀을 실행한 다음 데이터 분석을 할 엑셀 파일을 여세요(챗GPT의 데이터 분석에 사용했던 StudentPerformance Factors.xlsx 파일을 열었습니다). 그리고 도구모음에서 '코파일럿' 아이콘을 누릅니다.

2. 코파일럿의 입력창에 출석률(Attendance)이 90% 이상인 학생들의 데이터
   가 있는 행에 노란색 음영을 칠해달라고 하겠습니다. '마이크' 아이콘을
   눌러 음성으로 지시해도 됩니다.

3. 잠시 기다리면 조건부 서식을 적용하겠다는 메시지가 나오는데 〈적용〉
   단추를 누르세요.

4. 출석률이 90% 이상인 학생의 행만 노란색 음영이 나타났습니다.

데이터 분석하기

1. 이번에는 코파일럿에게 데이터 분석
   을 시켜보죠. 코파일럿이 추천하는 요
   청 중 〈데이터 인사이트를 표시해 주
   세요〉를 눌렀습니다.

2. 공립학교와 사립학교의 출석률 차이
   가 2배 이상이라고 알려주네요. 출석
   률 변수는 시험성적과 가장 높은 상관

관계를 가진 항목이었습니다.

3. 이번에는 다른 항목들의 분석결과도 보죠. 코파일럿이 추천하는 요청 중에서 〈그리드에 있는 모든 인사이트를 추가하세요〉를 눌러보겠습니다.

4. 와~, 엑셀이 시트를 하나 추가하더니, 6개의 차트와 함께 아래쪽에 실제 값들을 표에 정리해 줍니다. 이제 〈데이터로 돌아가기〉를 누르세요.

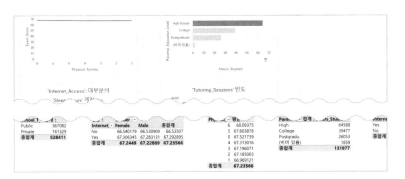

5. 이번에는 다음과 같이 요청했습니다.

> 출석(Attendance) 항목이 상위 10%에 해당하는 학생들의 시험성적(Exam_Score) 평균점수를 계산해서 알려줘.

6. 코파일럿이 출석률이 상위 10%인 학생들의 시험성적을 임시 계산한 뒤 70.64점이라고 알려줍니다. 〈셀 삽입〉 단추를 누르세요.

7. 코파일럿이 해당 수식이 셀 T6609에 입력되었다고 알려줍니다.

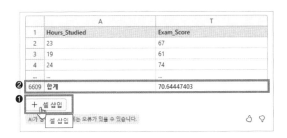

피벗테이블 만들기

1. 이번에는 피벗테이블을 만들어 보겠습니다. 이 표에서 부모의 학력 및 수입과 자녀의 평균점수는 어떤 관계가 있는지 분석해 보겠습니다.

부모의 학력, 부모의 수입, 학생 평균점수의 피벗테이블을 만들어 줘.

---

2. 잠시 기다리니 분석이 끝났습니다. 결과를 보기 위해 〈새 시트에 추가〉 단추를 누릅니다.

3. 오른쪽 요약표에서 보듯이, 가장 첫 번째 열은 부모의 소득, 두 번째 열은 부모의 학력, 세 번째 열은 각 그룹별 학생들의 평균 점수인데, 총 12개 그룹 중에서 가장 성적이

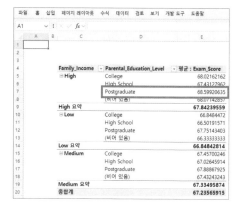

좋은 그룹은 부모가 고소득이고 대학원을 졸업한 그룹으로 자녀들의 평균점수는 68.59점입니다. 미미한 차이라고 볼 수도 있지만, 약 6,600명 학생의 평균이고, 소득이 중간이나 낮은 그룹에서는 평균에 68점대가 없다는 걸 감안하면 통계적 의미가 있다고 하겠습니다.

예전에는 엑셀로 데이터 분석을 하려면 몇 시간이 걸릴 수도 있었습니다. 코파일럿과 함께 일하는 노하우를 터득한다면 이보다 훨씬 수준 높은 성과를 만들 수 있을 것입니다. 이만하면 가히 AI를 통한 생산성 혁신이라고 할 만하죠?

코파일럿 프로로
PPT 파일을 단숨에!

___

1. 파워포인트 파일을 연 다음 '코파일럿' 아이콘을 누르고 다음과 같이 요

청해 보죠. 입력창의 '마이크' 아이콘을 눌러 음성으로 말해도 됩니다.

> '10년 후 한국의 AI 기술과 현실'에 대한 주제로 10장의 PPT를 만들어 줘.

2. 코파일럿이 1분도 되기 전에 10장의 슬라이드를 뚝딱 만들어 줍니다.

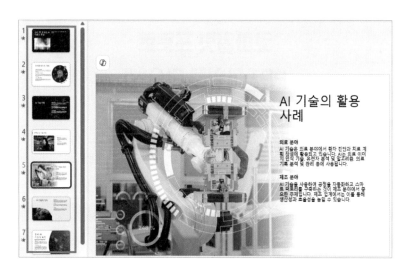

3. 코파일럿이 만든 슬라이드를 좀더 다
듬어 볼까요? 도구모음에서 '디자이너'
아이콘을 누른 후 다양한 슬라이드 레
이아웃 중에서 마음에 드는 것을 선택
하세요. 그러면 슬라이드들의 디자인
이 바뀝니다.

4. 슬라이드 디자인을 직접 수정할 수도 있고, 텍스트를 수정하거나 그림을 넣을 수도 있고, 애니메이션을 삽입할 수도 있습니다. 여기서는 입력창에 이렇게 요청해 볼게요.

> 이 슬라이드에 그림 대신 로봇 애니메이션을 넣어줘.

5. 달리-3가 4장의 이미지를 보여주는데, 마음에 드는 그림을 선택하고 〈삽입〉 단추를 누르세요.

6. 인간을 닮은 로봇 이미지가 슬라이드에 들어갑니다. 위치와 크기를 조정해서 앉히면 됩니다.

이처럼 주제만 써주면, 코파일럿이 파워포인트 파일을 뚝딱 만들어 주니 편하겠죠. 게다가 그림까지 생성해 넣을 수 있으니 업무 효율성이 크게 높아질 것입니다.

구글 슬라이드와 AI의 결합, 플러스 AI

플러스 AI(Plus AI)는 슬라이드 프로그램용 확장 프로그램입니다. AI 기반으로 프레젠테이션을 생성하거나 편집할 수 있습니다.

플러스 AI가 프레젠테이션을 생성하는 방식은 크게 3가지입니다. 첫째, 프레젠테이션 주제를 몇 문장으로 설명해서 생성하거나, 둘째, 내가 가진 문서를 업로드해서 프레젠테이션으로 만들거나, 셋째, 슬라이드별로 세부적인 지시사항을 입력해서 만들 수 있습니다.

아쉽게도 무료 서비스는 아니지만, 처음에 가입하면 7일 동안 체험판을 무료로 사용할 수 있습니다. 7일 사용 후 가입을 해지하거나, 마음에 들면 계속 사용하면 됩니다. 참고로, 요금제는 베이직(10달러/월), 프로(20달러/월), 팀(30달러/월), 엔터프라이즈(별도 문의)로 나뉩니다. 세부적인 프롬프트 기반 생성, 문서 파일 업로드로 생성은 프로 요금제부터 가능합니다.

1. 플러스 AI 사이트(https://plusdocs.com/ko)에 접속하세요. 플러스 AI는 구글 계정이나 마이크로소프트 계정으로 연동해 가입할 수 있습니다. 구글 슬라이드나 마이크로소프트 파워포인트에 기능을 추가하는 방식이기 때문에, 둘 중 자주 사용하는 서비스의 계정과 연동하는 것이 좋습니다.

2. 구글이나 마이크로소프트 계정에 연동하면 요금제를 선택하는 화면이 나오고, 이어서 신용카드 등 결제정보를 입력합니다. 처음에 결제가 되는지 확인을 위해 1달러가 결제된 다음 취소됩니다. 그러면 7일 동안 체험판을 사용할 수 있고, 7일이 종료되는 시점부터 요금이 청구됩니다.

프롬프트 몇 줄로 프레젠테이션 만들기

여기서는 구글 슬라이드 기준으로 설명하겠습니다. 프롬프트 몇 줄로 프레젠테이션 슬라이드를 만들어 보죠.

1. 만약 구글 계정과 연동했다면, 구글 슬라이드에서 '확장 프로그램(Extensions)' 메뉴를 누른 후 '부가기능→부가기능 설치하기' 메뉴를 선택하세요. 검색창에 'plus ai'를 검색한 후 설치하면 됩니다.

2. '확장 프로그램' 메뉴에서 'Plus AI for Google Slides and Docs'를 선택하고 'New presentation with Plus AI'를 클릭합니다.

TIP 만약 마이크로소프트 계정과 연동했다면, 마이크로소프트 파워포인트는 '추가 기능(Add-in)' 메뉴에서 'plus ai'를 검색하고 추가하면 됩니다. 그 다음 해당 기능을 활성화하면 사용할 수 있습니다.

3. 'Build your presentation with Plus AI' 창이 뜨면 'Start from scratch' 항목에서 'Use a prompt'를 선택합니다.

4. 창의 왼쪽에서는 템플릿을 선택할 수 있습니다. 'Change template'를 누

르면 플러스 AI가 제공하는 기본 템플릿을 확인할 수 있습니다. 마음에 드는 템플릿을 선택하세요.

5. 'What type of presentation do you need?' 항목에서 만들려는 프레젠테이션의 성격을 선택합니다. 일반적인 것인지, 피치덱(투자 제안서)인지, 고객 제안서인지, 웨비나(온라인 세미나)나 교육용인지 등에 따라 프레젠테이션의 구조와 톤을 조절해 줍니다.

6. 'What is your presentation about?' 아래의 칸에 프레젠테이션의 주제를 입력합니다. 구체적으로 입력할수록 좋습니다. 여기서는 다음과 같이 요청했습니다.

사무직 직원들의 생산성 향상을 위해 생성형 AI 툴을 사내에 도입해야 한다는 내용의 제안서

---

7. 오른쪽에서 언어(Language), 슬라이드 장 수(30장까지 가능)를 선택합니다. 'Include Plus tips' 옵션은 슬라이드를 더 잘 수정할 수 있게 팁을 메모 형식으로 달아주는 기능이고, 'Custom instructions' 옵션은 나나 우리 팀, 회사의 정보를 넣어두고 참고하게 만들거나 작성 가이드라인을 미리 저장해 두고 반영하는 기능입니다.

8. 기본 설정을 마쳤다면 〈Generate Outline〉 단추를 누르세요.

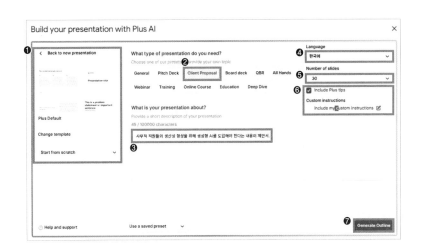

9. AI가 전체 개요를 생성합니다. 프레젠테이션의 제목과 슬라이드 각각의 제목을 만들어 주었는데, 이 제목이 나중에 슬라이드 본문을 생성하는 각각의 주제가 됩니다. 마음에 들지 않는 주제는 지울 수 있고, 슬라이드의 순서를 바꾸거나 주제를 수정할 수도 있습니다. 개요를 마음에 들게 수정한 후 〈Generate Slides〉를 클릭합니다.

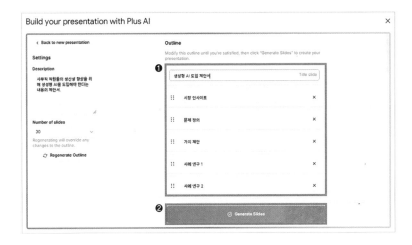

10. 잠시 기다리면 슬라이드가 생성됩니다. 선택한 템플릿에 맞게 알아서 레이아웃을 구성하고 내용을 넣어주었습니다. 곳곳에 알아서 이미지까지 배치했네요.

11. 모든 요소들은 마음대로 수정할 수 있습니다. 텍스트를 마우스로 선택한 후 플러스 AI 메뉴에서 'Rewrite'를 선택하면 더욱 '디테일하게, 짧게, 교육적으로' 등으로 내용과 어조를 수정할 수 있습니다. 'Instructions'에 수정하고 싶은 방향을 입력하면 됩니다. 영어뿐 아니라 한국어로 입력해도 되지만, 아직까지는 영어로 요청했을 때 더 잘 반영해 줍니다.

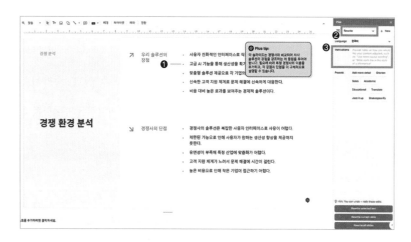

12. 레이아웃을 수정하고 싶다면 'Remix' 기능
을 이용합니다. 수정하고 싶은 슬라이드에서
'Remix a slide'를 선택하면 템플릿과 레이아웃
을 수정할 수 있습니다. 이미지를 포함한 슬라
이드로 바꾸거나 매트릭스 형태, 아이콘 형태
등으로 바꿀 수도 있습니다.

13. 플러스 AI에서는 AI 이미지를 생성할 수도 있습니다. 바꾸고 싶은 이
미지를 선택한 다음 'Generate images'를 선택합니다. 'Image prompt'
에 생성하고 싶은 이미지에 대한 설명을 입력하고, 아래에서 생성하고
싶은 이미지의 스타일을 선택합니다(선택하지 않아도 됩니다).
한국어보다 영어로 입력했을 때, 원하는 이미지를 더 잘 생성할 수 있

습니다. 영어로 입력하기 어렵다면, 번역기를 활용해서 한국어를 영어로 번역한 후 복사해서 붙여넣기 하는 것을 추천합니다.

문서 기반으로 프레젠테이션 만들기

1. 플러스 AI의 '확장 프로그램' 메뉴에서 'Plus AI for Google Slides and Docs'를 선택하고 'New presentation with Plus AI'를 클릭합니다.

2. 'Build your presentation with Plus AI' 창의 'Start from scratch' 항목에서 'Upload a file'을 선택합니다.

3. 창의 왼쪽에서 'Change template'을 누르고 마음에 드는 템플릿을 선택합니다.

4. 가운데에서 'How should we handle your text?'는 원본 문서의 내용을 얼마나 반영할지를 설정할 수 있습니다. Enhance는 알아서 내용을 향상시켜 주고, Preserve는 내용을 유지한 상태에서 슬라이드를 만듭니다.

5. 'Add your content' 문구 아래의 'Choose file'을 눌러 넣고 싶은 문서를 선택합니다. 업로드할 문서의 파일형식은 csv, doc, epub, html, pdf, ppt, txt, xls 등이 가능합니다. 'Paste in text'를 누르면 텍스트를 복사해서 붙여넣는 방식으로도 내용을 넣을 수 있습니다.

6. 오른쪽에서 언어와 슬라이드 장 수를 선택합니다. 'Auto'로 해두면 알아서 적당한 양의 슬라이드를 만듭니다.

7. 기본 설정을 마쳤다면 〈Generate Presentation〉 단추를 누르세요.

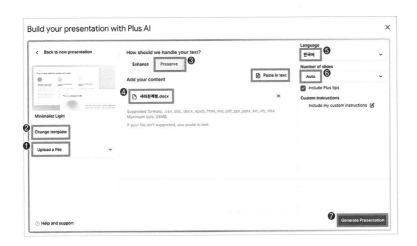

8. AI가 알아서 슬라이드를 쭉쭉 만들어 줍니다. 인터넷 환경에 따라 다르지만, 일반적으로 1~2분 정도면 충분합니다.

TIP

제미나이의 익스텐션 사용하기 - 워크스페이스/구글맵/항공/호텔/유튜브

2024년 2월, 구글은 AI 서비스를 '제미나이'로 일원화했습니다. 마이크로
소프트가 코파일럿을 윈도우에 탑재하여 모든 서비스를 연결하려고 하듯
이, 구글은 G메일, 구글 문서, 구글 드라이브, 구글 지도, 유튜브, 구글 항
공편 및 호텔 등 사용자들이 매일 사용하는 구글 서비스를 제미나이 안에
서 찾고 보여줄 수 있게 만들었습니다.

제미나이 익스텐션 이용하기

1. 구글 제미나이 사이트(gemini.google.com)에 접속한 뒤 로그인을 하세요.

2. 화면 왼쪽 하단의 '설정'을 눌러 '확장 프로
   그램'을 선택하세요.

3. 구글 제미나이의 확장 프로그램이 5가지가 나옵니다. 각 프로그램 앞
   의 '전환' 스위치를 눌러 기능을 활성화하세요.

유튜브 익스텐션

1. 제미나이 입력창에 한글로 프롬프트를 넣고, 건담 프라모델 이미지를 함께 업로드해 볼게요.

2. 제미나이가 유튜브 익스텐션을 자동으로 실행시켜, 제가 올린 사진과 일치하는 건담 프라모델에 대한 영상을 5개 정확하게 찾아주었습니다. 대화창 내에서 직접 영상을 볼 수도 있습니다. 결과를 보니 더욱 놀랍네요.

구글 워크스페이스 익스텐션

구글 워크스페이스는 G메일, 구글 드라이브, 구글 독스, 구글 시트 등 다양한 생산성 도구가 있는 통합 협업 플랫폼으로, 구글 워크스페이스 익스텐션은 이 기능을 확장하고 사용하기 편하게 만든 것입니다. 문서나 메일 등 개인정보를 가져오기 때문에 승인을 한 번 더 받은 뒤 활성화가 가능합니다(364쪽 화면의 구글 워크스페이스 상단에 있는 스위치를 ON으로 맞춘 후 〈연결〉 단추를 누르세요. 구글은 문서 안의 정보나 메일 내용은 학습 데이터에 포함하거나 광고용으로 활용하지 않는다고 명시하고 있습니다).

예를 들어 팀에서 메이크업 브랜드 전략 워크숍을 1박 2일로 제주도로 갈 계획 중이라면, 제미나이에게 내 G메일에서 팀원들과 주고받은 브랜드 전략 관련 메일을 분석해 모든 사람에게 적합한 날짜를 뽑고, 그 날짜에 맞는 실시간 항공편 및 호텔 정보를 알려달라고 요청할 수 있습니다. 그러면 제미나이에 연결된 확장 프로그램들이 요청에 맞춰 정보를 연결하여 보여줍니다. 한 번의 요청으로 구글 지도에서 공항 가는 길을 확인하고, 관련 유튜브 동영상도 볼 수 있습니다. AI 검색의 장점과 제미나이의 개인 맞춤형 서비스의 장점을 동시에 누릴 수 있는 것입니다.

1. 이번에는 구글 드라이브에 있는 문서를 찾아달라고 해 보겠습니다.

> 구글 드라이브에서 '인공지능'과 관련된 문서를 찾아줘.

2. 잠시 기다리면, 제 구글 드라이브에 있는 문서들 중 인공지능과 관련된 문서를 찾아 보여줍니다. 아래쪽 파일 목록의 오른쪽 끝에 있는 '모두 보기'를 누르세요.

3. 다음과 같이 구글 드라이브 형태로 파일 목록을 볼 수 있습니다.

4. 추가로 관련 유튜브 영상을 찾아달라고 해볼게요.

> 위의 구글 드라이브 문서 중 '챗GPT'와 관련된 최신 유튜브 영상을 찾
> 아줘.

5. 그러자 구글 드라이브에 있던 문서 중 하나의 내용과 연관된 유튜브 영
상을 추천해 주었습니다. 매우 편리하고 강력한 기능입니다.

구글 항공편 익스텐션

1. 2025년 1월 기준으로, 베트남 호치민으로 가는 비행기 티켓 중 가장 싼
것을 알려달라고 해보겠습니다.

> 2025년 1월 대한민국 인천발 호치민행 항공권 최저가를 알려줘.

2. 제미나이가 구글 항공편 익스텐션을 자동으로 실행시켜 항공편 정보를
받아왔습니다. 구글이 제가 한국에서 제미나이를 실행시키고 있다는
것을 알고 있기 때문에 항공편 가격을 원화 단위로 표시해 줍니다. 다
양한 항공편을 소개하면서 항상 옳은 정보는 아니니 세부정보를 꼭 확
인하라고 하네요.

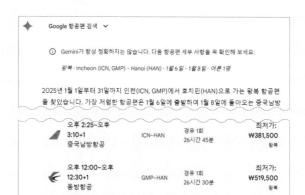

구글 지도 익스텐션

1. 구글 지도 익스텐션을 이용해 베트남의 호치민에서 푸꾸옥까지 가는
가장 빠른 방법을 알아보겠습니다.

> 구글 지도를 이용해 베트남 호치민에서 푸꾸옥 섬까지 가는 가장 빠른
> 방법을 알려줘.

2. 구글 지도가 길을 가르쳐 줍니다. 가장 빠른 이동수단은 자동차이며,
거리는 245마일, 약 9시간 22분 걸린다고 합니다. 'Google 지도'를 누르
면 자세한 교통상황을 볼 수 있는 구글 지도 서비스 화면이 열립니다.

구글 익스텐션 직접 실행해 사용하기

지금까지 살펴보았듯이, 구글 제미나이의 최신 기능을 사용하면 제미나이가 대화의 맥락을 통해 알아서 익스텐션을 가져와서 사용해 응답을 줍니다. 하지만 익스텐션이 정확하게 실행되지 않는 경우, 사용자가 익스텐션을 직접 지정해서 활용할 수도 있습니다.

1. 제미나이에게 구글 호텔 익스텐션을 이용해서 호텔을 예약해 달라고 해보겠습니다. 입력창에 "@"을 입력하면, 여러분이 실행되도록 설정한 익스텐션 전체 목록을 볼 수 있습니다. 'Google 호텔'을 선택하세요.

2. 입력창의 앞에 '@Google 호텔'이라는 명령어가 나타나는데, 뒤에 다음과 같이 요청해 볼게요.

> @Google 호텔 프랑크푸르트에 있는 호텔 중 도서전시회 기간인 2025년 10월 16일부터 10일 동안 머물 수 있는 호텔과 금액을 알려줘. 예약 가능한지도 알려줘.

3. 제미나이가 구글 호텔 익스텐션을 연결해서 프랑크푸르트의 호텔과 금액을 알려줍니다. 하지만 아직 예약까지는 지원하지 않고, 각 호텔 이름의 링크를 누르면 별도로 예약할 수 있는 서비스 페이지로 넘어갑니다.

어떤가요? 구글 제미나이의 변화, 가히 '반격의 시작'이라고 불러도 손색없을 것 같습니다.

구글 제미나이에서 유튜브 설명·요약하기

제미나이의 가장 큰 특징은 구글이 가진 서비스들과 연동된다는 것입니다 (개인 메일, 일정까지). 그래서 구글의 서비스인 유튜브 링크를 주고 관련 내용을 물어보면 답변을 잘하고 요약도 해줍니다. 다음과 같이 프롬프트를 쓰고 URL을 넣어주면 됩니다.

> 아래 유튜브 영상은 수학계의 노벨상인 필즈상을 받은 허준이 교수의
> 서울대 졸업식 축사야. 가장 중요한 메시지 3개만 소개해 줘.
> https://www.youtube.com/watch?v=OLDhaqosPtA

그러면 다음과 같이 유튜브 내용을 설명하고 요약해 줍니다.

YouTube ∨

"제 대학생활은 길 잃음의 연속.." 졸업생 감동시킨 필즈상 ...
서울대학교 Seoul National University

#필즈상 #허준이 #서울대 #학위수여식 #졸업식 #축사 2022학년도 서울대학교 제76회 후기 학위수여식 - 허준이 동문 졸업식 축사 영상 - ※...

허준이 교수의 서울대 졸업식 축사에서 전한 가장 중요한 메시지 3가지:

1. **자신을 낯선 사람으로 받아들이기**: 허준이 교수는 우리는 과거의 자신, 현재의 자신, 미래의 자신을 모두 낯선 사람으로 받아들여야 한다고 말합니다. 이는 우리가 과거의 실수로부터 배우고, 현재의 자신을 있는 그대로 받아들이며, 미래의 자신을 위해 최선을 다해야 함을 강조합니다.
2. **의미와 무의미의 폭력을 이겨내기**: 우리는 살면서 많은 의미와 무의미의 폭력에 노출됩니다. 이러한 폭력을 이겨내고 하루하루를 온전히 경험하는 것이 중요하다고 강조합니다.
3. **친절을 전달하기**: 허준이 교수는 서로에게 그리고 자신에게 친절하길 바라며, 이러한 친절을 먼 미래에 우리에게 잘 전달해 줄 것을 당부합니다. 이는 우리가 살면서 타인에게 친절을 베풀고, 그 친절을 이어받아 다음 세대로 전달해야 함을 강조합니다.

PPT 슬라이드 10장을 1분 만에 뚝딱, 감마 AI

감마(Gamma)는 프레젠테이션 초안을 만들 때 매우 좋습니다. 주제만 주면 뚝딱 만들어 줍니다. 물론 수정, 보완을 좀 해야 하지만, 초안을 잘 만들어 주니 PPT를 짜느라 걸리던 시간이 확 줄어듭니다. 감마는 회원가입을 하면 400크레딧을 주는데, PPT 문서를 만들 때마다 40크레딧이 줄어들며, 추가 수정 시마다 10크레딧이 들어갑니다. 그 이상 쓰려면 유료 회원으로 가입 해야 합니다.

감마에서 PPT 만들기

1. 감마앱 사이트(gamma.app)에 접속해서 회원가입을 하고 로그인하세요. 구 글 계정으로도 로그인할 수 있습니다. 〈새로 만들기〉를 클릭하세요.

2. 'AI로 만들기' 창에서 〈생성〉을 누릅니다. 감마 서비스는 문서나 웹 페이지에도 많이 쓰지만, 특히 PPT 파일을 만들 때 유용합니다.

3. 생성 페이지가 열리면 '프레젠테이션'을 선택하고, 원하는 슬라이드 수를 입력하세요. 이제 입력창에 PPT로 만들 주제를 입력하고 〈개요 생성〉을 누르세요.

4. 슬라이드 10장의 개요가 나오면, 각 슬라이드의 개요를 검토한 후 마음에 안 드는 것은 직접 수정하고 〈계속〉을 누릅니다.

5. 화면 오른쪽의 테마에서 PPT 디자인을 고르고 〈생성〉을 클릭합니다.

6. 감마가 PPT를 만들어 줍니다. '해적에게 빅뱅 설명'이라는 주제만 주었
   는데, AI가 목차를 짜고 슬라이드 내용에 이미지까지 가져와서 뚝딱 만
   들어 준 것입니다. 슬라이드 한 장에 2~3초, 10장이니까 30초 정도 만에
   완성했습니다.

감마의 자동 PPT 다듬기

1. 슬라이드에서 고치고 싶은 부분을 드래그해서 선택한 후 바로 수정하면
   됩니다. 글자나 이미지 모두 가능합니다. 여기서는 이미지를 클릭한 다
   음 '강조 이미지 수정' 단추를 누르고, 화면 오른쪽의 '미디어' 영역에서

프롬프트 입력란에 다음과 같이 입력한 뒤 〈프롬프트 향상〉을 누른 후 스크롤 막대를 아래로 내려 〈생성〉을 누릅니다. 그러면 슬라이드의 이미지가 바뀝니다.

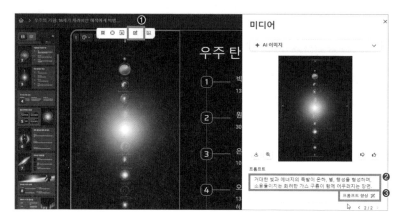

2. PPT를 다 수정했으면 화면 상단의 〈프레젠테이션〉을 누르세요. 다음처럼 미리보기 화면이 나타납니다. '공유' 단추를 누르면 공유할 수 있고, 화면 오른쪽 위의 '더보기' 메뉴를 눌러 '내보내기'를 선택하면 PDF나 PPT, PNG 파일로 저장할 수 있습니다. PPT 파일로 저장한 후 파일을 열어 폰트나 이미지, 내용을 바꾸어 수정해도 됩니다.

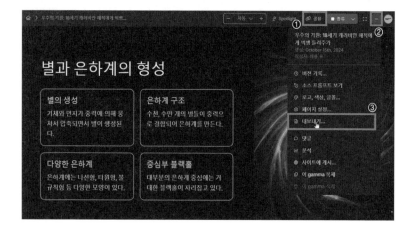

구글 스프레드시트 자동화하기

———

구글 스프레드시트는 쉽게 말해 온라인에서 쓸 수 있는 엑셀 같은 도구입니다. 인터넷 사이트의 다양한 기능이나 서비스와 연동할 수 있는 함수들을 제공합니다. 구글 스프레드시트에 GPT를 붙이면 인터넷에 있는 서비스도 자동화할 수 있습니다. 또한 구글 드라이브에서 누구나 스프레드시트를 만들 수 있고, 다른 사람과 공유하면서 작업할 수 있다는 것도 장점입니다.

1. 구글 시트에서 GPT 함수를 쓰려면, 오픈AI에서 API 키를 발급받아야 합니다. 오픈AI 플랫폼(platform.openai.com)에 접속한 뒤 화면 오른쪽 상단의 '설정'(톱니바퀴 모양)을 누르세요. 새로 열린 화면의 메뉴에서 'Your profile'로 들어간 다음 'User API Keys'를 누르세요.

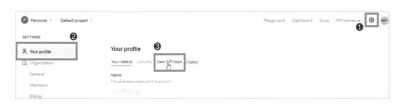

2. 아래 화면처럼 〈Start Verification〉 단추를 눌러 휴대전화 번호를 입력한 후 〈Send〉 단추를 누르세요.

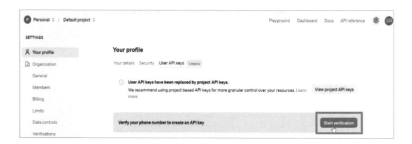

3. 휴대폰 인증을 한 후 'Create new secret key' 대화상자에서 〈Create secret key〉 단추를 누릅니다.

4. 이제 여러분에게 할당된 API 키가 나옵니다. 이 문자열 키를 복사해서 메모장 등에 붙여놓으세요. 이 키는 외부에 노출하면 안 됩니다.

5. 구글(www.google.com)에서 로그인한 다음, 화면 오른쪽 상단의 '구글 앱스' 아이콘(점 9개 모양)을 누른 후 'Sheets'를 선택합니다. 그리고 일단 '빈 스프레드시트'를 누릅니다.

6. 메뉴에서 '확장 프로그램→부가기능→부가기능 설치하기'를 차례대로 누릅니다.

7. 구글 워크스페이스 마켓플레이스에서 'GPT for'로 검색한 후 'GPT for Sheets and Docs'를 클릭하세요.

8. 다음 화면에서 〈설치〉 단추를 누른 후, 권한이 필요하다고 하면 〈계속〉을 누르고 로그인을 하세요. 이어서 〈허용〉, 〈완료〉를 누르면 설치가 완료됩니다.

9. 이제 구글 시트 오른쪽에 'GPT for Sheets and Docs' 영역이 생기는데, 위쪽의 '더보기' 메뉴를 눌러 'API Keys'를 선택합니다.

10. 위쪽에 'OpenAI API Key' 입력란이 나오면, 여기에 4번 단계에서 복사한 API 키를 넣고 〈Save〉를 누르면 됩니다.

사람처럼 판단한다_GPT( ) 함수

GPT 함수는 주어진 프롬프트를 보고 사람처럼 판단해서 결과값을 돌려줍니다. 예를 들어 가방을 판매하는 회사에 매일 고객의 피드백 1,000개가 들어온다고 합시다. 구글 시트 A열에 고객 이름, B열에 피드백이 문자열로 저장되어 있는데, C열에는 간단한 평가(긍정적, 부정적)를 자동으로 넣어주고 싶다고 하죠.

1. 다음의 구글 시트 C열에 GPT 함수를 넣어보겠습니다.

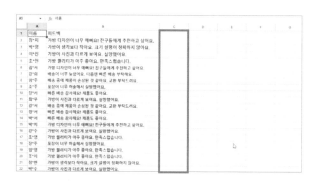

2. GPT 함수의 작성법을 보죠. 함수의 인수는 모두 5개입니다. 여기서는 앞의 2개를 쓰고, 나머지는 생략할게요.

=GPT(prompt, value, temperature, max_tokens, model)

우선 프롬프트에는 내가 원하는 작업을 쌍따옴표를 친 후 말로 풀고(프롬프트를 다른 셀에 입력해 두고 그 셀을 참조해도 됨). 두 번째 값(Value)은 참조할 값이 있는 셀을 입력합니다. 이웃한 B열에 있는 셀을 지정하면 되겠죠? 세 번째 인수인 온도(temperature)는 0이면 실제적인 값을 리턴하고, 1로 가까워질수록 창의적인 값을 리턴합니다. 기본값은 0이어서 비워두면 0으로 세팅됩니다.

3. 이제 GPT 함수를 실제로 써보죠. 표 위쪽에 행을 2개 삽입한 후, C1 셀에 프롬프트를 입력하고, C4 셀에 GPT 함수를 입력할 때 이 셀을 참조하도록 쓰고 Enter 를 눌렀습니다. 식에서 프롬프트가 있는 C1 셀은 내가 어느 셀에 있든 참조 위치가 변하면 안 되므로, C1 셀을 선택한 후 F4 키를 눌러 절대주소인 C1로 만들어 주었습니다.

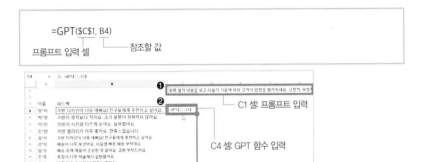

=GPT(C1, B4)
프롬프트 입력 셀 — 참조할 값

4. 이제 함수가 든 C4 셀의 오른쪽 아래의 핸들을 마우스로 잡고 아래쪽으로 999칸을 드래그합니다.

5. GPT가 B열에 있는 고객 피드백 내용을 읽고 '긍정적' 또는 '부정적'을 자동으로 입력해 줍니다.

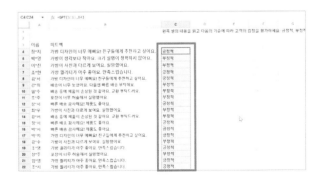

어떤가요? 사람들이 남긴 고객평의 맥락을 파악하고 정확하게 정리를 해줍니다. 전통적인 엑셀 함수가 할 수 없는 AI 함수라고 할 수 있습니다.

GPT( ) 함수와 비슷하지만 결과를 다른 행에 출력하는 GPT_List( ) 함수

GPT( ) 함수는 내용이 길어도 한 셀에 리턴하는데, GPT_List 함수는 여러 행에 나누어 출력할 필요가 있을 때 아주 편리합니다. 간단한 예를 하나 들고 넘어갈게요.

1. A1 셀에 다음과 같이 입력하고 Enter 를 쳤습니다.

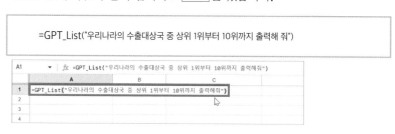

2. 다음 화면처럼 각 데이터를 한 셀에 넣지 않고 줄을 바꿔 채워 주었습니다.

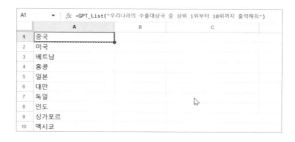

단순 반복 노동으로부터의 해방, GPT_Fill( ) 함수

수천 명의 전화번호, 이메일 주소, 주소, 우편번호 같은 데이터 형식을 통일하려면 귀찮고 시간이 걸리죠? GPT_Fill 기능을 이용해 보죠.

1. 먼저 이메일 주소 형식의 예시(B3:C5 부분)를 몇 개 써줍니다. 그런 후 C6

셀에 GPT_Fill 함수를 다음처럼 쓰고 Enter 를 치세요.

2. C6 셀의 오른쪽 밑의 핸들을 클릭한 채 드래그하면, 다음처럼 이메일 주소의 형식이 정리됩니다.

TIP 예시를 많이 줄수록 정확도는 높아집니다. 앞의 예에서 '팔계,저'는 원치 않는 띄어쓰기가 들어갔는데, '이름, 성'으로 된 경우도 예시에 포함시켰다면 결과가 더 정확하게 나왔을 것입니다.

긴 문서에서 원하는 항목만 뽑아내기, GPT_Extract( ) 함수

GPT_Extract( ) 함수는 긴 텍스트에서 원하는 정보(예: 날짜, 이름, 금액 등)만 자동으로 추출하는 데 유용합니다. 문서나 데이터에서 일일이 필요한 정보를 수동으로 찾는 번거로움을 줄일 수 있죠.

다음 사례는 회사의 계약서 요약 엑셀 파일인데, 계약이 많아지면서 핵심정보만 빨리 볼 수 있도록 해볼게요.

1. 먼저 B1, C1, D1, E1 셀에 계약 시작일, 계약 종료일, 계약 금액, 계약

당사자의 4개 항목을 추가했습니다.

2. B2, C2, D2, E2 셀에는 각각 아래의 함수를 넣고, 이후 B2:E2 셀을 드래그하여 선택한 뒤 한꺼번에 아래로 드래그하여 함수식을 일괄 적용했습니다.

=GPT_Extract(A2, "계약 시작일")
=GPT_Extract(A2, "계약 종료일")
=GPT_Extract(A2, "계약 금액")
=GPT_EXTRACT(A2, "계약 당사자")

3. 다음처럼 계약서의 핵심 정보만 추출해 보여줍니다.

2시간 녹음 파일을 1분 만에 텍스트로
네이버 클로바노트

네이버의 클로바노트(clovanote)는 음성 녹음을 텍스트로 자동 변환해 주는 서비스인데, 한국어 인식 정확도가 아주 높은 편입니다. 회의, 인터뷰, 강의 등의 음성을 직접 실시간으로 텍스트로 바꿀 수 있고, 녹음한 후 한꺼번에 텍스트로 변환해 기록할 수도 있습니다. 경험상 2시간 정도 길이의 음성 파일을 텍스트로 바꾸는 데 1분 이상 걸리지 않았습니다. 이 서비스는 완전 무료이며, 월 600분까지 사용할 수 있습니다.

1. 클로바노트(clovanote.naver.com)로 접속해서 네이버 로그인을 하세요.

2. 녹음 파일을 텍스트로 변환해 보죠. 화면 왼쪽 위에 있는 '새 노트'를 클릭하세요. '녹음'을 누르면 실시간 녹음도 할 수 있습니다.

3. 다음 화면에서 〈파일 첨부〉 단추를 누릅니다. 혹시 한국어가 아닌 영어 녹음 파일이라면 이 화면에서 언어를 영어로 바꾸어야 합니다. 일단 30분 정도 되는 우리말 음성 파일(m4a, .mp3, .aac, .amr, .wav 형식)을 텍스트로

변환해 보겠습니다. 현재는 파일 길이 180분까지 가능합니다.

TIP 영상에서 음성만 추출해서 저장한다거나, 음성 파일이지만 다른 음성 파일 형식으로 바꿔서 저장해야 하는 경우, 구글에서 '파일 변환'으로 검색하면 웹상에서 바로 변환할 수 있는 사이트가 많습니다.

4. 발화 상황과 참석자 수를 묻습니다. 대화인지 강연인지, 회의인지를 선택하고, 몇 명의 목소리가 있는지도 선택해 줍니다.

5. 금방 텍스트로 변환됩니다. 네이버가 우리나라 기업이어서 그렇겠지만 한국어 인식 능력이 꽤 정확합니다.

6. 텍스트의 특정 위치를 마우스로 클릭하면 해당 부분의 녹음된 목소리가 바로 나오므로, 텍스트를 읽다가 이상하다 싶은 부분이 있으면 클릭해서 녹음된 소리와 직접 비교하면 됩니다.

　　또 회의록이라면 참석자 1, 참석자 2를 클릭해 실제 이름으로 바꿔 넣을 수 있습니다. 그리고 발언 구간마다 하이라이트를 하거나, 메모,

북마크, 링크를 만들어 공유할 수도 있습니다.

7. 화면 오른쪽에 있는 'AI가 요약한 핵심 내용을 확인해 보세요'를 클릭하면 30분짜리 강의의 핵심만 요약해 줍니다. 이 기능은 한 달에 15회까지 쓸 수 있습니다.

8. 변환된 텍스트를 저장하기 위해 '다운로드'를 클릭한 후 '음성 기록 다운로드'를 선택합니다.

9. 이제 파일 종류를 선택하고, 텍스트 안에 있는 시간 기록, 참석자 표시, 하이라이트 등을 없애고 저장할지, 그대로 저장할지 결정하고 〈다운로드〉 단추를 누르면 됩니다.

이 서비스는 회의록, 강의나 수업 기록, 인터뷰나 취재 정리, 영업 및 고객상담 기록, 아이디어 회의나 브레인스토밍 기록, 비즈니스 프레젠테이션 준비 등 다양한 방면에서 아주 효율적입니다. 클라우드 기반이라 여러 기기에서 동기화해 사용할 수 있다는 것도 장점입니다.

딥엘로 웹 페이지 번역하기

딥엘(DeepL)은 매끄러운 고품질 번역 AI입니다. 특히 논문은 전문용어가 많고 심한 문어체이다 보니 기계번역을 하면 이상할 때가 많은데, 딥엘로 번역하면 내용이 잘 읽힙니다. 뉴스도 기계번역을 하면 무척 어색할 때가 많은데, 딥엘은 굉장히 번역을 잘해 줍니다.

무료 버전의 경우 한 번에 최대 1,500자(공백을 포함한 글자 수)까지 번역이 가능하고, 문서를 업로드하여 번역할 경우에는 1개월 기준으로 최대 5MB의 파일 3개까지 가능합니다. 딥엘 사이트에 가서 번역을 할 수도 있지만, 우리는 웹 서핑 도중 어려운 외국어를 만났을 때 바로 번역을 시킬 수 있도록 크롬 브라우저에 확장 프로그램을 설치해 보겠습니다.

1. 크롬 브라우저에서 크롬 웹 스토어(chromewebstore.google.com)에 접속한 뒤, 'DeepL'을 검색해서 클릭하세요. 다음 화면에서 〈Chrome에 추가〉를 눌러주면 딥엘이 크롬 브라우저에 장착됩니다. 설치 과정에 무료 회

원 가입을 할 수 있습니다.

2. 이제 크롬 화면 상단의 직소 퍼즐 모양의 '확장 프로그램' 아이콘을 누른 후 DeepL의 '압정' 아이콘을 클릭하면 '딥엘' 아이콘이 위쪽 도구막대에 고정됩니다. 이 아이콘은 앞으로 여러분이 외국어 문장을 드래그해서 선택하면 나타나는데, 클릭하면 바로 번역이 시작됩니다.

3. 이제 보그(vogue.com)에 접속해서 영문 기사를 마우스로 드래그하면 바로 '딥엘' 아이콘이 나타나는데, 클릭하면 한글 번역문이 나타납니다.

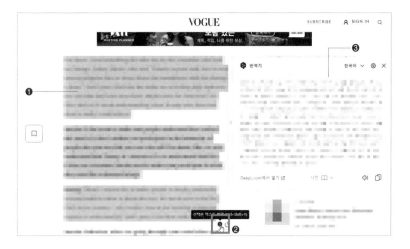

첫 문단만 비교해 봐도 번역이 꽤 매끄럽다는 것을 알 수 있습니다. 마우스로 드래그하자마자 정말 빠르게 번역되어 매우 편리합니다.

마인드맵이 자동으로 짝,
마인드맵 AI

———

신제품 출시를 앞두고 마케팅 매니저 입장에서 아이디어를 시각화해 보고 싶다면, 마인드맵을 그려보는 것이 좋습니다.

마인드맵 AI(MindMap AI)는 AI 기반의 마인드맵 생성 도구로, 다양한 주제에 대해 자동으로 마인드맵을 생성하고 확장해 줍니다. 텍스트, PDF, 이미지 등 다양한 데이터를 올릴 수 있습니다.

무료 사용자도 기본적인 기능을 사용할 수 있으며, 생성된 마인드맵은 실시간으로 편집하고, 팀과의 협업도 가능합니다. 직관적인 인터페이스와 다양한 출력 형식을 제공하여 학습, 프로젝트 관리, 창의적인 작업에서 활용할 수 있습니다.

1. 마인드맵 AI 사이트(mindmapai.app)에 접속한 후 로그인하세요. 구글 계정으로도 로그인할 수 있습니다.
2. 입력창에 다음과 같이 지시해 볼게요.

나는 글로벌 가전제품 회사에서 일하는 마케팅 매니저야. 곧 출시 예정인 혁신적인 스마트 냉장고에 대한 마케팅 캠페인을 기획해야 해. 이 제품은 스마트 홈 시스템과 완벽하게 통합되고, AI 기술이 적용되어 사용자 경험을 크게 향상시키는 것이 핵심이야. 마케팅 전략을 체계적으로 정리한 마인드맵을 한글로 그려줘.

3. 오~, 순식간에 마케팅 계획을 마인드맵으로 그려줍니다. 전체가 보이지 않으면 화면 왼쪽 아래의 '전체화면' 모드를 선택해서 보면, 중앙 노드 아래에 5개의 하위 노드를 만들었습니다.

목표 설정, 핵심 메시지, 타깃 고객 분석, 마케팅 전략, 캠페인 평가 및 개선이 있고, 각 노드 아래에 더 구체적인 내용들이 정리되어 있습니다.

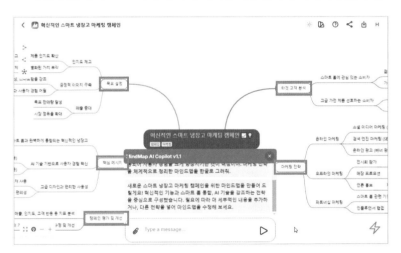

4. 앞의 단계에서 각 노드를 마우스로 오른쪽 클릭한 후 'Add Child'를 선택하면, 해당 노드 아래에 직접 하위 노드를 만들 수 있습니다. 예를 들어 '핵심 메시지' 아래에 노드를 하나 추가하여 '에너지 절약'을 넣을 수 있습니다.

5. 다시 프롬프트 지시문을 보죠. 필요에 따라 더 세부적인 내용을 추가하

거나, 다른 전략을 넣어 마인드맵을 수정할 수 있습니다. 여기서는 소셜 미디어 마케팅에 대해 추가 요구사항을 넣어보겠습니다.

> SNS 캠페인을 통해 도달할 수 있는 타깃 고객층에 대한 세부적인 플랫폼별 전략
> (예: 인스타그램, 유튜브, 페이스북)을 알려줘. 각 플랫폼별로 어떠한 콘텐츠 형식이 가장
> 효과적일지도 제시해 줘.

6. 인스타그램, 유튜브, 페이스북 노드 아래가 풍성해졌습니다. 때로는 새로 요청한 부분만 별도의 마인드맵을 그려줄 때도 있는데, 이럴 때는 프롬프트에 2개의 마인드맵을 합쳐 달라고 하면 됩니다.

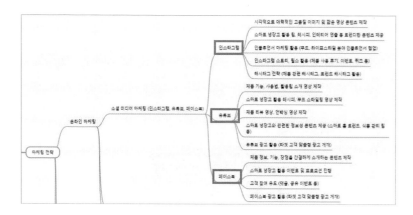

7. 이번에는 '핵심 메시지' 아래에 수동으로 추가한 '에너지 절약' 노드 아래를 더 구체화해 달라고 했더니, 다음 화면처럼 에너지 절약에 대한 4개의 메시지를 추가했습니다.

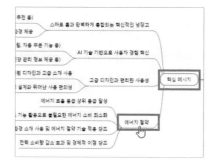

8. 이제 마인드맵을 다운받아 보죠. SVG 파일 형식으로 다운받으면 됩니다. SVG 파일은 벡터 기반의 이미지 파일 형식으로 다양한 프로그램에서 열고 수정할 수 있으며, 텍스트 기반의 XML 파일 형식으로 저장되기에 해상도 손실 없이 확대 및 축소가 가능합니다. 구글 크롬이나 포토샵, 일러스트레이트 등에서 열 수 있는데, 저는 구글 크롬으로 열어서 67%로 축소했습니다.

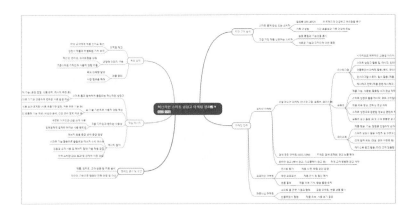

마인드맵 AI는 프롬프트를 넣어주면 초안을 자동으로 만들어 주는데, 사용해 보면 그 후의 과정이 훨씬 더 흥미롭습니다.

초안을 마음껏 고칠 수 있게 AI 비서가 대기하고 있고, 내가 원하는 것을 사람의 말로 지시하면 그대로 수정해 주기 때문입니다. 복잡한 프로젝트 관리, 아이디어 정리, 팀 협업 등 다양한 용도로 활용할 수 있을 것입니다. 어떻게 쓰느냐에 따라 단순한 생각 정리를 넘어, 실제로 프로젝트를 구체화하고 실시간으로 관리할 수 있는 유용한 도구가 될 것입니다.

8장

일잘러를 위한
업무별 생산성 AI 툴 2

일의 본질에 주목하는 AI 시대

수많은 AI 도구들을 정리하며 갑자기 이런 생각을 해보게 되었습니다. '우리는 AI 도구를 왜 일에 활용하려고 하는 것일까?', AI 도구는 우리의 일에 어떤 도움을 주게 될까?'

AI가 발전하면서 많은 사람들이 'AI가 내 일을 빼앗아 갈까?'라는 걱정을 하지만, 아이러니하게도 강의 현장에 나가 사람들에게 다양한 AI 도구를 알려드리다 보면 "이것보다 더 자동화해서 할 수 있는 방법은 없나요?", "그냥 끝까지 AI가 다 해주는 방법은 없나요?"와 같은 질문을 종종 받기도 합니다. AI로 인한 일자리에 대한 불안감이 있으면서도, 정작 지금 당장 내가 하는 일은 AI가 더 해주었으면 하는 우리들의 아이러니한 모습을 보여주는 게 아닌가 싶습니다. 그때마다 이렇게 대답하곤 합니다.

"그러다가 사고가 나면요? 책임은 누가 질까요? AI는 책임을 안 져줍니다. 책임은 여러분이 지시는 거예요. 그래서 여전히 사람이 필요합니다."

2024년은 수많은 AI 도구를 보며 우리가 할 수 있는 '가능성'에 주목했던 시기였다면, 2025년은 정말로 업무에 AI 도구를 적용할 수 있는가를 타진하고 적용하는 시기가 될 것으로 보입니다. 이럴 때 더욱 중요해지는 것이 바로 '일의 본질'이 아닐까 싶습니다. 기술적인 접근도 중요하지만, 결국 생성형 AI는 우리에게 '도구'일 뿐이고, 이것을 활용하여 '일'을 잘하기 위해서는 일에 대한 전문성과 경험, 나의 일에 대한 '통찰'이 필요한 것이죠. AI는 우리에게 지식과 빠른 피드백을 주긴 하지만, 전문적인 '업'의 관점에서는 아직 부족합니다. 그래서 부족한 AI가 실수를 하더라도, 우리가 그것을 수정하고 보완하면서 의미 있는 결과물을 만들어낼 수 있습니다.

이번 장에서 소개하는 AI 도구들은 인간이 그런 '업'을 하는 걸 도와주는 데 최적화된 도구들입니다. 우리는 일의 본질에 더욱 집중하고, AI는 서류 작업을 도와주는 것이죠. 생각은 내가 하고, AI는 그것을 구조화하는 데 도움을 주지만, 결국 인간의 최종 결정이 필요한 것처럼요.

코딩도 마찬가지입니다. 내 생각의 흐름을 주면 자동으로 AI가 프로그램의 초안을 짜주는 시대이지만, 여전히 개발자의 언어를 아는 사람이 전문적인 용어를 기반으로 코딩 AI 도구를 쓸 때와, 개발 경험이 없는 사람이 상상만으로 프로그램을 짜달라고 할 때의 결과물은 천지차이라는 것을 책을 쓰고 도구를 사용하면서 더욱 느끼게 됩니다.

AI 도구의 진화는 오히려 우리에게 일의 본질에 집중하라고 이야기합니다. 여러분은 어떻게 일을 하고 계신가요? '업'으로서의 일, 꾸준히 쌓아올린 나의 전문성을 기반으로 통찰 가득한 시야로 문제를 바라볼 수 있다면, AI를 통해 여러분은 날개를 달고 지금보다 더 성장하실 것이라 확신합니다.

직장인을 위한 업무비써 그룹
웍스AI

웍스AI는 직장인이나 비즈니스맨, 1인 기업가들이 자주하는 업무에 특화된 AI 서비스입니다. 회의록 작성, 메모 정리, 파워포인트 기획, 영어 번역, 영문 이메일 쓰기, 문장 교정 및 요약 기능 등을 제공합니다. 특히 웍스AI는 우리가 입력한 정보를 AI 학습에 사용하지 않으며, 이 내용이 약관에 명시되어 있기에 정보 유출로부터 좀더 안전합니다.

1. 웍스AI 사이트(wrks.ai)에 접속한 후 로그인을 하세요. 네이버, 카카오, 구글 계정 등으로 로그인이 가능합니다.

2. 첫 화면이 열리는데, "대화하거나 함께 일할 비서를 선택해 주세요"라고 하네요. 이것만 봐도 웍스AI가 직장인의 업무에 특화된 AI라는 걸 느낄 수 있습니다. 2024년 10월 현재 웍스의 공식 AI 비서는 23개가 올라와 있습니다. 앞으로 점점 늘어나겠죠? 어떤 AI 비서들이 있는지 살펴보죠.

❶ **신중한 똑쟁이:** GPT-4o와 대화를 할 수 있습니다. 질문을 하거나 이미지를 올리고 묻거나 정보를 뽑아달라고 할 수도 있습니다.

❷ **티키타카 장인:** 좀더 가볍고 빠른 GPT-4o 미니와 대화할 수 있습니다. 이미지 업로드 후 질문과 정보 추출도 가능합니다.

❸ **문서 번역:** MS 워드, 엑셀, 파워포인트, PDF 파일 등을 올리면 번역해 줍니다.

❹ **문서 검토:** PDF 등 문서를 올리고 내용에 대해 질문이나 요약을 요청합니다. 이를테면 〈2024년 정부의 국민연금 개혁안〉 같은 자료를 올린 후 물어보면 됩니다.

❺ **데이터 분석**: 엑셀 파일, CSV 파일(텍스트 형식의 데이터 파일) 등을 올리고 분석 및 편집하는 기능입니다.

❻ **개조식 내용 정리**: 보고서·기획서·회의록 등에는 주로 번호나 기호를 붙여 요점을 간결하게 나열하는 개조식 문제를 많이 사용하죠. 본문이나 파일 등을 개조식으로 순식간에 바꿔 줍니다.

❼ **회의록 작성**: 회의 내용만 주면 회의록을 깔끔하게 뚝딱 작성해 줍니다.

❽ **본문 번역**: 본문을 주면 원하는 언어와 톤으로 번역해 줍니다. 이를테면 영문 본문을 준 후 "이 내용을 존대어를 써서 격식 있는 톤으로 번역해 줘"라고 하면 되겠죠?

❾ **파워포인트 기획**: 사업 내용을 주면 파워포인트 구성안을 제안해 줍니다.

❿ **이메일 작성**: 내용만 주면 전문적으로 이메일을 작성합니다.

⓫ **내용 요약**: 본문이나 파일을 주면 2~3줄로 간결하게 요약해 줍니다. 금융사 리서치센터 인턴의 주업무 중 하나는 매일 새벽, 전날의 한국/미국 주식시장 및 각종 보고서 요약인데, 이 기능이 매우 유용하겠죠?

⓬ **내용 확장**: 원문 뜻을 유지하며 글의 양을 2~3배 늘려줍니다. 보고서 등을 쓰다가 문장을 좀 늘리고 싶을 때 매우 유용합니다.

⓭ **메모 정리**: 대충 적어 놓았던 것을 메모로 깔끔하게 정리해 줍니다.

⓮ **영문 이메일**: 받을 사람, 용건 등 내용을 주면 영문 비즈니스 메일을 금방 써줍니다.

⓯ **계약서 리뷰**: 상대방에게 받은 계약서 초안을 검토해 줍니다.

⓰ **엑셀 함수 추천**: 원하는 작업에 적절한 엑셀 함수가 가물가물할 때, 적절한 엑셀 함수와 사용법을 안내해 줍니다.

⓱ **엑셀 VBA 작성**: 필요한 업무를 알려주면 매크로 작업을 위한 코드를 만들어 줍니다. 반복적인 엑셀 작업이 많은 경우 자동화 코드를 작성하면 생산성이 좋아지겠죠?

⓲ **채용공고 작성**: 채용공고 작성에 필요한 시간을 단축해 줍니다.

⓳ **보도자료 작성**: 원하는 내용을 넣으면 보도자료 초안을 금방 작성합니다.

⓴ **블로그 글 작성**: 친근한 MZ 스타일로 블로그 글을 써줍니다.

㉑ **생활기록부 작성**: 학생의 특징, 성향에 대해 짧게 쓰면 생활기록부 초안을 작성합니다.

㉒ **매체별 광고문구**: 인스타, 페이스북 등 각종 매체에 적절한 광고문구를 뚝딱 써줍니다.

㉓ **쇼핑몰 상세 페이지**: 내 상품 자랑을 알아서 줄줄 써줍니다.

업무 문서 번역 AI 비서

웍스AI가 업무 문서의 형식을 유지한 채 번역해 줍니다. MS 워드, 엑셀, 파워포인트, PDF 등 다양한 파일을 파일당 최대 30MB, 100만 자까지 올릴 수 있습니다. 서점에서 흔히 보는 300쪽 내외의 책들이 대략 10만~15만 자 정도임을 감안하면 꽤 많은 양을 올릴 수 있는 것이죠. 번역에는 최대 1분까지 걸릴 수 있으며, 5분 이상 지속되면 일시적 오류가 생긴 것이니 다시 시도하세요.

1. 웍스AI 사이트에 접속한 후 웍스 공식 비서 중에서 '문서 번역'을 선택하세요.

2. '웍스AI 문서 번역 비서'가 열립니다. 아래 칸에 번역할 파일을 업로드하세요. 마우스로 클릭해서 대화상자에서 파일을 찾아도 되고, 드래그해서 넣어도 됩니다. 여기서는 웍스AI에 대한 영문 소개 PDF 파일(WorksAI.pdf)을 올리고, 언어를 '한국어'로 지정하고 〈번역 시작하기〉를 누르겠습니다.

3. 번역이 끝나면 〈번역 시작하기〉 단추가 〈번역본 다운로드 받기〉로 바뀌는데, 이 단추를 클릭하면 내 컴퓨터의 '다운로드' 폴더로 다운로드 됩니다.

그런데 번역 전문 AI도 있는데, 웍스AI에서 군이 영문 번역을 하는 이유는 무엇일까요? 웍스AI는 우리가 올린 정보를 AI 학습에 사용하지 않으므로 정보 유출 면에서 더 좋습니다.

문서 검토 AI 비서

MS 워드, 엑셀, 파워포인트, PDF 파일을 업로드하면, 파일의 내용을 파악한 후에 질문에 답을 해주거나 요약해 줍니다.

1. 웍스AI에서 '문서 검토' 비서를 클릭하세요.

2. '문서 검토' 비서가 열리면 프롬프트 입력란의 '첨부파일' 아이콘을 눌러 파일을 업로드한 후 그 파일의 내용에 대한 질문을 하면 됩니다. 여기서는 정부의 '2024년 콘텐츠 기술개발 지원사업 공고' 파일(2024년_출판콘텐츠_기술개발_지원사업.pdf)을 올리고, 다음과 같이 질문을 던져보겠습니다.

3. 다음과 같이 내용을 요약해 줍니다. 정부 지원사업이나 정책보고서, 금 융사의 보고서 등은 분량이 100페이지를 넘을 때도 있고 복잡한데요. 이 렇게 핵심만 요약해 주니 편리합니다.

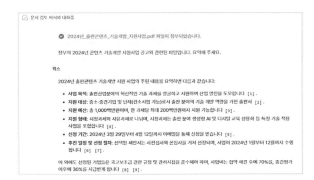

4. 이번에는 이 지원사업 공고 문서에 대한 질문을 던져보죠.

> 공고문에 생성형 AI 과제와 관련된 지원사업이 있니? 생성형 AI 과제 사업으로
> 어떤 예시를 들고 있으며, 지원조건은 무엇이고, 1개 사업당 최대 지원금은 얼마야?

5. 오~, 다음과 같이 이 지원사업의 과제, 지원조건, 최대 지원금을 알려줍 니다. 여러 장의 공고문이나 두꺼운 보고서에서 궁금한 점만 얼른 알아 볼 수 있어서 편리한 기능입니다.

데이터 분석 AI 비서

데이터 파일을 올려 분석뿐만 아니라 데이터를 가공·정리·편집할 수도 있습니다.

1. 웍스AI에서 '데이터 분석' 비서를 클릭하세요.

2. '데이터 분석' 비서가 열리면 파일을 업로드하세요. 엑셀 파일(.xls)이나 텍스트 형식의 데이터 파일(.csv)을 올리면 됩니다. 여기서는 샘플로 만든 엑셀 파일을 올려볼게요. 가명으로 만든 '강의 신청자 100명의 명단'인데, 전화번호 표기가 통일이 안 되어 들쑥날쑥합니다.

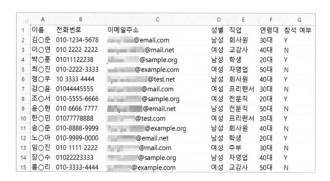

3. 이제 이 파일을 웍스AI에게 주고, 전화번호 항목에 있는 제각각의 형식대로 입력된 값을 '000-0000-0000'의 형식으로 통일해 달라고 하겠습니다.

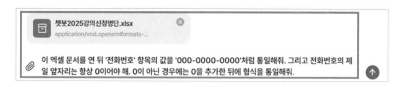

4. 잠시 기다리면 웍스AI가 엑셀 문서를 열어 작업을 한 뒤, 수정본을 다운로드받을 수 있는 링크를 표시해 줍니다. 링크를 누르세요.

5. 모두 제대로 수정되었습니다. 예전엔 일일이 수작업으로 통일해야 했지만, 이제는 AI를 사용하여 금방 데이터 형식을 통일할 수 있습니다.

	A	B	C	D	E	F	G
1	이름	전화번호	이메일주소	성별	직업	연령대	참석 여부
2	김○훈	010-1234-5678	@email.com	남성	회사원	30대	Y
3	이○연	010-2222-2222	@mail.net	여성	교강사	40대	N
4	박○훈	010-1112-2238	@sample.org	남성	학생	20대	Y
5	최○민	010-2222-3333	@example.com	남성	자영업	50대	N
6	정○우	010-3333-4444	@test.net	남성	회사원	40대	Y
7	강○율	010-4444-5555	@mail.com	남성	프리랜서	30대	N
8	조○서	010-5555-6666	@sample.org	여성	전문직	20대	Y
9	윤○현	010-6666-7777	@email.net	남성	전문직	30대	N
10	한○리	010-7777-8888	@test.com	여성	프리랜서	30대	Y
11	송○준	010-8888-9999	@example.org	남성	회사원	40대	N
12	노○아	010-9999-0000	@email.com	여성	학생	20대	Y
13	임○진	010-1111-2222	@mail.com	여성	주부	40대	N
14	장○수	010-2222-3333	@sample.org	남성	자영업	50대	Y
15	홍○리	010-3333-4444	@example.com	여성	교강사	40대	N
16	신○철	010-4444-5555	@test.net	남성	전문직	30대	Y
17	오○아	010-5555-6666	@email.com	여성	회사원	20대	N
18	권○훈	010-6666-7777	@mail.net	남성	프리랜서	40대	Y
19	황○은	010-7777-8888	@sample.net	여성	학생	20대	N
20	안○우	010-8888-9999	@test.com	남성	회사원	80대	Y
21	문○진	010-9999-0000	@example.org	여성	자영업	50대	N
22	양○수	010-4321-1111	@mail.net	남성	교강사	30대	Y
23	고○아	010-1111-2222	@mail.com	여성	프리랜서	30대	N
24	배○은	010-2222-3333	@sample.org	여성	전문직	20대	Y
25	유○훈	010-3333-4444	@test.net	여성	주부	40대	N

개조식 내용 정리 AI 비서

개조식 문체는 −, · 같은 기호를 붙여 간략하게 나열하는 것으로, 내용을 일목요연하게 빨리 파악하기 편해서 보고서, 회의록 등에 적합합니다.

1. 웍스AI의 초기 화면에서 '개조식 내용 정리'를 누르세요.

2. '개조식 내용 정리' 비서 화면이 나타나면, 개조식으로 바꿀 파일을 업로드하거나 복사해 입력창에 붙여넣고, 개조식으로 요약해 달라고 하면 됩니다(단, 현재까지는 HWP 파일은 인식하지 못합니다. PDF 파일로 바꿔 올리면 됩니다).

3. 일반적인 서술식 텍스트가 개조식으로 금방 바뀌었습니다. 요약 아래쪽의 '복사' 단추를 눌러 파워포인트 등으로 내용을 옮기거나, 위쪽의 〈대화 공유〉를 눌러 링크를 만든 뒤 다른 사람과 공유할 수도 있습니다.

계약서 리뷰 AI 비서

1. 웍스AI 초기 화면에서 '계약서 리뷰'를 클릭하세요.

2. 계약서를 업로드하고, 어떤 점에 중점을 두고 리뷰해 주면 좋을지 입력하세요. 그냥 계약서 파일만 업로드해도 됩니다.

3. 차용증 계약서의 문제점 및 제안 사항을 알려줍니다.

4. 프롬프트 입력란에 이 계약서를 현실에 맞게 수정해 달라고 하면, 웍스 AI가 계약서를 깔끔하게 수정해 줍니다.

매체별 광고 문구 AI 비서

1. 이번에는 웍스AI 첫 화면에서 '매체별 광고 문구'를 클릭해 보죠.

2. 입력창에 제품에 관한 정보를 주세요.

> 20대 MZ 남자들을 위한 스니커즈 '스카이워커'. 독일의 팝아티스트 게르하르트 리히터풍의 독특한 컬러 조합의 스타일리시한 디자인, 편안한 착용감, 다양한 코디 가능

3. 어떤 매체의 광고 카피를 원하냐고 하네요. 그래서 다 만들어 달라고 했더니 네이버, 인스타, 유튜브 등의 광고 카피를 만들어 주었습니다.

MZ 세대 넘어
아시아 AI 플랫폼을 향하여, 뤼튼

뤼튼은 국내 생성형 AI 플랫폼으로 2023년 3월 첫 서비스를 출시하고 전면 무료화를 한 후, 7개월 만에 가입자가 100만 명을 넘어섰고, 출시 1년 반 후인 2024년 8월에는 400만 명을 넘어섰다고 밝힌 바 있습니다.

뤼튼이 왜 20대에게 인기를 끌고 있을까?

AI타임스에 따르면, 2024년 7월 뤼튼 앱은 누적 사용자 수가 챗GPT, SK텔레콤의 에이닷에 이어 3위를 기록했습니다. 특히 챗GPT 사용자는 20~30대, SK텔레콤의 에이닷은 40~50대의 비중이 높은 반면, 뤼튼은 20세 미만~20대 사용자 비중이 높다고 합니다(장세민, 406쪽과 같은 기사). 뤼튼은 왜 한국의 10대, 20대에게 인기를 끌고 있을까요?

뤼튼은 2023년 글쓰기 특화 AI에서 2024년 AI 플랫폼으로 진화하면서 흥미로운 변화를 보여줍니다. 최근 50대 지인과 얘기를 나눌 기회가 있었는

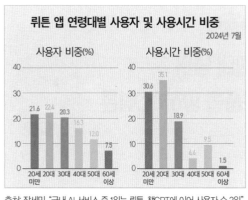

출처: 장세민, "국내 AI 서비스 중 1위는 뤼튼, 챗GPT에 이어 사용자 수 2위", AI타임스, 2024년 8월 29일

* WISEAPP RETAIL GOODS, 한국인 안드로이드+iOS 스마트폰 사용자 추정

데, 대학생 자녀들은 생성형 AI를 (지나치게) 진지한 가정교사로 여기고 친숙하고 편한 느낌은 없다고 합니다. 주로 시스템 프로그래밍, 경제수학 같은 과목을 공부하느라 골머리를 앓거나, 인턴 중 외사 보고서 요약 등의 업무에 활용하기 때문입니다.

하지만 뤼튼은 이러한 AI 에이전트의 기본 기능에 더해, 한국의 10, 20대 문화코드를 반영한 차별화를 시도했습니다. 웹툰과 메신저 플랫폼을 연상시키는 UI/UX, 캐릭터 챗, 게임 요소 등을 통해 친근한 디지털 플랫폼으로 자리매김하고 있습니다. 이러한 현지화 전략을 한국의 젊은 사용자층에게 어필하여 유입시키고 있는 것으로 보입니다.

한국형 AI 포털 - AI 검색부터 나만의 AI 캐릭터까지

뤼튼은 범용 AI 플랫폼으로 GPT-4o, 클로드 등 다양한 AI 모델을 지원하고 있습니다. 글쓰기, 이미지 생성이 가능하며, 최근 실시간 음성 기능도 탑재했습니다. 특히 '블로그 작성 템플릿'처럼 '작성 툴'을 제공하기에 사용이 편리한 것이 장점입니다.

뤼튼은 2024년에 대규모 리뉴얼을 통해 AI 검색 기능을 강화했는데, 특히 각종 SNS의 실시간 트렌드를 분석해 줍니다.

뤼튼 앱의 초기 화면에 접속하면 마치 구글이나 네이버의 검색창 같은 입력창과 뉴스 제목들이 뜨며, 화면 오른쪽 위에 실시간 뉴스 키워드가 나옵니다. AI 캐릭터 챗봇과 대화하는 기능, AI 에이전트 기능도 강화했습니다. 또한 웹툰, 드라마 등과의 콜라보를 통해 사용자를 끌어들이고 있습니다. 뤼튼 앱을 설치하면 푸시 알림도 옵니다. 뤼튼이 AI 플랫폼을 지향하고 있음을 짐작할 수 있는 부분입니다.

뤼튼을 사용하려면

뤼튼에 처음 가입하면 성냥을 100개 줍니다. 화면 왼쪽 메뉴에서 '혜택'을 누르면 내 성냥 내역이 나옵니다. 모바일 앱을 다운받아 설치한 후 행운 알림을 확인하면 '성냥 모으기'를 할 수 있습니다. 뤼

튼은 기본 무료로 사용할 수 있지만, 'AI 탐지 방어'나 '캐릭터 챗'의 슈퍼 모드 등 특정 기능을 이용하려면 '성냥'을 내야 합니다.

뤼튼의 경우 전체 월간 활성 이용자 수(MAU) 중 약 70%가 앱에서 이용하지만, 여기서는 일단 PC용 화면을 보겠습니다. 뤼튼으로 보고서나 리포트 같은 걸 작성하고, AI 탐지 방어 기능 등을 쓰려면 아무래도 PC를 사용하는 것이 편리하기 때문입니다.

1. 뤼튼 사이트(wrtn.ai)에 접속한 후 화면 왼쪽 하단의 '로그인' 아이콘을 눌러 회원가입을 하세요. 카카오, 구글, 네이버, 애플 계정과 연동할 수도 있습니다.

2. 개인정보를 입력하는 화면이 나오면 닉네임, 성별, 생년월일, 직업, 가입 경로를 입력하세요. 맞춤형 콘텐츠를 추천해 주기 위한 목적입니다.

3. 뤼튼 초기 화면이 나오는데, 중앙에 마치 챗GPT처럼 입력창이 있습니다. 초기 화면은 뤼튼이 지향하는 AI 플랫폼으로서의 방향성을 뚜렷이 보여주기에 흥미로운데, 먼저 각 메뉴 등을 알아보죠(409쪽 참고).

뤼튼 AI 검색

1. 입력창 왼쪽의 '작업 목적' 아이콘을 누른 후 'AI 검색'을 선택하세요.

2. AI 검색 페이지가 열립니다. 검색창에 질문을 입력하세요. 만약 검색을 요약해 주길 원하면 '빠른 검색'을 누르면 됩니다.

> 숏폼 비디오 플랫폼 틱톡에서 가장 많이 받아보는 장르나 트렌드는 뭐야?

3. 뤼튼 검색 AI가 실시간 검색을 하며 검색 과정을 보여줍니다. 검색 중인 키워드, 그리고 읽은 자료가 나옵니다. 잠시 기다리세요.

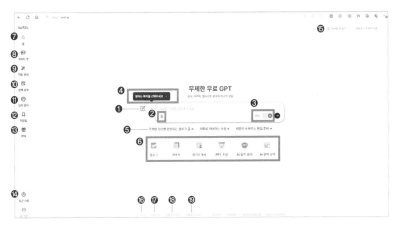

❶ 입력창: 원하는 요청을 입력합니다. 챗GPT의 입력창과
같은 기능입니다.

❷ 업로드: PDF나 이미지 등의 파일을 올립니다.

❸ 프로 모드: 문서와 이미지를 분석하고 검색을 통해 더욱
전문적인 답변이 필요할 때 사용합니다.

❹ 원하는 목적 선택: 목록 단추를 눌러 'AI 검색, AI 이미지,
AI 과제와 업무' 중에서 선택합니다.

❺ 시작 질문: 사람들이 자주 쓰는 요청을 보여줍니다.

❻ 작업 AI 기능: 사람들이 자주 하는 작업의 아이콘입니다. 블로그, 리포트, 자기소개서, PPT
초안, AI 탐지 방어, AI 완벽 요약 등이 있네요.

❼ 홈: 뤼튼 AI의 홈페이지로 이동합니다.

❽ 캐릭터 챗: AI 캐릭터와 대화할 수 있습니다.

❾ 자동 완성: 블로그, 리포트, 자기소개서, PPT 초안을 자동 완성으로 쉽게 쓸 수 있습니다.

❿ 완벽 요약: 유튜브 영상, 웹사이트, 문서, 긴 글을 제한 없이 완벽하게 요약합니다.

⓫ 탐지 방어: AI 탐지를 막고 싶은 글을 넣으면, AI로 탐지하기 어렵도록 다시 작성해 줍니다.

⓬ 저장됨: 뤼튼에서 받은 응답들이 여기에 저장됩니다.

⓭ 혜택: 내 성냥의 이용 내역을 볼 수 있고, 성냥 모으기, 사전 예약도 할 수 있습니다.

⓮ 최근 기록: 최근 뤼튼에서 사용한 기록이 화면 왼쪽에 나타납니다.

⓯ 모바일 앱 설치: QR 코드로 뤼튼 AI 앱을 편하게 설치할 수 있습니다.

⓰ 스토어: AI 툴과 챗봇들이 올라와 있습니다.

⓱ 스튜디오: AI 툴과 챗봇들을 만들어 올립니다.

⓲ 스튜디오 프로: 다양한 AI 에이전트를 사용해 AI 도구를 만들 수 있습니다.

⓳ 프롬프트 공유: AI 활용에 유용한 프롬프트가 올라와 있습니다.

4. 다음과 같이 검색결과를 보여줍니다. 상단에 동영상, 이미지 검색 결과를 보여주며, 옆에는 답변 출처가 나옵니다.

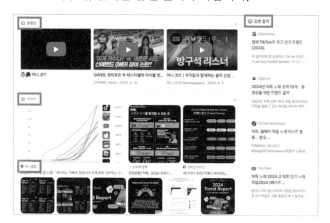

5. 스크롤 막대를 아래로 내리면, 인기 장르, 현재 트렌드를 보여준 후 검색 결과 요약이 나옵니다. 그 아래에 추천 질문을 3가지 보여줍니다. 추천 질문 중에서 다음을 눌러보겠습니다.

> 최근 틱톡에서 가장 인기 있는 댄스 챌린지는 어떤 게 있어?

6. 최근 틱톡에서 가장 인기 있는 댄스 챌린지를 알려줍니다. 비욘세 챌린지, 은행 플러팅 챌린지 등이 인기가 있다고 하네요.

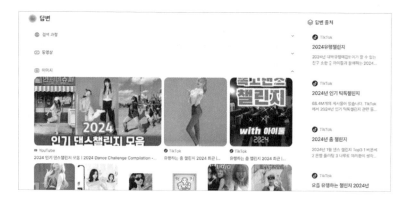

뤼튼 AI 검색은 이처럼 실시간 웹 검색을 종합해서 답변을 작성해 주며, 이미지, 동영상뿐만 아니라 답변 출처, 추천 질문도 주는 것이 장점입니다.

간단한 키워드로 AI 이미지 그리기

1. 뤼튼 화면 왼쪽의 '홈'을 눌러 초기 화면을 여세요. 또는 화면 왼쪽 위의 '새 대화' 아이콘을 눌러도 됩니다. '작업 목적' 아이콘을 누른 후 'AI 이미지'를 선택하세요.

2. 뤼튼 AI 이미지 페이지가 열립니다. 입력창에 만들고 싶은 이미지를 설명하세요. 앞에서 최근 틱톡에서 인기 있는 댄스 챌린지를 봤죠.

> 최근 틱톡에서 '비욘세 챌린지'가 인기 있다고 들었어. 비욘세 챌린지 그림을 그려줘.

3. 오~, 다음과 같이 비욘세 댄스 챌린지 그림을 그려주네요. 아래의 '다시 생성' 아이콘을 누르면 그림을 다시 생성해 주며, '저장하기' 단추를 눌러 저장할 수도 있습니다.

AI 과제와 업무 - 그림 있는 블로그 글쓰기 3개

1. '작업 목적' 아이콘을 누른 후 'AI 과제와 업무'를 선택하세요.

2. 'AI 업무와 과제' 페이지가 열립니다. 아래에 자주 하는 과제 목록이 나타납니다. 여기서는 '블로그'를 선택해 보겠습니다.

무제한 무료 GPT

문서, 이미지, 웹사이트 분석과 최고의 성능

3초만에 완성하는 이메일 작성 →   구글링보다 편한 코딩 →   주제만 있으면 완성되는 블로그 글 →

블로그   레포트   자기소개서   PPT 초안   AI 탐지 방어   AI 완벽 요약

3. '블로그 글쓰기' 페이지가 열립니다. 게시물 종류를 '정보'로 선택하고 주
제를 다음과 같이 썼습니다.

2024년 인스타 릴스 인기 있는 장르와 트렌드 5

4. 말투는 '−해요체, −습니다체, 반
말' 중에서 '−해요체'를 선택하고,
말투 예시도 넣었습니다.

5. '인터넷 검색 결과 활용하기' 옵
션은 인터넷 검색 결과를 자동으
로 반영하기 위해 활성화하고, '예
시 이미지' 옵션은 이미지를 인터
넷에서 찾아 자동으로 배치하기를
원하므로 활성화합니다. 아래 이
미지 첨부의 〈사진 추가〉를 눌러
여러분이 가진 사진을 추가해도
됩니다.

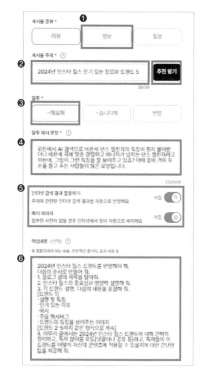

6. '핵심 내용' 항목에는 꼭 포함되어야 하는 내용, 전반적인 줄거리, 요구 사항 등을 쓰면 됩니다. 만약 이미 있는 텍스트를 블로그 글로 바꾸고 싶다면, 여기에 글을 넣으면 됩니다. 좀 아쉬운 점은 500바이트까지 입력이 된다는 것입니다.

2024년 인스타 릴스 트렌드를 반영해야 해.

다음의 순서로 만들어 줘.

1. 블로그 글의 제목을 달아줘.

2. 인스타 릴스의 중요성과 영향력을 설명해 줘.

3. 각 트렌드 설명

다음의 내용을 포함해 줘.

[트렌드 1]

- 설명 및 특징

- 인기 있는 이유

- 예시

- 주요 해시태그

- 트렌드의 특징을 보여주는 이미지

[트렌드 2-5까지 같은 형식으로 계속]

4. 마무리 글에서는 2024년 인스타 릴스 트렌드에 대해 간략히 정리하고, 독자 참여를 유도(댓글이나 공유 등)하며, 독자들이 이 트렌드를 어떻게 자신의 콘텐츠에 적용할 수 있을지에 대한 간단한 팁을 제공해 줘.

---

7. 이제 〈자동 완성〉 단추를 누르세요. 뤼튼 AI가 블로그 글을 작성하기 시작합니다. 잠시 기다리세요.

8. 다음과 같이 3개의 블로그 게시물을 작성해 줍니다. 이미지 자료들도 풍부하게 들어 있네요. 여기서는 블로그 제목이 마음에 드는 두 번째 게시물을 선택했습니다. 만약 마음에 드는 게시물이 없으면, 다시 '블로그 글쓰

기' 프롬프트를 조금 고친 후에 〈자동 생성〉 단추를 누르면 됩니다.

9. 다음과 같이 '최근 인스타 릴스 인기 있는 장르와 트렌드 5'라는 블로그 게시물이 완성되었습니다. 밑에는 마무리글과 아울러 태그까지 넣어주고, 어떤 자료를 참고했는지 출처까지 밝혀줍니다.

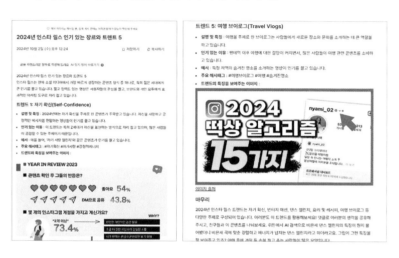

이제 이 블로그 글을 수정한 다음 블로그에 올리면 되겠죠. 단, 실제 게시 전에 예시 이미지에 저작권 문제가 없는지 확인하세요. 'AI 이미지' 메뉴에서 새로 그려달라고 해도 되겠죠?

AI 탐지 방어를 위한 글 바꾸기

1. 글을 자연스러운 말투로 바꾸고 싶다면 'AI 탐지 방어 바로가기'를 누르세요.

2. 'AI 탐지 방어' 페이지가 나옵니다. 아래에 보면, AI 탐지 방어 기능을 쓰려면 50성냥을 사용해야 한다고 나오네요. 일단 〈사용하기〉 단추를 누르세요.

3. 뤼튼AI가 글을 더 자연스러운 말투로 바꿔 주었습니다. 'AI 탐지 방어' 기능은 AI가 탐지하기 어렵게 만드는 기능도 있습니다. 마음에 안 들면

〈다시 쓰기〉 단추를 누르면 됩니다.

한편, 뤼튼에서 작업을 할 때, 화면 상단의 오른쪽에 '실시간 뉴스'가 계속
나옵니다. 이것 또한 AI 플랫폼을 지향하는 뤼튼의 흥미로운 특징입니다.
AI의 응답을 기다릴 때 몇 십초라도 덜 심심하고 생동감이 느껴집니다.

TIP

뤼튼의 실시간 트렌드 키워드와 포화도

블로그 글쓰기 화면에서 〈추천 받기〉를 누르면 추천 키워드가 나오는데,
키워드 옆에 포화도가 표시됩니다. 포화도가 높을수록 그 키워드에 대한
경쟁이 치열하다는 것입니다. 내 콘텐츠가 눈에 띄기 어렵겠죠. 포화도가
낮을수록 상대적으로 경쟁이 적어 더 쉽게 주목받을 수 있습니다.

　'실시간 트렌드' 탭을 누르면 실시간 뉴스 트렌드 키워드들을 볼 수 있
습니다. 이는 뤼튼이 AI 플랫폼을 지향하고 있음을 보여줍니다.

폴라리스 오피스의 AI 에이전트 노바

폴라리스 오피스(Polaris Office)는 전 세계에서 가입자가 1억 3천만 명이며, 9억대 이상의 스마트폰에서 사용되고 있는 문서 뷰어·편집 앱으로 인기가 높습니다. 2023년 3월 폴라리스 오피스에 AI를 접목해 큰 화제가 되었습니다. 고급 AI 기능으로 'AI 라이트', 'AI 템플릿', '텍스트 투 이미지' 등을 제공하며, 클라우드에서 공유 및 실시간 공동편집이 가능하고, 개인 맞춤형 작업도 가능합니다.

나만의 개인비서, 폴라리스 오피스 AI

폴라리스 오피스는 2024년 8월 AI 에이전트 '노바'를 공개했습니다. 웹의 메인 화면에서 다양한 형식의 파일(MS 워드, 엑셀, 파워포인트, 한글, PDF)을 열어 AI 서비스를 직관적인 인터페이스로 쉽게 사용할 수 있습니다. 대화로 작업을 요청할 수 있으며, 문서를 올리고 질의나 요약도 할 수 있습니다. 또한 GPT-4o를 통해 프롬프트 입력만으로 이미지를 생성할 뿐만 아니라 분석도 바로 할 수 있습니다. 자료 검색 및 일정 관리 기능도 있어서 명실공히 개인 비서 역할을 톡톡히 하는 AI 에이전트입니다.

폴라리스 오피스는 누구나 다운받아 설치가 가능하며, 회원 가입시 다양한 AI 기능을 사용할 수 있는 100크레딧을 제공합니다. 유료 플랜인 AI 플랜(월 14,900원)은 월 3,000크레딧을 주며, AI 플러스 플랜(월 24,900원)은 무제한 사용이 가능합니다.

1. 폴라리스 오피스 사이트(www.polarisoffice.com)에 접속한 후 상단 메뉴에서 '회원가입'을 눌러 회원으로 가입하세요. 네이버, 카카오톡, 구글, 페이스북, 애플과 연동되어 있어서 회원가입을 간편하게 할 수 있습니다.

2. 폴라리스 초기 화면의 상단 메뉴에서 '다운로드'를 클릭하세요. 설치파일 다운로드 화면이 열리면 '개인용'의 'Best Download'에서 무료 체험판을 다운받아 폴라리스 오피스를 설치하세요. 폴라리스 오피스는 윈도우 외에 Mac, 안드로이드, iOS도 모두 지원합니다. PC뿐 아니라 스마트폰 등 여러분이 보유한 기기로 언제든지 사용할 수 있습니다. 여러분의 기기에 맞는 버전을 다운받아 설치하세요.

QR코드를 스캔하여 회원가입하면 폴라리스 오피스 AI를 1개월 동안 무료로 체험할 수 있습니다.

3. 폴라리스 오피스 설치가 끝나고 환영 메시지가 뜨면 〈로그인 하기〉를 누르세요.

4. 회원정보 입력 화면이 열리면, 회원정보를 입력한 후 〈입력 완료〉를 클릭하세요. 폴라리스 오피스 AI를 사용할 수 있는 100크레딧이 추가로 지급됩니다.

5. 폴라리스 오피스 메인 화면이 나타납니다. 인터넷이 되는 곳이라면 어디서든 PC, 스마트폰, 태블릿 등에서 실행할 수 있습니다. 한글, 시트, 슬라이드, 워드 바로가기가 보이네요. 또 프로그램 설치를 하지 않더라도 폴라리스 오피스 웹사이트에서 바로 이용할 수도 있습니다. URL을 즐겨찾기를 해놓거나, 네이버에서 '폴라리스 오피스 웹'을 검색해 들어가면 됩니다.

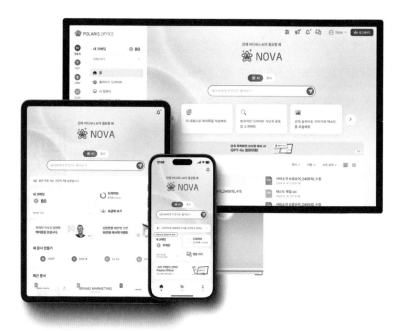

노바 AI로 프레젠테이션 파일을 뚝딱

1. 오피스 PC 앱에서 슬라이드(PPTX)를 열어보겠습니다. 상단 메뉴에서 'AI 도구'를 선택한 뒤 'NOVA AI 채팅'을 누르세요.

2. 오른쪽 화면에 생성형 AI 대화창이 나타납니다. 여기서는 2025년 전기차 시장에 대해 물어볼게요.

> 2025년 전기차 시장의 성장 전망을 알려줘.

3. 다음과 같이 응답을 해주네요. 응답이 마음에 안 들면 아래쪽의 '다시 생성'을 누르면 됩니다. 여기서는 '문서에 삽입'을 눌렀더니 문서에 삽입됩니다. 이처럼 생성형 AI에게 응답을 받은 후 바로 문서에 삽입할 수 있는 것이 장점입니다.

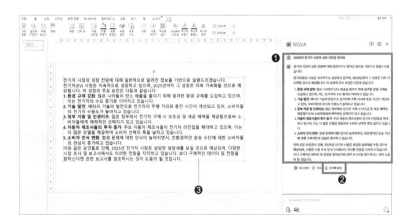

4. 전기차 시장 보고서 PPT의 표지에 사용할 이미지를 생성해 달라고 해 보겠습니다. 이미지가 마음에 들면 〈문서에 삽입〉 단추를 누릅니다.

5. 표지 이미지의 배경을 제거하거나, 해상도를 높이거나 이미지 리메이크 등 편집도 가능합니다. 이미지를 선택한 상태에서 AI 도구를 클릭하면, 이미지를 업로드하지 않고도 바로 기능을 사용할 수 있습니다. 다음은 차 량 이미지만 사용하고 싶어서 복잡한 배경을 제거했을 때의 모습입니다.

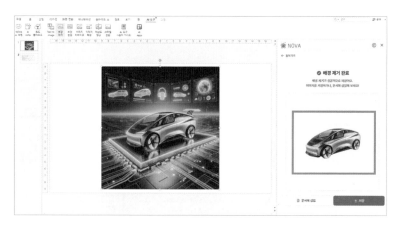

6. 현재 PPT는 가로로 긴 문서인데, 이미지는 정사각형입니다. 표지에 어울리게 가로 대 세로의 비율을 16:9로 선택하고 〈이미지 확장〉 단추를 누르면 이미지를 좌우로 확장해 줍니다.

노바 AI의 문서 분석 기능 이용하기

노바 AI 에이전트를 이용하면 첨부한 문서의 내용을 요약하고, 키워드를 추출하고, 주제를 분석할 수 있습니다.

1. 노바 사이트에서 분석할 파일을 연 다음 '파일 첨부' 아이콘을 클릭한 후,

나타나는 〈현재 문서 분석하기〉 단추를 클릭하세요.

2. 열려 있는 문서를 바로 분석해 줍니다. 무료 계정도 여러 개의 문서를 첨부해서 질문할 수 있습니다.

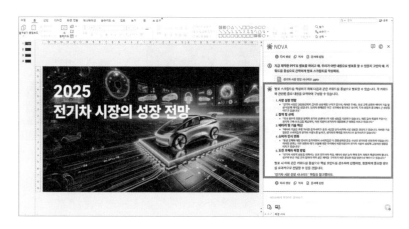

AI 고급 기능 ① - Write로 초안 완성

앞의 실습에서 답변받아 문서에 삽입해 둔 글을 조금 더 고도화해 보겠습니다.

1. 앞에서 만든 PPT 문서의 문장을 늘려보죠. 원하는 텍스트를 드래그하여 선택한 뒤 상단 메뉴에서 'AI 도구→AI Write'를 클릭하세요.

2. 선택한 텍스트가 바로 오른쪽의 '주제 작성하기'에 자동 입력됩니다. 사용할 언어 모델의 버전은 '클로드 3.5 소넷', 글 형식은 '문장', 작성할 글자 수는 '길게'를 선택한 후 〈글 작성하기〉를 눌러보겠습니다.

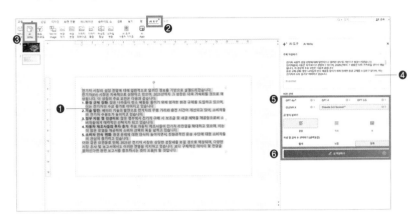

3. 문장이 늘어났습니다. 마음에 들지 않으면 〈다시 만들기〉를 클릭하면 되고, 내용이 마음에 들면 〈문서에 삽입하기〉를 누릅니다. 다음과 같이 글이 삽입되었습니다.

4. 이번에는 문서에 표를 넣어보죠. 사용할 언어 모델의 버전은 '클로바X', 글 형식은 '표', 작성할 글자 수는 '보통'을 선택하고 글 작성하기를 누르면, 텍스트 내용을 깔끔한 표로 만들어 줍니다.

AI 고급 기능 ② - 텍스트 투 이미지로 이미지 생성: 발표 자료 PPT 표지

텍스트를 입력하면 이미지를 생성하는 기능입니다. 이미지 생성형 AI 버전은 달리-3, 스테이블 디퓨전 3에서 선택할 수 있고, 사진, 콘셉트아트, 3D 애니메이션, 레트로, 수채화, 유채화 등 다양한 스타일의 이미지를 생성할 수 있으며, 1:1, 가로와 세로의 비율도 설정할 수 있습니다.

1. 노바 AI 채팅창의 입력란에 다음과 같은 이미지를 만들어 달라고 했습니다.

> 사람과 AI가 협력해 작업하는 모습을 나타내는 창의적인 일러스트, 혁신적이고 독창적인 디자인 요소가 포함된 이미지를 주제로 스테이블 디퓨전 용의 프롬프트를 만들어 줘.

2. 금방 영문으로 된 프롬프트를 생성해 주는데, 이 프롬프트를 Text to Image에 복사해 넣으세요.

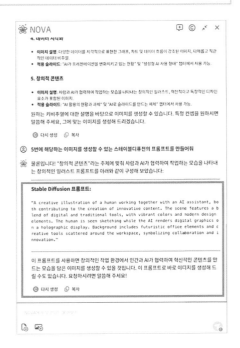

3. 3회 요청해서 3개의 결과를 얻었습니다. 이 중에서 첫 번째 이미지를 선택하겠습니다.

4. 첫 번째 이미지를 PPT 문서에 삽입했습니다. 마우스로 이미지를 적절한 위치로 옮기고 크기를 조정하면 됩니다.

노바 AI 채팅으로 요약도 번역도 한번에 OK

1. 문서 작성 중 다른 파일 내용을 요약해서 삽입할 수 있습니다. AI 채팅에서 해당 파일을 첨부한 뒤, 아래와 같이 요청하고 〈보내기〉 단추를 누르세요.

> 스마트 헬스케어 밴드 출시 보도자료야. 500자로 요약해 줘

2. 보도자료를 깔끔하게 요약해 줍니다.

3. 영문 자료를 번역하고 싶다면, 번역하고 싶은 부분을 드래그해서 AI 채팅에 붙여넣기를 합니다. 그리고 "번역해 줘"라고 하면 원하는 언어로 문장을 번역해 줍니다. 답변 아래의 〈문서에 삽입〉 단추를 클릭하면 번역 결과가 바로 문서에 들어갑니다.

폴라리스 AI 이미지 도구 사용하기

AI 이미지 도구 중 폴라리스 오피스에서 자체 개발한 기능도 있습니다. 문서 내 핵심 내용을 시각화해서 한눈에 보여주는 '워드 클라우드', '배경 제거', '해상도 향상', 그리고 그림 스타일을 클릭 한 번으로 바꾸는 '스타일 변환' 등의 기능이 있습니다.

AI 에이전트, 노바의 비전

폴라리스 오피스 AI 노바는 AI 어시스턴트로서 각각의 기능을 수행하는 것을 넘어, 사용자의 요청과 의도를 정확히 해석해 자율적으로 실행 계획을 수립하는 에이전트로 발전할 것으로 보입니다. AI를 통한 문서 작업의 새로운 패러다임을 제시하고, 누구나 쉽게 AI의 효용을 누릴 수 있는 환경을 제공할 것으로 전망됩니다. 앞으로도 노바에 최신 AI 기능들을 빠르게 도입해 모든 사용자가 그 혜택을 누릴 수 있게 할 예정으로 보여 기대가 됩니다.

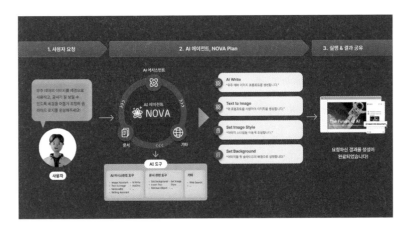

데이터 시각화의 끝판왕, 냅킨

냅킨(Napkin)은 몇 가지 키워드나 설명을 입력하면, 복잡한 아이디어나 데이터를 그래프나 다이어그램 등 깔끔한 인포그래픽으로 시각화해 줍니다. 회사에서 PPT 만들 때마다 데이터 시각화 때문에 고민했던 분들에게는 정말 가뭄에 단비 같은 도구로, 직관적인 인터페이스 덕분에 쉽게 사용할 수 있습니다.

1. 냅킨 사이트(napkin.ai)에 접속한 후 〈Get Napkin Free〉 단추를 누르세요.

처음 가면 로그인 과정이 나오는데, 구글 계정으로도 로그인할 수 있습니다. 화면 위쪽의 'Pricing'을 누르면 요금제 페이지가 열리는데, 현재는 베타 기간이라 프로페셔널 플랜도 무료로 사용할 수 있습니다.

2. 새 냅킨 화면이 열리는데, 여기서 하나의 시각화 프로젝트를 할 수 있습니다. 여러 개를 해야 한다면 하나를 하고 나서 ⟨New Napkin⟩ 단추를 누르면 됩니다.

❶ **스파크 서치:** 특정 주제에 대한 인사이트나 다른 사람들이 만든 유사한 시각화 사례 검색
❷ **레이블:** 텍스트 추가 기능. 시각화에 설명이나 레이블 등 텍스트 추가
❸ **스케치:** 직접 드로잉 또는 라인 추가 기능
❹ **이미지:** 외부 이미지 삽입 기능
❺ **라이브러리**(Library): 이전에 생성한 시각화(Napkin)들을 모아둔 곳

3. 메모장 같은 냅킨이 열립니다. 여기서는 다음과 같은 가상 사례를 넣었습니다. 만약 수십 페이지의 글이라면 복사해서 붙인 다음, 시각화할 부분을 드래그해서 선택한 뒤 '번개' 아이콘(Generative Visuals)을 누르면 됩니다.

> 2025년 상반기 출시 예정인 신규 모바일 앱 'EcoLife'의 핵심 목표는 사용자들이 지속가능한 생활방식을 쉽게 실천하도록 돕는 것입니다. 주요 기능에는 일일 에너지 소비 모니터링, 탄소 발자국 계산기, 지역 재활용 센터 위치 안내, 친환경 제품 추천 등이 포함됩니다.
> 출시 후 초기 사용자 확보 전략으로는 다음과 같은 채널을 활용할 계획입니다: 소셜 미디어 마케팅, 인플루언서 협업, 생태 관련 커뮤니티와의 파트너십, 무료 체험 이벤트

4. 그러면 여러 스타일의 인포그래픽들이 나타납니다. 마음에 드는 것의 ▶ 를 누르면 유사한 스타일의 더 많은 인포그래픽이 나타납니다. 냅킨은 인포그래픽들이 굉장히 풍부한 것이 큰 장점입니다. 마음에 드는 시각화 가 있으면 클릭해서 선택합니다(참고로 비주얼 제안 영역이 사라지면 다시 텍스트 영역 왼쪽에 있는 '번개' 아이콘을 누르면 됩니다).

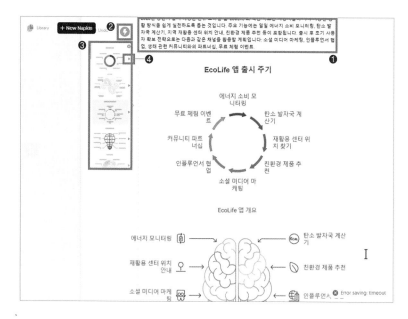

5. 냅킨에 들어간 시각화의 요소들은 모두 개별적으로 편집할 수 있습니다. 글자라면 내용을 바꿔 쓸 수 있고, 서체, 크기, 색상, 정렬방식 등의 서식 도 바꿀 수 있습니다. 각 요소를 마우스로 클릭한 후 기능을 선택하면 됩 니다. 도식 전체의 크기를 조절하고 싶으면, 마우스로 드래그해 전체를 선택한 후 움직이거나 조절하면 됩니다.

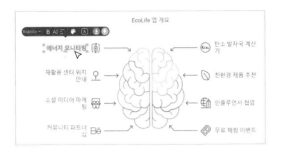

6. 이제 도식을 다운 받아서 PPT 문서에 넣어보죠. 마우스 드래그로 원하

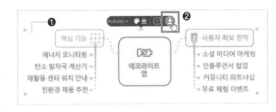

는 도식의 여러 요소들을 한꺼번에 선택한 다음 '다운로드' 단추를 클릭하세요.

7. 이제 도식 파일을 저장하면 됩니다. PPT에 도식을 넣으려 한다면 'PNG' 또는 'SVG'를 선택하세요. 여기서는 이미지 파일인 'PNG'로 저장하겠습니다. 글자나 선의 옵션은 컬러 모드는 'light', 배경은

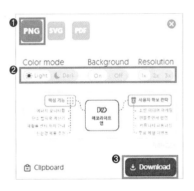

투명하게 하기 위해 'Off'를 선택한 후 〈Download〉 단추를 눌러 저장하겠습니다. 참고로, SVG 형식으로 저장하면 나중에 PPT에 이미지로 삽입한 후에도 각각의 요소들을 따로 독립적으로 편집할 수 있습니다. 벡터 방식이라 개체의 크기를 늘리거나 줄여도 깔끔한 상태를 유지합니다. PPT에 쓰실 분들이라면, SVG 파일로 저장하는 것이 편의성이 좋을 것입니다.

캔바로 인포그래픽 들어간
통계 PPT 만들기

―――――

캔바(Canva)는 간편한 사용자 인터페이스와 다양한 템플릿을 제공합니다. 거의 모든 작업을 마우스 클릭과 드래그로 처리할 수 있을 만큼 직관적인 인터페이스가 인상적입니다. 소셜 미디어 이미지와 동영상, 프레젠테이션, 포스터, 명함, 인포그래픽, 로고 등 다양한 디자인 작업을 지원합니다.

여기서는 캔바의 차트 기능을 이용해 통계를 인포그래픽으로 시각화하는 PPT를 만들어 보겠습니다. 차트 기능은 PPT, 인스타 게시물, 동영상 등 업무 분야로 들어가면 화면 왼쪽 사이드 바 아래쪽에 나타납니다.

1. 캔바(canva.com)에 접속하면 자동으로 한글 웹사이트가 열립니다. 구글 계정으로도 로그인할 수 있습니다. 처음 로그인하면 유료 플랜인 캔바프로 (Pro)를 한 달 동안 무료로 체험할 수 있는 기회를 줍니다.

2. 캔바 페이지가 열리면 '프레젠테이션 새로 만들기'를 클릭합니다.

3. 화면 왼쪽 메뉴에서 '디자인'을 선택한 다음, 템플릿에서 '통계'를 키워드

로 넣어 검색한 후 처음 나온 템플릿을 선택했습니다.

4. 템플릿이 열리는데, 총 10쪽으로 되어 있네요. 첫 페이지는 제목만 수정 할게요. 글자를 선택한 후, 서식 관련 도구막대에서 글꼴이나 크기, 스타 일, 색상, 정렬방식 등을 선택합니다.

5. 이제 두 번째 페이지에서는 '높은 스마트폰 보급률 – 96%'을 표현해 보 겠습니다(템플릿의 원래 두 번째 페이지는 여기서 만들려는 디자인과는 맞지 않아 클릭해 Del 키를 눌러 삭제했음). 템플릿에 원래 있던 막대 그래프를 클릭한 뒤 위쪽 휴지통을 눌러 삭제하고, 왼쪽 메뉴에서 '차트'를 선택한 후 '인포그래픽 차트'를 클릭합니다.

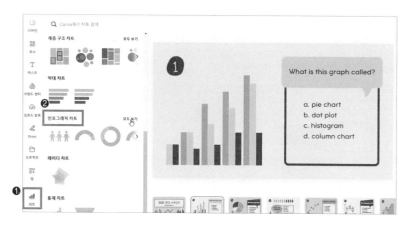

6. 인포그래픽 차트의 레이디얼 프로그레스(Radial progress, 방사형 진행)를 마우스로 끌고 온 다음, 더블클릭해 백분율의 슬라이드바 뒤쪽 숫자 칸에 "96%"라고 입력했습니다. 선 두께, 백분율 라벨, 둥근 모서리, 방사형 차트의 색상, 통계 숫자의 크기와 색상 등은 화면 위쪽 툴바에서 바꿀 수 있습니다.

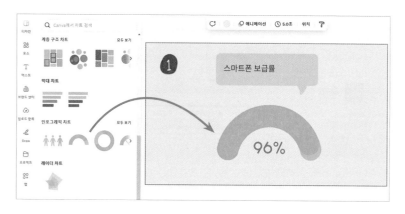

7. 세 번째 페이지에는 '초고령화 사회 – 65세 이상 인구는 총인구의 약 18.4%'를 표현해 보겠습니다. 세 번째 템플릿을 연 뒤 차트를 지우고, 사람 모형이 나오는 차트를 끌고 왔습니다.

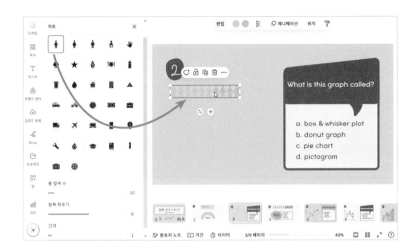

8. 사람 모양 차트를 더블클릭하고, 총 항목수를 100으로 바꾸고, 항목 채우기는 18을 입력했습니다. 색상이 비슷하면 한눈에 구분이 잘 안되니 색상 채우기의 색상은 파랑색으로 바꾸고, 오른쪽의 여러 요소는 삭제하고 말풍선과 제목만 바꿔서 다시 위치를 조정했습니다.

9. 프레젠테이션 시 애니메이션 효과를 주고 싶으면 문서 위쪽의 '애니메이션'을 눌러 마음에 드는 효과를 선택합니다. 효과에 마우스를 올리면 문서에서 바로 애니메이션이 구현되므로 어떤 효과인지 알 수 있습니다.

10. PPT 안에 영상도 넣을 수 있습니다. 왼쪽 메뉴에서 '요소'를 선택한 후 '동영상'을 클릭해 보세요. '노인 인구'로 키워드 검색한 뒤 마음에 드는 영상을 마우스로 드래그하여 문서로 옮기면 됩니다.

11. PPT가 완성되면 화면 오른쪽 상단의 〈공유〉 단추를 클릭한 후 '다운로드'를 눌러 PPTX, PDF, MP4 동영상, JPG 등으로 저장합니다.

캔바는 인터페이스가 정말 직관적이어서 배우기 아주 쉽습니다. 게다가 업무에서 사용하는 대부분의 서식들이 이미 만들어져 있어서 문서 작성의 첫 시작에 들어가는 시간을 많이 아껴줍니다. 화면의 왼쪽 하단 모서리에 있는 '빠른 작업' 아이콘을 누르면 'Magic Write' 기능이 있는데, 문서를 만들다가 내용이 필요할 때 초안을 잘 작성해 줍니다.

내가 말하면 AI가 프로그램을 짜준다, 커서 AI

최근 해외에서 8세 아이가 '커서 AI 코드 에디터'에 해리 포터와 대화할 수 있는 웹 사이트를 만든다며 사람의 말로 타이핑을 하니, AI가 코딩을 해주고, 아이가 결과 화면을 본 후 다시 수정 요청을 해서 기능이 완성되어가는 영상이 유명세를 탄 적이 있습니다. 바로 커서 AI 이야기입니다.

커서 AI 설치하기

1. 커서닷컴 사이트(cursor.com)에서 커서 AI 에디터를 다운받아 설치하세요.

2. 설치 과정 중 사용 언어(Language for AI)를 물으면 '한국어'라고 입력하세요.

3. 다음 질문은 비주얼 스튜디오 코드 익스텐션을 가져올 것인지 묻는데, 코딩을 처음 해보는 분들이라면 익스텐션을 써본 적이 없을 것이므로 그냥 〈Start from Scratch〉 단추를 누르면 됩니다.

4. 여러분이 커서 AI를 사용하면서 겪는 오류 같은 것들을 커서와 공유할

것인지 묻는데, 싫으면 프라이버시 모드를 선택하면 됩니다.

5. 회원가입 절차가 나옵니다. 구글 계정을 갖고 있는 분들은 구글 계정으로 로그인하면 됩니다.

6. 이제 바탕화면에 'Cursor' 아이콘이 생겼습니다. 커서 AI는 무료 플랜인 하비(Hobby) 등급은 2주간만 사용할 수 있습니다. 프로(Pro) 등급은 세전 기준으로 월 20달러(연간 회원 월 16달러), 비즈니스 등급은 월 40달러(연간 회원 월 32달러)입니다. 일단 하비 등급으로 무료 체험을 해보세요.

커서 AI로 숫자 맞히기 게임 만들기

1. 윈도우 탐색기를 열어 앞으로 프로젝트를 저장할 폴더를 미리 하나 만들어 둡니다.

2. 이제 바탕화면에 새로 생긴 'Cursor' 바로가기 아이콘을 더블클릭해서 실행하세요.

3. 커서 AI가 처음 실행되면 화면 가운데에 'Open Folder'가 보입니다(또는 'File' 메뉴의 'Open Folder'를 선택해도 됩니다). 여기를 눌러 조금 전 만든 폴더를 선택합니다. 그러면 아래 화면의 왼쪽에 내가 정한 폴더 이름이 나타납니다. 앞으로 여기서 작업한 프로젝트가 그 폴더에 저장됩니다.

4. 이 상태에서 〈Ctrl+L〉(Add to chat)을 누르면 화면 오른쪽에 채팅창이 생깁니다.

5. 일단 빈 파일부터 만들겠습니다. 'File' 메뉴를 눌러 'New Text File'을 선택합니다. 그러면 화면 중앙의 코드 1행에서 커서가 깜박이고 있습니다. 여기다 코딩을 하라는 것이죠.

6. 일단 그 위쪽에 'untitled-1.py'라는 파일명이 보이는데, 다시 'File' 메뉴를 눌러 'Save As'를 누른 후 'guess_number'라고 이름을 짓고 파일 형식은 'Python'을 선택합니다.

7. 그런데 빈 파일이라도 파이썬 형식으로 저장하니까 화면 하단에 파이썬 익스텐션을 설치하는 게 좋겠다고 나오는데 〈Install〉을 누르세요.

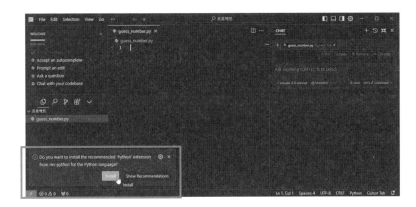

8. 파이썬 익스텐션을 설치하세요. 파이썬 익스텐션이란 파이썬의 기본 기능을 확장하여 성능을 높이거나 특정 기능을 추가할 수 있는 추가 모듈 또는 라이브러리입니다. 예를 들어 NumPy라는 라이브러리를 추가해 주면 대규모 배열과 행렬 연산을 지원해 복잡한 수치 및 과학 연산에 필수적인 기능을 덧붙여 주고, Pandas 라이브러리는 데이터 분석과 처리에 최적화된 기능을 덧붙여 줍니다.

9. 이제 채팅창에 사람에게 말하듯이 간단한 게임을 짜보라고 요청해 보겠습니다.

> 1에서 100까지의 숫자 중에서 컴퓨터가 한 숫자를 랜덤으로 선택하고, 사용자가 맞히는 게임을 만들어 줘. 사용자가 숫자를 입력하면 정답보다 큰지, 작은지 알려줘야 해. 정답을 맞히면 몇 번 시도 만에 맞혔는지 알려줘.

10. 커서 AI가 코드를 만들어 줍니다. 코드 바로 윗줄에 Ask, Copy, Apply가 있는데, 여기서는 이 코드를 바로 적용할 것이므로 〈Apply〉를 누릅니다.

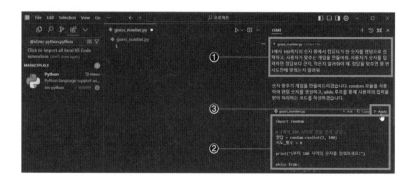

11. 그러면 코드가 편집기로 들어옵니다. 이 코드를 승인하고 싶으면 코드 위쪽의 〈Ctrl+Shift+Y〉를, 버리고 싶으면 〈Ctrl+N〉을 선택합니다.

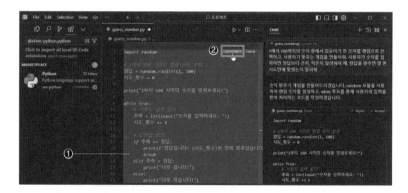

12. 이 코드가 잘 작동하는지 실행해 보겠습니다. 화면 상단에 있는 'Run' 메뉴에서 'Start Debugging'을 선택한 후 Python File을 클릭하세요.

13. 코드에 오류가 없는지 체크하고 바로 실행합니다. 화면 중앙 하단에 터미널 창이 생기면서 "1부터 100 사이의 숫자를 맞혀보세요"라는 메시지가 나옵니다. 이제 특정 숫자를 입력하면 크다든가, 작다든가 하는 힌트를 줍니다. AI가 짜 준 코드는 수정도 가능한데, 수정하고 싶은 행을 마우스로 드래그하여 선택하면, 바로 위에 〈Add to Chat〉과 〈Edit〉가 뜹니다. 말로 수정을 시키든, 직접 코드를 고치든 할 수 있는 것이죠.

14. 1부터 100 사이의 숫자를 입력하라고 했지만, 어떤 사람이 150을 입력하면 어떻게 될까요? 그냥 '너무 큽니다'라는 메시지가 나옵니다. 안 될건 없지만, 원래 게임의 룰을 벗어난 경우는 '1~100 사이의 숫자를 입력하세요'라는 메시지를 출력하도록 고쳐봅시다. 코드 11행을 마우스

로 드래그한 뒤 〈Add to Chat〉을 누릅
니다. 그냥 프롬프트 입력란에 내 요구
사항을 적어서 지시해도 됩니다.

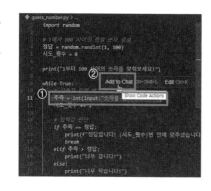

15. 이제 오른쪽 채팅창에 11행 코드가 뜨
면 그 아래에 내가 원하는 바를 입력하
고 Enter 를 칩니다.

16. 커서 AI가 원래의 반복문 안쪽에 입력된 숫자가 1보다 작거나 100보다
큰 경우를 판별하고, 그 경우 '1~100 사이의 숫자를 입력하세요!'와 같
은 메시지를 출력하는 코드를 삽입한 것을 볼 수 있습니다. 〈Accept〉
를 누릅니다.

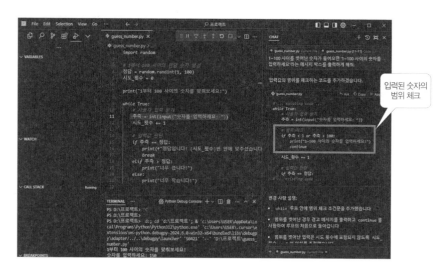

17. 새 코드가 이전 코드 사이에 들어오는데, 일단 초록색으로 표시된 영역입니다. '이렇게 고칠 건데 괜찮을까요?'라는 뜻이겠죠? 새 코드 위쪽의 〈Ctrl+Shift+Y〉를 눌러줍니다.

18. 이제 다시 12~13번 과정을 참고해서 실행해 보세요. 프로그램이 실행되는 터미널 창에 일부러 110을 넣었더니 '1~100

사이의 숫자를 입력하세요!'라는 문장이 정상적으로 출력됩니다.

커서 AI로 테트리스 게임 만들기

1. 커서 AI는 엄청난 양의 프로그래밍 코드를 학습했기 때문에 웬만한 게임도 금방 뚝딱 만들어 줍니다. 테트리스 게임을 만들어 달라고 해보겠습니다. 화면 상단에서 'File' 메뉴를 눌러 'New Text File'을 누릅니다.

2. 〈Ctrl+L〉을 누른 다음 사람에게 말하듯이 다음과 같이 요청했습니다.

> 파이썬으로 테트리스 게임을 만들어 줘.

3. 오른쪽 채팅 창에 코드가 만들어집니다. 〈Accept〉 단추를 눌러 코드를 불러들이고, 〈Ctrl+Shift+Y〉를 클릭해 승인합니다. 그리고 저장하세요

4. 정상적으로 작동할지 디버깅(오 류 찾기)을 해보겠습니다.

"tetris.py" 파일 1행에 오류

가 있다고 메시지가 뜨네요. 오류 내용을 읽어보니, 이 테트리스 같은 게임을 만들 때 그래픽이나 소리 같은 기능을 추가해 주는 'pygame'이라는 파이썬 라이브러리가 내 컴퓨터에 설치되지 않아서 발생하는 문제라고 합니다. 앞서 7번 단계에서 파이썬 익스텐션을 설치했지만, 이 라이브러 리는 그 안에 들어 있지 않았다는 뜻입니다.

5. 이제 pygame 라이브러리를 설치해 볼게요. 상단 메뉴에서 'View' 메뉴의 'Terminal'을 선택하세요.

6. 화면 중앙 아래에 터미널 창이 열립니다. 아까 숫자 맞히기 게임을 할 때 봤던 바로 그 터미널 창입니다. 다음과 같이 명령어를 입력하고 $\boxed{\text{Enter}}$ 를 치면 라이브러리를 검색해서 가져온 뒤 내

컴퓨터에 설치합니다. 이후 다른 라이브러리가 필요하다고 하면 같은 요령으로 설치하면 됩니다.

---

pip install pygame $\boxed{\text{Enter}}$

---

7. 이제 다시 테트리스 게임을 실행했는데, 블록이 하나만 떨어지고 시스템이 멈추는 현상이 생겼습니다. 그래서 채팅 창에서 오류를 해결해 달라고 요청했고, 커서 AI가 코드를 수정해 주었습니다. 다시 코드를 보면 빨간색과 초록색 부분이 있는데, 초록색 부분을 승인하면 빨간색 영역의 코드를 대체합니다. 이런 식으로 코드 오류가 나면 AI와 채팅으로 해결하면 됩니다.

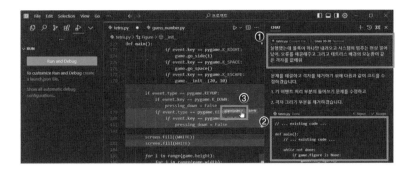

8. 코드를 수정해서 실행했더니, 게임이 정상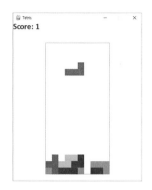
적으로 실행됩니다. 블록이 떨어질 때, 키
보드의 좌/우 화살표로 블록을 원하는 방
향으로 움직일 수 있고, 위쪽 화살표로 시
계 반대 방향으로 90도씩 돌릴 수 있고, 아
래쪽 화살표로 떨어지는 속도를 빠르게 할
수 있습니다. 모두 정상입니다. 이후에라도 다시 오류가 일어나면 이 소
스 코드를 열어놓고 디버깅을 하면 됩니다. 다시 오류가 나면 커서 AI에
게 증상을 알려주고 해결책을 알려달라고 하면 되는 것이죠.

9. AI와 함께 만든 테트리스 게임을 윈도우 환
경에서 실행할 수 있는 실행 파일로 만들어
볼까요? 파이썬 코드를 실행 파일(.exe)로 만
들려면, PyInstaller 패키지(파이썬의 여러 모듈을 묶어놓은 것)가 필요합니다.
6번 과정을 참고하여 이 패키지를 설치해 줍니다.

```
pip install pyinstaller Enter
```

10. 이제 PyInstaller 패키지를 설치했으므로 'tetris.py' 파일을 'tetris.exe' 파
일로 만들면 됩니다. pyinstaller 명령어 뒤에 한 칸을 띄우고 자신의 프
로젝트 폴더 경로를 아래 방식처럼 써주면 됩니다.

```
pyinstaller "D:₩프로젝트₩tetris.py" Enter
또는
pyinstaller --onefile "D:₩프로젝트₩tetris.py"
Enter
```

11. 이제 프로젝트 폴더(1번 단계에서 만든 폴더)를 열면, '프로젝트'에 소스 코드, 그러니까 텍스트 파일(tetris.py)이 있습니다. 우리가 찾는 실행 파일(.exe)는 'dist' 폴더 안에 있습니다('build' 폴더에 있는 파일은 빌드 과정 중 생긴 임시 파일, 'dist(배포)' 폴더에는 완성된 파일). dist 폴더의 하위에 있는 'tetris' 폴더로 들어가면 그 안에 'tetris.exe' 파일이 있습니다. 이 파일을 더블클릭해 보세요.

12. 이제 여기서 만든 테트리스 게임이 실행됩니다.

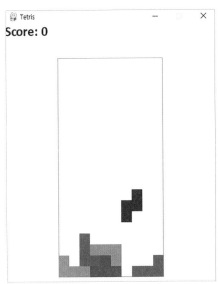

＊ **10번 단계에서 ――onefile 옵션을 사용한 이유**
우리가 만든 소스 파일은 텍스트 파일 1개이지만, 실제로는 여러 개의 라이브러리와 설정 파일들이 별도의 하위 폴더에 저장됩니다. 반드시 ――onefile 옵션을 사용해야 하는 것은 아니지만, 모든 내용을 하나의 파일로 묶어주기 때문에 남에게 배포할 때는 파일 하나(tetris.exe)만 주면 되므로 편리합니다.

어떠셨나요? 코딩을 한 번도 해본 적이 없는 사람도 아이디어가 있다면, 커서 AI와 협업으로 뭔가 만들어볼 수 있을 것 같지 않나요? 대학생, 연구원, 직장인들이 단순 반복적인 업무로 시간을 많이 뺏기고 있다면, 조금만 관심을 가지면 내 업무용 프로그램도 개발할 수 있을 것 같습니다. 전문 개발자가 아니더라도 자신이 원하는 것을 구현할 수 있는 커서 AI, 써보면서 정말 놀라웠습니다.

TIP

AI를 내 맞춤형으로, 파인튜닝

파인튜닝(fine-tuning)은 이미 학습된 AI 모델을 특정한 상황이나 목적에 맞게 더 학습시키는 과정을 말합니다. 챗GPT 같은 거대언어모델은 많은 데이터를 기반으로 학습하지만, 다양한 분야를 포괄할 뿐 특정 분야에 특화되어 있지 않습니다. 그래서 특정한 상황에서 더 나은 성능을 발휘하려면 파인튜닝이 필요합니다.

처음부터 모델을 새로 학습시키는 것은 많은 시간과 비용이 들기 때문에, 파인튜닝을 통해 기본적인 능력을 가진 모델을 특정 목적에 맞게 조정하는 것이 훨씬 효율적입니다. 파인튜닝 부분은 ㈜루키스 Safety Care 사업본부 서광민 이사님의 도움을 받았습니다.

파인튜닝은 AI의 효율성을 높이는 데도 큰 도움이 됩니다. 거대언어모델은 다양한 질문에 답할 수 있지만, 특정 작업에 대해서는 더 많은 자원이 소모될 수 있기 때문입니다.

1단계: 질문/답변 데이터를 CSV 파일로 저장하기

AI 모델을 특정한 목적이나 상황에 맞게 파인튜닝을 하기 위해서는 추가 데이터를 학습시켜야겠죠? AI가 더욱 효율적이고 신뢰성 있는 응답을 하게 하려면, 우선 학습시킬 데이터를 수집, 정제, 레이블링, 분할, 포맷팅을 하는 단계가 필수적입니다.

데이터 수집 | 먼저, 특정 도메인(서비스 분야)이나 목적에 맞는 데이터를 모읍니다. 고객센터 관련 AI 모델을 파인튜닝 하려면, 고객의 주요 질문, 이에 따른 답변, 꼭 안내해야 할 서비스 내용 등의 데이터가 필요하겠죠? 이때 모델이 파인튜닝을 통해 어떤 일을 하게 될지를 명확히 하는 것이 중요합니다.

또한 웹사이트, 문서, 기록된 대화, 논문 등 다양한 데이터를 모아야 합니다. 같은 유형의 데이터만 있으면 AI가 그 패턴에만 익숙해질 수 있기 때문입니다.

이제 수집된 데이터는 엑셀 파일에서 왼쪽에 질문, 오른쪽에 답변을 넣고, 그 가운데는 파이프라인 기호 '|'로 구분합니다.

> 제품 주문과 결제를 완료했는데 언제 배송되나요? | 네 고객님, 주문 완료 후 배송일은 2일 정도 걸립니다.

질문과 답변의 기초 데이터는 최대한 많으면 많을수록 좋습니다. 데이터가 풍부하면 그만큼 학습이 정교하게 되기 때문입니다.

데이터 정제 | 수집된 데이터는 대부분 그대로 사용할 수 없으므로, 데이터를 정리하고 정제합니다. 오타나 잘못된 문장구조, 중복 데이터, 지나치게 복잡하거나 과도한 정보를 정리하는 것이죠.

레이블링 | 데이터를 카테고리나 특정 기준에 맞게 분류, 정리합니다. 예를 들어 AI가 고객 문의에 대한 답변을 하도록 파인튜닝을 한다면, 문의 유형(예: 반품, 주문, 결제 문제 등)마다 데이터를 분류할 수 있겠죠. 이를 통해 AI가 각 상황에 맞는 답변을 더 정확하게 제공할 수 있게 됩니다.

레이블링 작업은 매우 중요한 단계입니다. AI는 사람이 레이블을 붙인 데이터를 기반으로 학습하기 때문에, 어떤 레이블을 붙이느냐에 따라 모델의 성능이 크게 달라집니다. 초보자도 쉽게 할 수 있는 작업이지만, 정확하게 하기 위해서는 세심한 주의가 필요합니다.

데이터 분할 | 이제 파인튜닝을 위해 준비된 데이터를 학습용 데이터와 테스트용 데이터로 분할합니다. AI가 학습한 내용을 테스트하고 평가하기 위해서입니다. 예를 들어 준비된 데이터의 80%는 학습용으로 사용하고, 나머지 20%는 테스트용으로 남겨둡니다. 모델이 학습한 후 테스트 데이터를 사용해 모델의 성능을 평가하기 위해서입니다.

포맷팅 | 마지막으로 이렇게 정리된 엑셀 파일을 저장하는데, 이때 파일 형식을 CSV 파일로 저장합니다. CSV 파일은 쉼표로 구분되는 텍스트 데이터 파일 형식입니다. 예를 들어 이름·나이·직업 등의 정보를 한 줄에 저장할 때, 각 항목을 쉼표(,)로 나누는 것이죠. CSV 파일은 텍스트 형식으로 작성되며, 엑셀이나 구글 스프레드시트 같은 프로그램에 쉽게 입력할 수 있는 게 특징입니다.

2단계: 파이썬에서 CSV 파일을 JSONL 파일로 저장하기

앞에서 만든 데이터 파일인 CSV 파일을 제이슨 라인즈(jsonl) 파일로 저장합니다. 이 파일은 제이슨 파일(JSON, JavaScript Object Notation) 형식의 데이터를 한 줄씩 저장하는 텍스트 파일입니다. 이 작업은 마이크로소프트가 개발한 오픈 소스 코드 편집기인 '비주얼 스튜디오 코드'에서 오픈AI가 공개한 소스 코드를 활용해 쉽게 할 수 있습니다.

1. 먼저 다음의 주소에서 비주얼 스튜디오 코드 프로그램을 다운받으세요.

비주얼 스튜디오 코드 다운로드: code.visualstudio.com/download

2. 다운로드한 설치 파일을 실행, 설치할 경로를 선택하고 〈Next〉를 클릭
   합니다. 다음 과정에서 추가 옵션을 선택하고 〈Next〉를 누릅니다. 이
   어서 〈Install〉을 클릭하여 설치를 진행한 후 설치가 완료되면 〈Finish〉
   를 클릭합니다.

3. 비주얼 스튜디오 코드가 열립니다. 파이썬 프로그램을 사용하기 위해
   'Python Extension'을 설치합니다.

4. 이제 오픈AI 사이트(openai.com)에 접속한 후 상단 메뉴에서 'Products→
   APIlogin'을 클릭하세요. 오픈AI에 API로 로그인을 하는 것입니다.

5. 화면 오른쪽 상단의 'Dashboard'를 클릭한 후, 왼쪽 메뉴에서 맨 아래의 'API keys'를 눌러 고유 API 키를 발급받으세요.

6. API 키를 사용하려면 결제해야 하므로 미리 충전을 해놓겠습니다. 오른쪽 상단의 내 프로필 사진을 클릭한 후 'Your profile'을 누르세요.

7. 이제 왼쪽 메뉴에서 'Billing'을 누른 후 충전을 합니다. 테스트용이라면 2~3만원 정도만 충전해도 됩니다.

이렇게 API 키를 발급받고 충전도 완료했다면 모든 준비가 끝났습니다.

　이제 비주얼 스튜디오 코드에서 파이썬 프로그램으로 CSV 파일을 불러와 제이슨 라인즈(jsonl) 파일로 저장해 보겠습니다.

1. 먼저 비주얼 스튜디오 코드를 실행한 후 CSV 형식으로 저장된 파일을 확인합니다. 비주얼 스튜디오 코드가 실행되는 폴더와 CSV 파일이 같

은 폴더에 존재하도록 합니다. 그리고 아래 이미지를 보세요. 여기에 나타난 파이썬 코드는 오픈AI에서 직접 공개한 코드입니다.

2. API 메뉴에서 오른쪽 상단의 'API reference'를 클릭하면 각종 공개된 파이썬 코드를 확인할 수 있습니다. 이것을 복사해서 비주얼 스튜디오 코드에 붙여넣기만 하면 됩니다.

| Playground | Dashboard | Docs | **API reference** |

3. 다음의 비주얼 스튜디오 코드는 CSV로 저장한 질문·답변 파일을 불러와 제이슨 라인즈(jsonl) 파일로 만들어 주는 과정입니다. 오픈AI에서 알려준 기본적인 파이썬 코드에 해당 CSV 파일 이름을 입력해 주고(위에서 4번째 줄, dataset2.csv) 코드 중간의 "AI 상담사입니다. 안녕하세요?"는 자신의 인사말에 맞게 수정해 주면 됩니다.

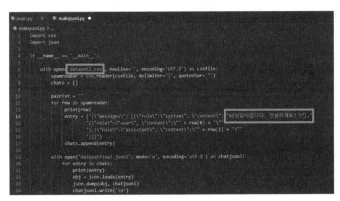

4. 이렇게 한 다음 〈F5〉 키를 누르거나, 또는 비주얼 스튜디오 코드의 상단 메뉴에서 'RUN→Start Debugging'을 눌러줍니다.

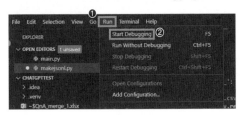

5. 그러면 제인즈 라이너(jsonlL) 파일이 생성됩니다. CSV 파일이 저장된 폴더에 들어가 보면 이 파일이 생성된 것을 확인할 수 있습니다. 이렇게 JSONL 파일이 만들어졌으면 이를 파인튜닝에서 학습시킬 차례입니다.

3단계: JSONL 파일을 GPT 파인튜닝에 가져와 모델 학습시키기

앞에서 만든 질문과 답변이 정리된 JSONL 파일을 오픈AI의 GPT 파인튜닝에 업로드하고 학습을 진행하는 단계입니다.

1. 오픈AI 사이트(openai.com)에서 오픈AI에 API 로그인을 하세요. 상단 메뉴에서 'Products→APIlogin'을 누르면 됩니다.

2. 오른쪽 상단 메뉴에서 'Dashboard'를 클릭해서 대시보드를 여세요. 그런 다음 왼쪽 메뉴에서 'Fine-tuning'을 클릭합니다.

3. 파인튜닝 대시보드가 열리면, 새 파인튜닝 환경을 준비하기 위해 〈Create〉 단추를 누르세요.

4. '파인튜닝' 새 창이 열립니다. 상단에서 기본모델을 선택하세요. 여기서는 최신 오픈된 'gpt-4o-mini-2024-07-18' 모델을 선택하겠습니다.

5. 이번에는 학습시킬 데이터, 즉 앞에서 만든 JSONL 파일을 드래그하여 업로드합니다.

6. 마지막으로 맨 하단의 하이퍼 파라미터인 배치 크기(Batch size), 학습률 배수(Learning Rate multiplier), 그리고 전체 데이터셋을 몇 번 반복해서 학습할지를 나타내는 에포크(epochs) 수의 숫자를 변경해 줍니다. 만약 학습할 데이터가 몇 만 개가 아니라면 그냥 'auto'로 놔두면 됩니다.

　하이퍼 파라미터는 학습의 효율을 더 높이는 데 의미가 있습니다. 기본적으로 배치 크기를 기준으로 생각하면 되는데, 사이즈 숫자를 높일 때는 그만큼 학습할 데이터가 많을 때입니다. 그래서 배치 크기를 기준으로 해당 값을 높이면 다른 값들도 높여주면 됩니다. 하지만 정해진 기준은 없기 때문에 스스로 학습을 하며 최적의 결과를 얻어야 합니다. 이렇게 학습이 완료되면 모델명이 생성됩니다.

4단계: 파인튜닝한 모델 테스트하기

학습이 완료된 최종 모델이 나오면 비주얼 스튜디오 코드에서 오픈AI에 공개된 코드를 입력해 테스트해 볼 수 있습니다.

1. 파인튜닝을 해서 만든 모델명을 복사해서 다시 비주얼 스튜디오 코드의 파이썬에 붙여넣으세요. 이때 오픈AI에서 제공하는 파이썬 코드를 활용하는데, api_key에 아까 발급받은 키값을 입력합니다.

```
client = OpenAI(api_key="
```

2. 모델 항목에는 조금 전 생성이 완료된 모델명을 입력해 줍니다.

```
model="ft:gpt-3.5-turbo-1106:personal::9ln4gtIV"
```

3. 이제 API 키값과 학습 완료된 모델명을 입력하면 테스트할 수 있는 준비가 완료되었습니다.

4. 이제 파인튜닝한 모델을 본격적으로 테스트해 보죠. 이 상태에서 〈F5〉 키를 누르거나, 비주얼 스튜디오 코드의 상단 메뉴에서 'RUN→Start Debugging'을 누르세요.

5. 이제 비주얼 스튜디오 코드의 맨 아래에 커서가 깜빡이는 부분에 질문을 넣어보죠. 모델이 대답을 정확히 한다면 학습이 잘된 것이고, 엉뚱한 대답을 한다면 최적의 대답이 나올 때까지 배치 크기를 조절하거나 추가 학습을 반복하여 최상의 모델을 얻도록 해야 합니다.

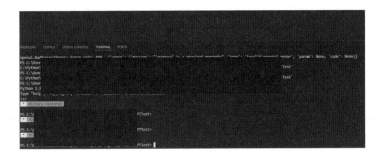

파인튜닝은 AI 모델을 특정한 목적이나 상황에 맞게 최적화하는 매우 중요한 과정입니다. 이미 학습된 모델을 활용하되, 필요한 추가 데이터를 학습시켜 특정 분야에서 더 정교하고 정확한 성능을 발휘하도록 돕습니다. 이 과정에서 데이터를 수집·정제·레이블링·분할·포맷팅을 하는 단계가 필수적입니다. 이를 통해 AI가 더욱 효율적이고 신뢰성 있는 답변을 제공할 수 있게 될 것입니다.

AI 네이티브 세대와 함께하려는 분들께

요즘 틈이 조금이라도 나면 초등 2학년인 아들과 놀아주려고 노력합니다. AI 붐이 불고 나서 일주일에도 수십 개의 강의와 방송, 프로젝트를 하다 보니 아들과 놀아줄 수 있는 시간이 더욱더 귀해지고 소중해집니다. 때로는 아침식사를 하다가 일상의 대화 속에서 아들과의 놀이를 발견하고 즐거움을 얻기도 하는데요. 이럴 때 큰 도움을 주는 것이 바로 AI 도구들입니다.

오랜만에 시간이 맞아서 같이 아침을 먹고 있는데, 아들이 갑자기 전날 봤던 영화가 생각났는지 "캡틴 아메리카"라고 외쳤습니다. 그러더니 갑자기 '캡틴 아메리카'를 '캡틴 아메리카노'라고 하면서 "둘이 무슨 관계냐?"고 엉뚱한 질문을 했습니다. 저는 "전자는 캐릭터이고, 후자는 커피지"라고 극T스러운 대답을 했습니다.

그러다가 문득 재미있는 생각이 떠올라서 "만약 네가 얘기한 캡틴 아메리카노가 존재한다면, 어떻게 될지 그려볼까?"라고 제안했습니다. 아들이 너무 재미있겠다고 해서, 우리는 코파일럿에서 만화 스타일로 그려보았습니다.

아들은 더 신이 나서 다른 캐릭터도 그려달라고 했습니다. 그래서 스파이더맨과 배트맨 등 우리가 알고 있는 다양한 캐릭터들을 결합한 그림을 그리며 놀게 되었지요.

그림이라곤 낙서도 제대로 못 그리는 아빠가 아이와 함께 AI로 즐겁게 놀면서 아침을 시작할 수 있는 것, 저의 삶에 AI가 가져다준 작지만 큰 변화입니다. AI를 활용해 아이와 재미있는 상상을 시각화하며 놀이를 확장하고, 챗GPT로 '해적 뽀로로의 모험' 같은 동화도 같이 쓰고, 어려운 수학문제에 대한 설명도 구하고, 역사 인물과의 가상 대화를 만들어 놀기도 합니다.

『AI 2024』(트렌드&활용백과)를 낸 지 1년이 지났습니다. 1년간 여러분의 삶에서 어떤 변화들이 생기셨나요? 저는 실제 다양한 기업들에서 AI를 적용하려고 노력하는 모습을 보고 있습니다. 그런데 한편으로는 이 생성형 AI의 진화가 너무 빠르고 어떻게 써야 될지 모르겠다는 분들도 보게 됩니다.

우리 일상 속에서 소소한 재미와 즐거움을 발견할 수 있는 것이 AI가 주는 또 다른 기쁨이 아닐까 싶습니다. 결국 내가 잘 못하는 것, 하지만 내가 표현하고 싶었던 것들을 AI 도구를 통해 더욱더 재미있고 의미 있게 표현할 수 있다면, 이것이야말로 우리가 AI와 함께할 수 있는 변화의 시작이 아닐까 하는 생각이 듭니다.

우리의 상상력을 이해하고 현실로 만들어 주는 AI와 함께, 더 즐겁고 창의적인 2025년을 만들어 가시길 진심으로 바랍니다.

김덕진 드림